RESIN

Glanzvolle Kunst selbst gießen

Für Romy und Raphaela

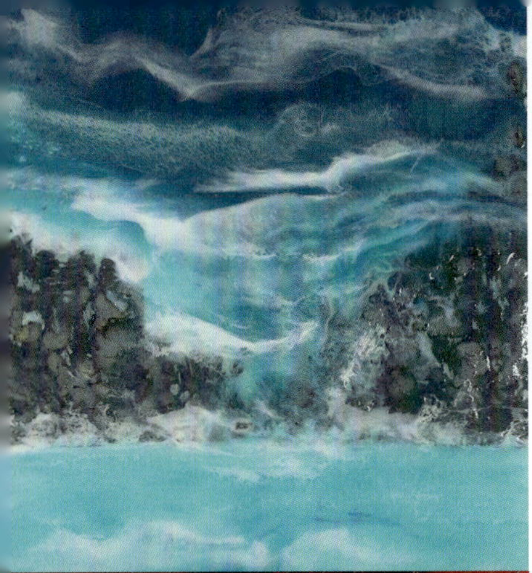
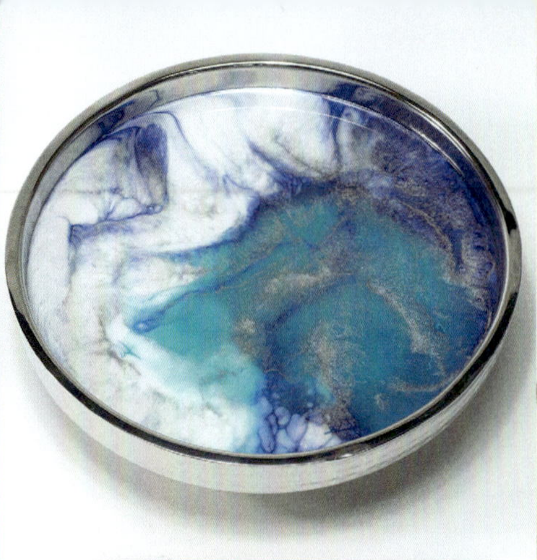
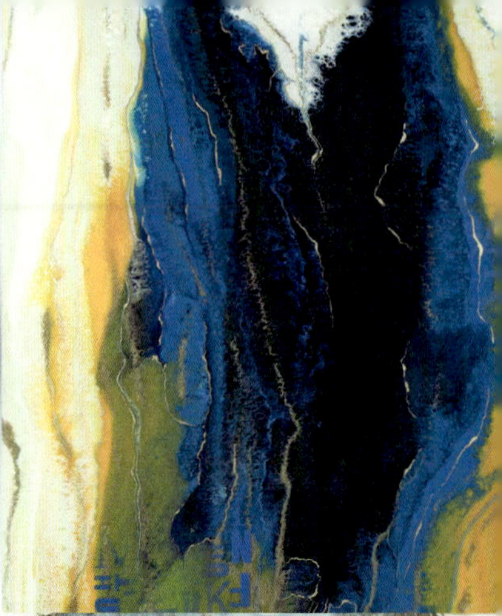
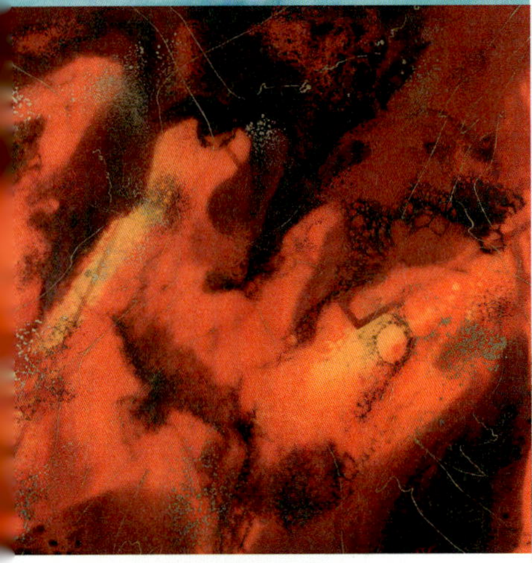
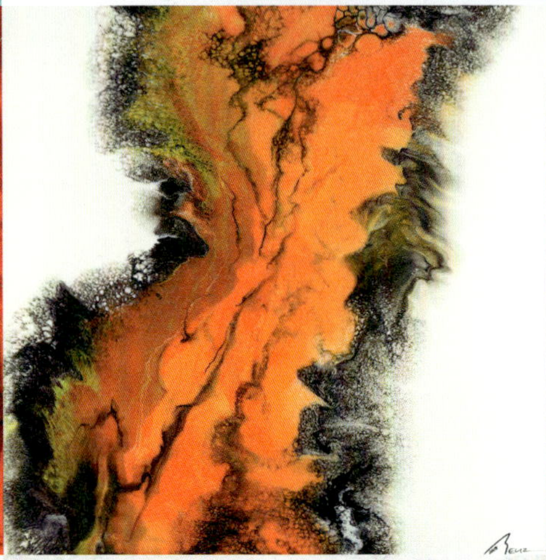
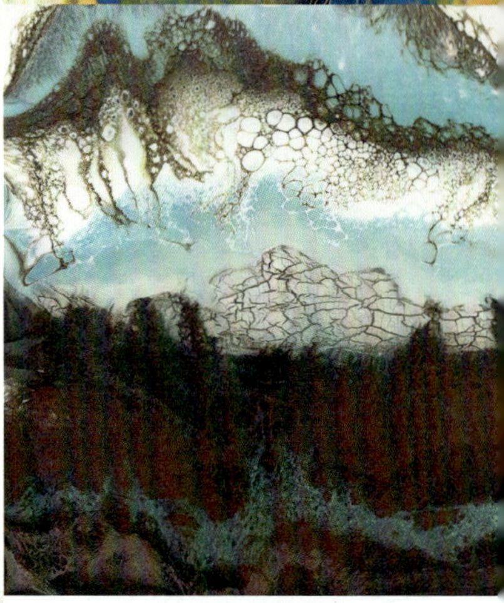
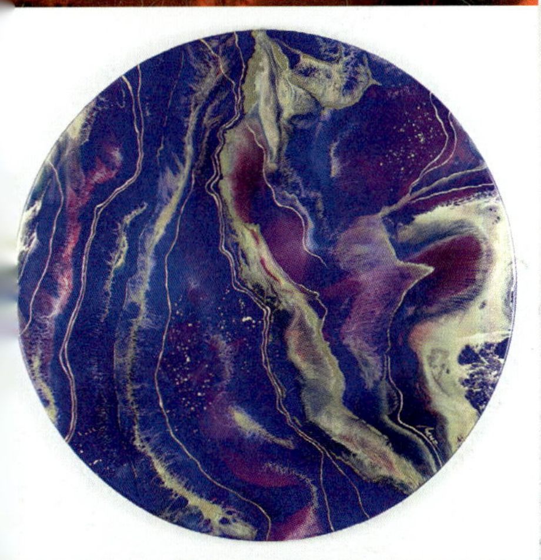
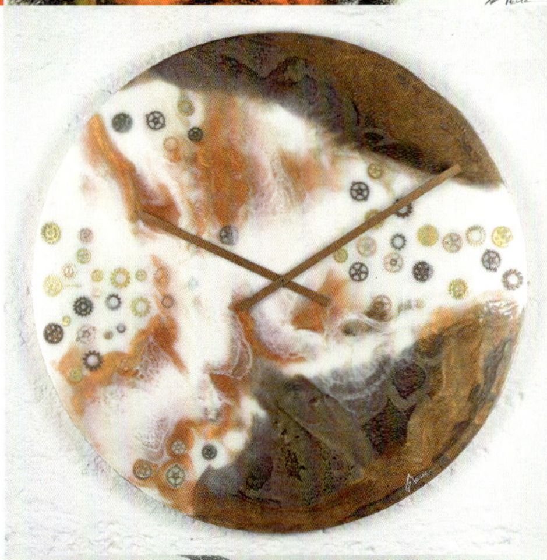
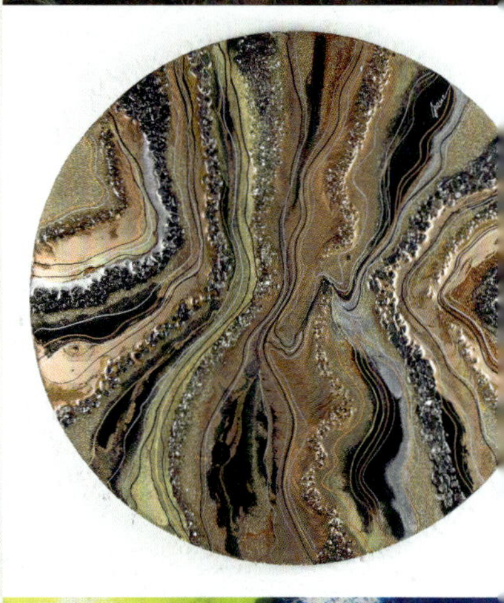
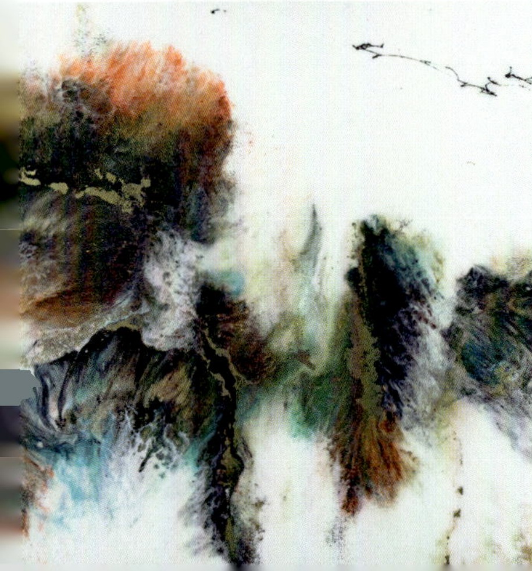
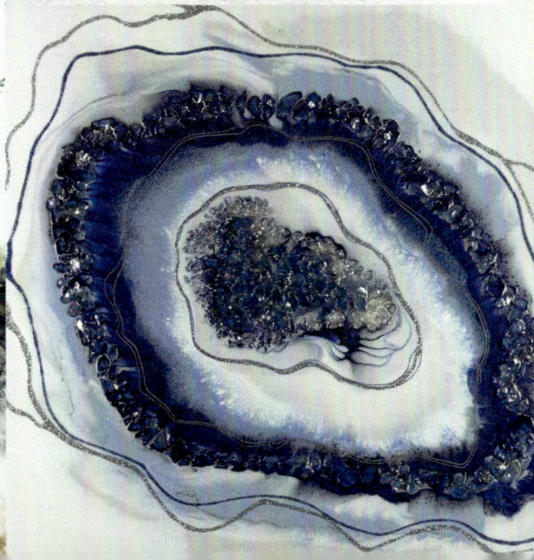
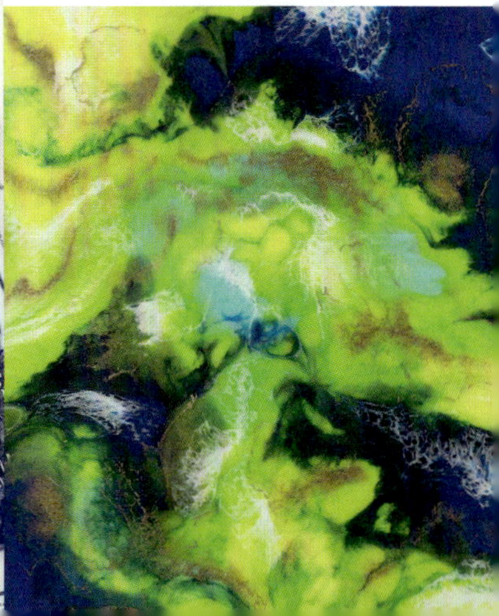

Inhalt

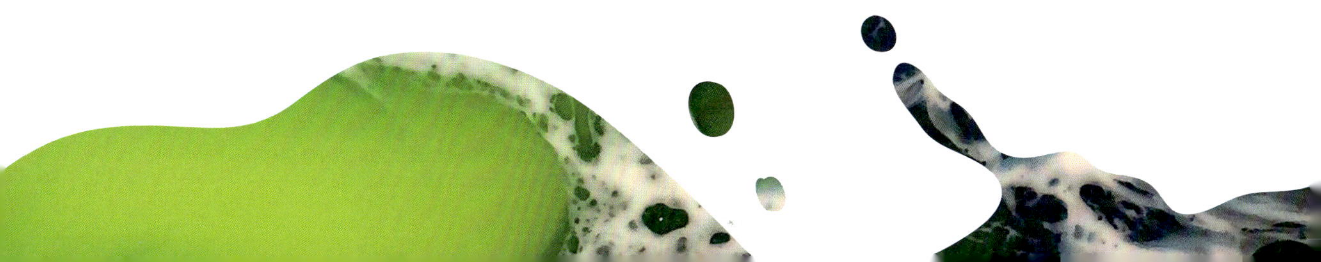

Vorwort

Kein anderes Medium hat Hobbymaler und Künstler in den letzten Jahren so begeistert wie Resin. Und das zu Recht, denn dieses außergewöhnliche Malmittel lässt einen nicht mehr los!

Schon nach dem ersten Versuch hatte ich das Bedürfnis, mich mehr und intensiver mit diesem relativ neuen künstlerischen Ausdrucksmittel auseinanderzusetzen. Die steinharte spiegelartige Oberfläche und die unglaubliche Tiefe, die Resin-Bilder und -Objekte ausstrahlen, haben mich sofort fasziniert!

Natürlich verlangt auch dieses Medium, wie jedes andere auch, ein gewissen Know-how, das ich Ihnen in diesem Buch gerne vermitteln möchte. Ich bin seit 30 Jahren als Dozentin, Buchautorin und Künstlerin tätig und war und bin immer auf der Suche nach neuen aufregenden Malmedien, die sich als kreatives Gestaltungsmittel einsetzen lassen. Mit Resin-Kunst habe ich eine ganz neue Leidenschaft entdeckt! Ich bin sicher, dass es Ihnen nicht anders ergehen wird!

Die Arbeit mit Resin besitzt hohes „Suchtpotenzial“, da es nicht nur spannend ist, damit zu arbeiten, sondern auch äußerst vielseitig.

Dieses Buch bietet Ihnen wichtige Informationen und anschauliche Erklärungen, wie Sie Step by Step Bilder und Objekte anfertigen können. Präzise Angaben zum Material und exakte Anleitungen zu den einzelnen Werken sollen Ihnen den Einstieg erleichtern. Aber auch Maler, die sich bereits mit Resin beschäftigt haben, werden neue Anregungen finden.

Ich hoffe, ich kann auch Sie mit meiner Begeisterung anstecken!

Ich wünsche Ihnen viel Spaß bei der Realisierung Ihrer Bilder und Objekte und natürlich gutes Gelingen!

Nicole Menz

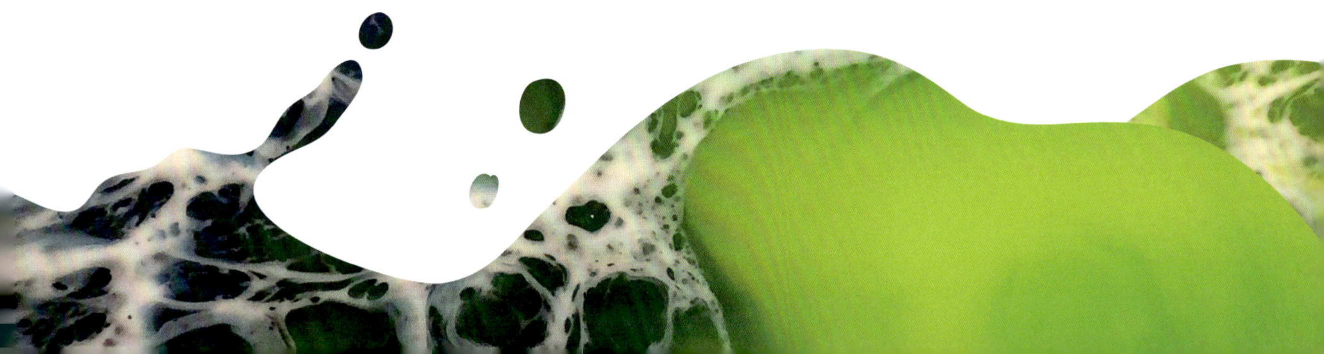

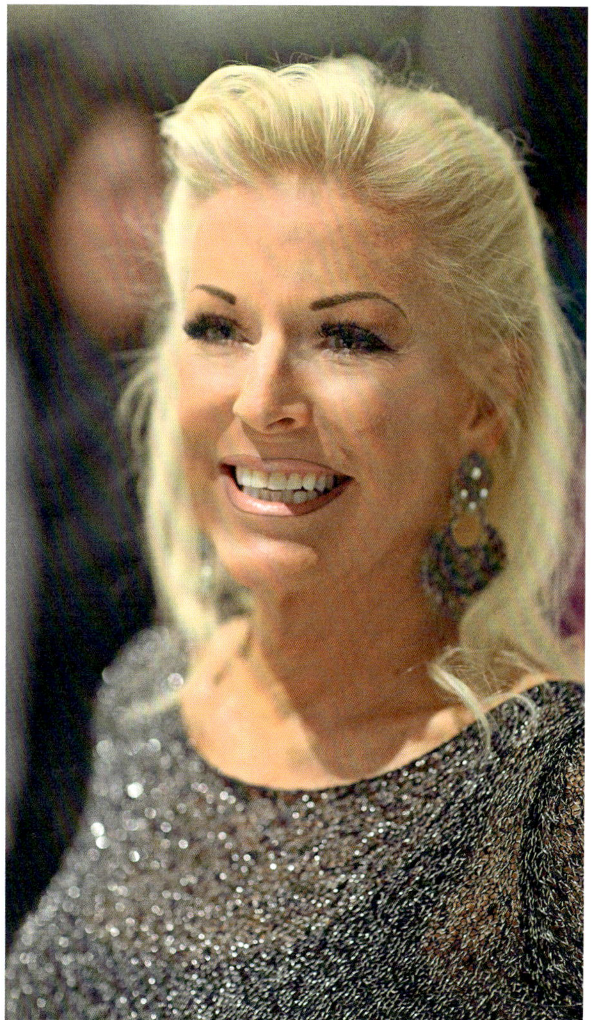

Nicole Menz ist freischaffende Malerin, Autorin und Dozentin und lebt abwechselnd in Deutschland und in Italien. Zwischenzeitlich hat die Künstlerin 32 Fachbücher und zahlreiche Publikationen zum Thema Malerei veröffentlicht. Sie unterrichtet seit 28 Jahren freie Malerei in Deutschland, Österreich und Italien und beschäftigt sich außerdem mit Patenten und Materialentwicklungen zu diesem Thema.

Nicole Menz ist eine der führenden Malerinnen für Acryl-, Struktur-, PanPastel-, Resin- und Mischtechniken in Deutschland. Ihre gefragten Malseminare sind eine Herausforderung an Kreativität, Individualität und handwerklichem Können. In ihrem Malstil entstehen spannende Kompositionen, die eine einzigartige Vielseitigkeit, Vielschichtigkeit und Transparenz aufweisen. Ihre Bilder werden in den besten Galeriearealen ausgestellt und verkauft.

Weitere Information über Nicole Menz:
Tel.: 0170-2133007
Mail: info@menz-modern-art.de
Website: www.menz-modern-art.de

Grundlagen

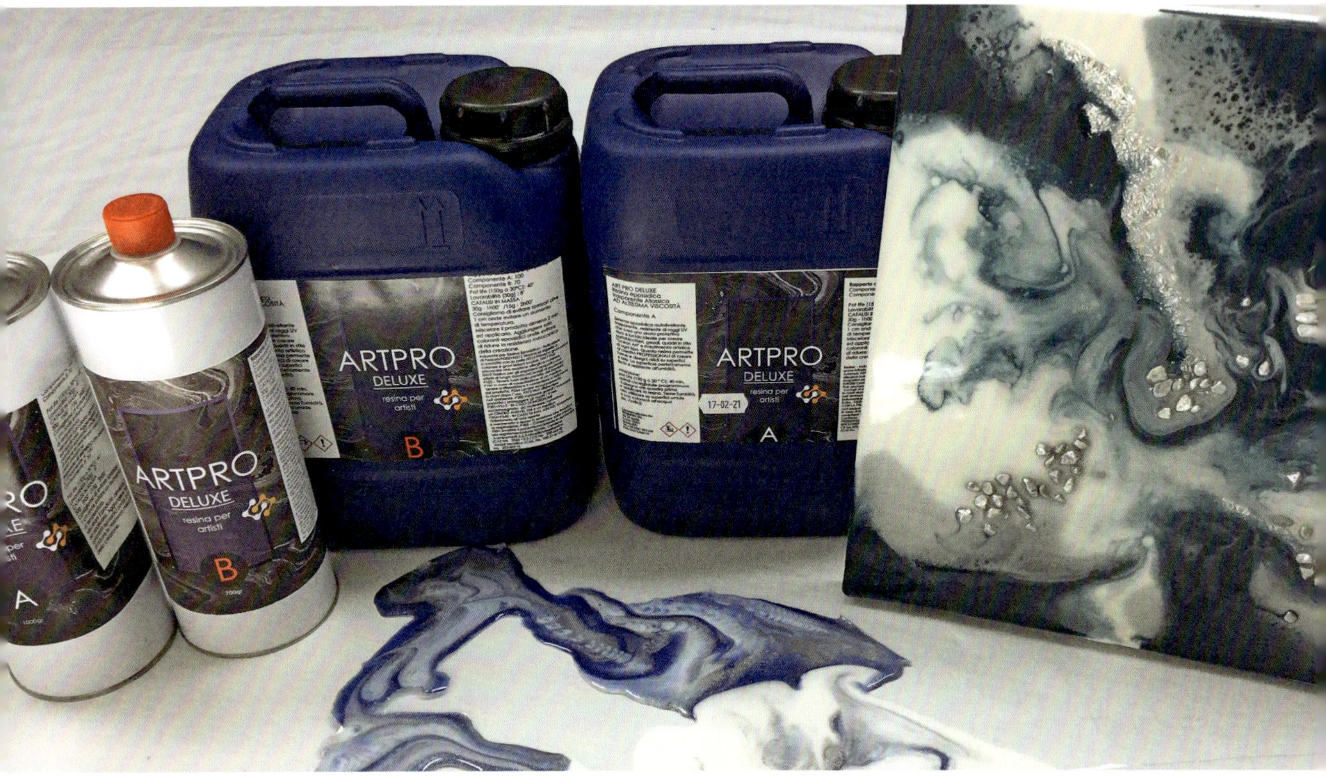

WAS IST RESIN?

Kein anderes Malmedium hat in den letzten Jahren so viel Begeisterung ausgelöst wie das Thema Resin. Dabei handelt es sich um ein Epoxidharz, das zugleich ein sehr hochwertiger Kunststoff ist. Die Tiefenwirkung, Farbbrillanz und die ungewöhnlich glatte und hochglänzende Oberfläche haben zahlreiche Fans sowohl unter Hobbymalern als auch unter Künstlern gefunden.

Das fertig gemischte Harz besteht immer aus zwei Komponenten: Harz und Härter. Beides habe ich in diesem Buch jeweils mit „A“ und „B“ gekennzeichnet. Die beiden Komponenten müssen für gebrauchsfähiges Resin miteinander vermischt werden.

Resin unterscheidet sich grundsätzlich von allen anderen Malmitteln, und auch die Techniken und das Erscheinungsbild sind vollkommen anders und neu. Es gibt Künstlern und Kreativen ein vollkommen neues Ausdrucksmittel an die Hand. Es ist faszinierend, mit diesem Material zu arbeiten und zu sehen, welche Meisterwerke entstehen. Wie alle anderen Maltechniken verlangt aber auch die Anwendung von Resin ein gewisses Know-how.

Nachdem es sich um ein chemisches Produkt handelt, sind verschiedene Verhaltensregeln im Umgang mit Resin wichtig:

Beim Kauf des Kunstharzes sollten Sie darauf achten, das es sich um Harz zur künstlerischen Anwendung handelt. Ich persönlich bevorzuge das Epoxidharz Deluxe von Resin Pro. Das hochwertige Harz erfüllt alle wichtigen Kriterien und ist zudem günstig in der Anschaffung (1 l ca. 20 €).

Dieses Resin besitzt folgende Eigenschaften:

- ungiftig
- geruchsneutral
- kristallklar
- geringe Bläschenbildung
- angenehme homogene Masse
- bestmöglicher Vergilbungsschutz dank UV-Stabilisatoren
- geeignet für Effekte mit Silikon und Alkohol
- selbstnivellierend
- relativ hitzebeständig und bedingt kratzfest
- nicht entzündlich
- frei von Lösungsmitteln

Je nach Hersteller variieren auch die Trocknungszeiten. Während Deluxe von Resin Pro schon nach wenigen Stunden staubtrocken ist, kann es bei anderen Anbietern länger dauern. Resin Pro bietet auch noch weitere Harze für unterschiedliche Zwecke an, die sich sehr gut verarbeiten lassen.

Für die Resin-Bilder in diesem Buch habe ich ausschließlich Deluxe verwendet. Dieses Epoxidharz ist perfekt geeignet zum Einfärben mit Pigmenten und Farben in der Pouring-Technik. Das Harz hat eine Verarbeitungszeit von 30–40 Minuten und ist nach 6–8 Stunden soweit ausgehärtet, dass gegebenenfalls eine weitere Schicht gegossen werden kann. Für Ihre ersten Werke ist dies ein ideales Harz, da es eine hohe Viskosität besitzt. D.h., das eingefärbte Harz läuft nicht unkontrolliert ineinander, sondern nur, wenn Sie selbst mechanisch eingreifen.

Ein weiterer wichtiger Punkt im Umgang mit Resin ist die Temperatur. Ideale Bedingungen bietet eine Raumtemperatur zwischen 21–24°C. Auch das Resin selbst sollte diese Temperatur (21–24°C) aufweisen und auch bei dieser aushärten. Je kälter das Resin ist, desto dickflüssiger wird es und um so mehr Bläschen bilden sich beim Anrühren der beiden Komponenten. Zu warm verwendet, wird das Epoxidharz zu schnell flüssig.

Das Harz sollte bei normaler Luftfeuchtigkeit/Trockenheit verarbeitet werden. Eine zu hohe Luftfeuchtigkeit, etwa wenn sich ein Gewitter ankündigt, kann eine Aushärtung des Resins verhindern.

Wichtig!
Sorgen Sie nach Fertigstellung des Bildes dafür, dass es staubfrei trocknen kann. Auch kleinste Partikel, Flusen, Haare etc. können sich im Harz unwiderruflich „verewigen". Um dies zu vermeiden, behalten Sie Ihr Werk einige Stunden im Blick. Sollten Sie einen Fremdkörper entdecken, entfernen Sie diesen mit einer Pinzette und erhitzen Sie die Oberfläche nochmals kurz mit der Heißluftpistole, ein unverzichtbares Gerät im Umgang mit Resin, das später noch vorgestellt werden soll (siehe S.18. – Heißluftpistole).

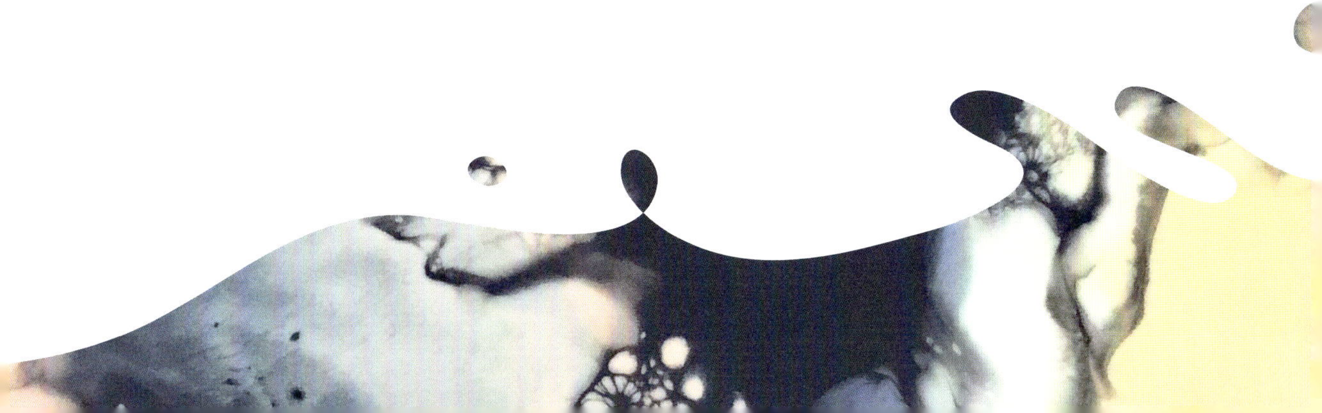

RESIN-KUNST: NICHT NUR BILDER

Das Thema Resin ist überaus vielseitig und bietet sich neben der Herstellung von Bildern auch für zahlreiche andere Anwendungsmöglichkeiten an. Dabei sind Ihrer Fantasie keine Grenzen gesetzt: Es lassen sich Tabletts, Untersetzer, Präsentierteller, Handyhüllen, Schmuck, Brotzeitbretter, Pyramiden etc. ... gestalten – nahezu alles ist möglich!

Mit jedem dieser alltagstauglichen Gegenstände erzeugen Sie ein einmaliges Stück in Ihrer künstlerischen Handschrift. Im Internet erhält man zwischenzeitlich auch kleine Beistelltische, bei denen die Tischplatte in Form eines Serviertabletts abgenommen werden kann (z.B. Amazon Invicta Interior). Die Tabletts bestehen meist aus lackiertem Holz oder hochwertigem Kunststoff, sodass sie sofort und ohne große Vorbereitung ausgegossen werden können.

Silikonformen in den unterschiedlichsten Designs sind ein praktischer Helfer für kleinere Gießereien. Die Objekte lassen sich nach dem Trocknen leicht entfernen, und die Formen können immer wieder verwendet werden. Auch bei großformatigen Arbeiten sollten Sie diese kleinen Formen parat haben, denn nicht immer lässt sich die benötigte Menge Resin für Bilder exakt berechnen. Reste können Sie dann einfach in die Silikonformen füllen, etwas Glitter daraufstreuen – und fertig ist ein hübsches Präsent.

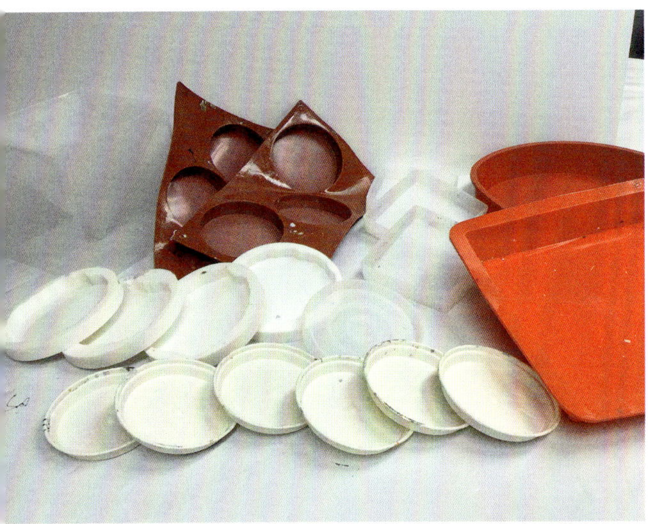

Sehr preisgünstig, individuell und wirkungsvoll sind die Tischplatten für Beistelltische von Resin Pro. Diese sind bereits in Geodenform mit einer Öffnung in der Mitte zugeschnitten, geschliffen und grundiert (30 x 40 cm und 40 x 60 cm). Im Internet finden Sie eine große Auswahl an Tischbeinen, die lediglich angeschraubt werden müssen (z.B. www.regalraum.com). Diese schmucken Unikate sind echte Eyecatcher in jedem Ambiente. Die geformten Platten kommen sowohl als Tischplatte als auch als Bild voll zur Geltung.

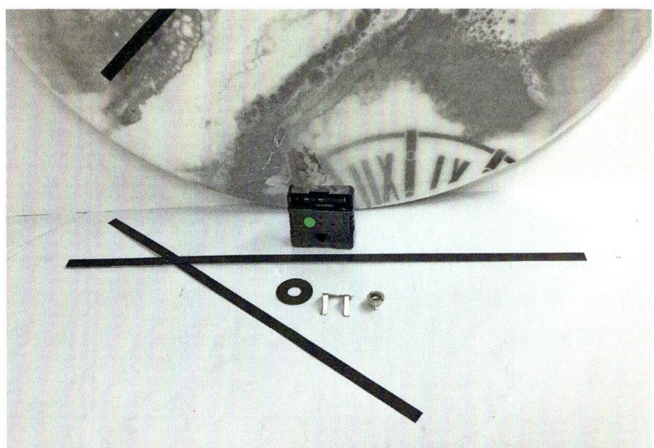

Runde Malplatten aus Holz lassen sich hervorragend in wunderschöne große Wanduhren verwandeln. Die Holzmalboards gibt es in verschiedenen Größen bis zu einem Meter Durchmesser (z.B. www.paintersisters-neuss.de). Nach der Gestaltung der Malscheibe mit Resin wird lediglich ein mittiges Loch gebohrt. Auf der Rückseite wird das Quarzuhrwerk befestigt, auf der Malfläche die Zeiger – und fertig ist das Designstück.

TIPP
Steht noch irgendwo ein altmodischer ungeliebter Tisch? Veredeln Sie diesen mit Resin, und Sie haben ein unverwechselbares Unikat.

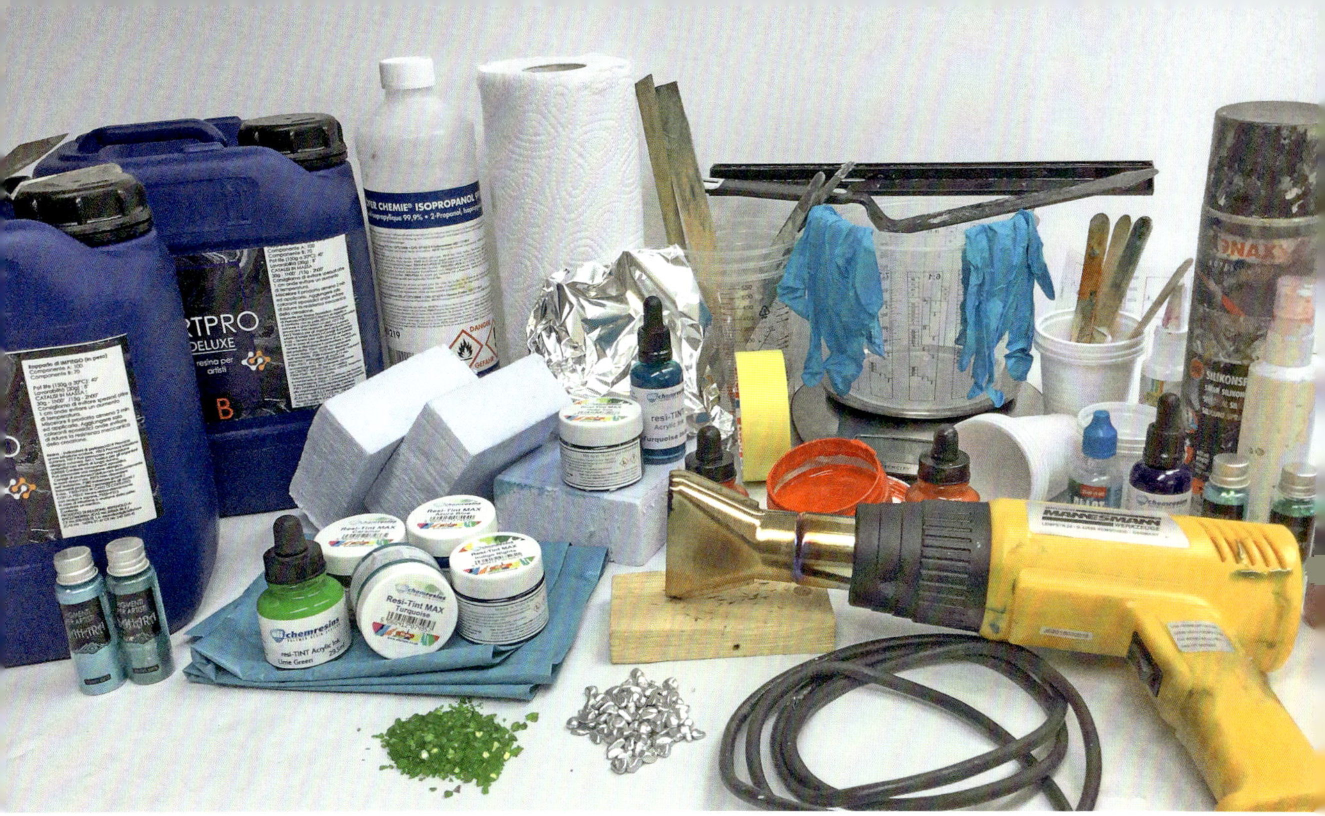

ARBEITSPLATZ UND VORBEREITUNG

Da Ihnen für die Verarbeitung des Resins nur begrenzt Zeit zur Verfügung steht, ist eine gründliche und sorgfältige Vorbereitung das A und O. Folgende Arbeitsgänge und Dinge sollten Sie berücksichtigen, bevor Sie das Resin mit dem Härter mischen:

- Die Arbeitsfläche mit Wachsdecke, Plastikfolie oder Müllsäcken komplett abdecken und diese mit Klebeband fixieren.
- Den Malgrund vorbereiten (s. S.11): Holzmalträger gegebenenfalls mit Gesso, Grundierweiß oder farbig mit Acrylfarbe grundieren.
- Außenkanten und Unterseiten des Malgrunds mit Präzisionsband abkleben (s. S.12).
- Falls es das Motiv verlangt, Kristalle, Glasbruch oder Dekosteine in Formation auflegen.
- Großen Messbecher (Skala bis 1000 ml), kleine Plastikbecher, großen Mischspatel und kleine Rührhölzer bereitlegen.
- Heißluftpistole an Strom anschließen und für eine nicht brennbare Unterlage sorgen, da sich die Düse stark erhitzt. Ein Verlängerungskabel bereitlegen, damit Sie die Farben aus jeder Richtung und von jedem Standort aus verblasen können.
- Die gewünschten Farben für Ihr Motiv auswählen und geöffnet bereitstellen.
- Falls Dekosteine, Flitter, Glitzer oder Metallic-Pulver aufgestreut oder eingemischt werden sollen, auch diese, farblich passend, vorbereiten. Zur Entnahme können kleine Rührhölzer oder Spatel verwendet werden.
- Verschiedene Spatel zum Verziehen des Resins vorbereiten, vorzugsweise aus Kunststoff.
- Resi-Blast, Silikonöl, Silikonspray oder Alkohol bereitstellen, falls dies gewünscht ist (s. S.13).
- Einmalhandschuhe sind obligatorisch bei der Anwendung von Resin. Diese sollten immer in ausreichender Menge bereitliegen.
- Legen Sie ein großes Stück Alufolie neben Ihr Bild, auf dem Sie den Mischbecher mit dem angemischten Resin abstellen können. Dies ist immer eine klebrige Angelegenheit.
- Küchenkrepp ist eines der wichtigsten Utensilien. Trennen Sie pro Bild ca. 20 Blätter einzeln ab und legen Sie diese in unmittelbare Nähe, damit sie immer griffbereit sind.
- Befestigen Sie direkt an Ihrem Arbeitstisch eine Mülltüte, damit Sie das benutzte Küchenkrepp immer sofort entsorgen können.

MALGRÜNDE FÜR RESIN

Generell sind alle harten und glatten Malgründe für die Anwendung von Resin geeignet. Besonders bewährt haben sich Holzmalplatten, Ulmer Holz, Hartschaumplatten wie z.B. Kapaplatten, Aluminium, MDF-Platten, Acrylglas und Glas.

Im Künstlerfachhandel erhalten Sie auch Gesso-Boards oder Gesso-Malplatten. Dabei handelt es sich um solide verarbeitete Holzplatten in unterschiedlichsten Formaten und Stärken, die bereits mit einer Grundierung versehen sind. Auch Mixed Media Art Boards kann ich vor allem Anfängern empfehlen. Dabei handelt es sich um grundierte Holzmalkörper, die über einen erhöhten Außenrand verfügen. Innerhalb dieser Begrenzung kann so hoch gegossen werden, wie es der äußere Rand zulässt. Das Abkleben der Seiten oder der Rückseite des Malgrunds erübrigt sich hier, und außerdem wirkt der schmale Rand wie ein dekorativer Rahmen, der farblich mit Acrylfarbe oder Farblack angepasst werden kann.

Besonders attraktiv und modern wirken runde Holzmalgründe. Diese sind sehr formstabil, eignen sich sehr gut für fließende, organisch wirkende Motive und sind auch schnell zu kleinen Beistelltischchen umfunktioniert. Für naturfarbene Holzmalkörper, die ich bevorzuge, ist eine ein- oder mehrmalige Grundierung mit Gesso oder Grundierweiß unerlässlich. Diese kann mit Pinsel oder Walze erfolgen (s. S.11). Holzmalgründe in den unterschiedlichsten Formaten und Stärken erhalten Sie im Künstlerfachhandel (z.B. Boesner mit Niederlassungen in ganz Deutschland) oder über Onlineshops (z.B. Paintersisters).

Achtung!

Bespannte Keilrahmen sind kein idealer Malgrund für Resin. Das Gewebe ist flexibel und gibt beim Gießen des schweren Harzes nach. Dadurch läuft das Resin mittig zusammen und verdünnt sich zu den Außenkanten – es ergibt sich ein ungleichmäßiger Auftrag. Sollten Sie dennoch ein fertiges Acrylbild oder ein Bild in einer anderen Technik auf Keilrahmen mit Resin überziehen wollen, ist auch dies möglich. Stabilisieren Sie die Leinwand für diesen Zweck auf der Rückseite mit Kartonagen oder Styropor und sorgen Sie für eine plane und glatte Oberfläche. Auch festes Verpackungsmaterial ist hierfür geeignet. Zum Überziehen eines fertigen Gemäldes muss das Resin auch nicht immer gegossen werden. Oft reicht schon ein Aufstreichen mit dem Pinsel oder das Auftragen mit einer Schaumstoffrolle. Diesen Vorgang können Sie nach dem Trocknen mehrmals wiederholen

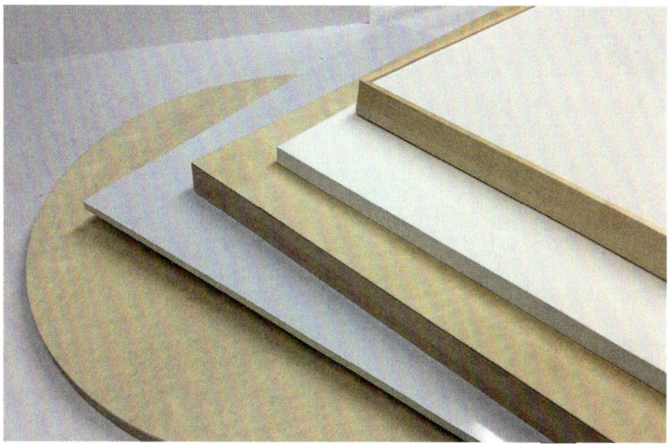

VORBEREITUNG UND FERTIG-STELLUNG DER MALGRÜNDE

Je nach Auswahl Ihres Malgrunds muss vor dem Gießen noch einiges vorbereitet und berücksichtigt werden.

Wie bereits erwähnt, kann Resin auf allen stabilen und glatten Oberflächen angewendet werden. Bei Holzmalgründen ist eine ein- bis zweimalige Grundierung mit Gesso oder Grundierweiß unabdingbar. Tragen Sie die Grundierung mit einer Schaumstoffwalze oder einem weichen breiten Pinsel auf. Dabei sollten auch die Außenkanten mit einbezogen werden. Die Maserung des Holzes sollte nicht mehr sichtbar sein. Je nach Holzart ist deswegen oft ein zweiter Auftrag notwendig. Das Resin kann erst aufgetragen werden, wenn die Grundierung vollständig getrocknet ist. Nötigenfalls kann dies mit einem Föhn beschleunigt werden.

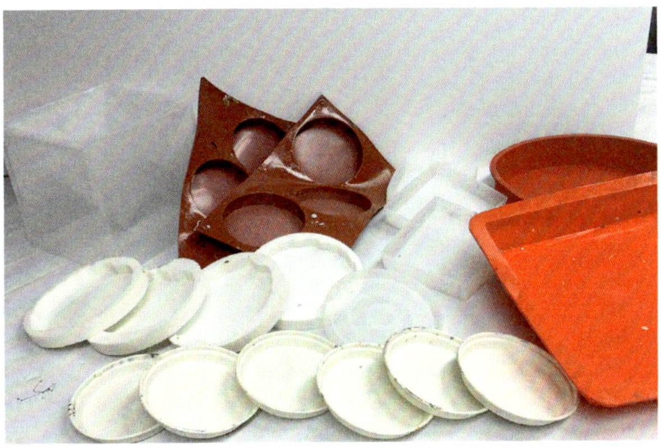

Sogenannte Mixed Media Art Boards sind bereits mit einer Grundierung versehen, und es kann sofort losgelegt werden. Wie bereits erwähnt, besitzen die Mixed Media Art Boards einen erhöhten Rand. Trotzdem empfehle ich, die vier Ecken an den Außenkanten und auf der Rückseite mit Klebeband abzukleben. Falls die Gehrung (Eckverbindung) nicht absolut passgenau vorgenommen wurde, verhindert man so ein Auslaufen des Harzes.

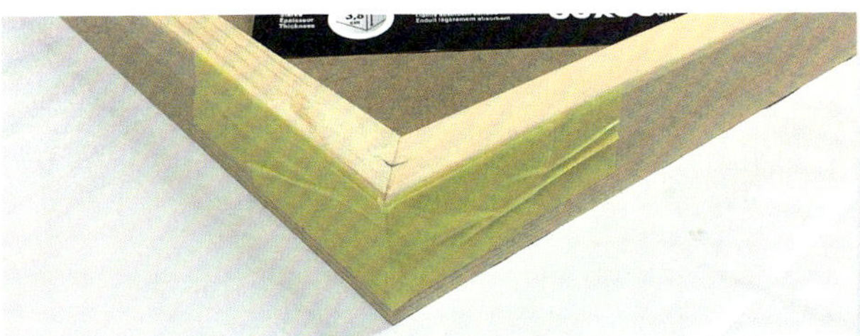

Andere Malgründe wie z.B. Metall-, Aluminium-, Glas- oder Kapaplatten sollten vor dem Gießen mit Resin gründlich mit Alkohol gereinigt werden.

Sie haben verschiedene Möglichkeiten, die Außenränder Ihrer Resin-Bilder zu gestalten. Es ist wichtig, sich vorher darüber Gedanken zu machen. Denn ist das Harz einmal abgehärtet, lässt es sich nur sehr schwer wieder entfernen:

Variante 1: Sie können mit Klebeband eine erhöhte Außenkante bilden, wie sie auch Mixed Media Art Boards haben. Das Klebeband sollte dabei 1/2–1 cm über die Malfläche hinausragen. Innerhalb dieser Abgrenzung können Sie das Resin beliebig hoch gießen. Trennen Sie einen Streifen Klebeband ab und bekleben Sie damit eine Außenkante des Malgrunds. Achten Sie darauf, dass Sie das Band beim Kleben spannen. Mit dem Griff einer Schere sollten Sie nochmals an der oberen Kante entlangstreifen. Diesen Vorgang wiederholen Sie, bis alle Seiten exakt abgeklebt sind.

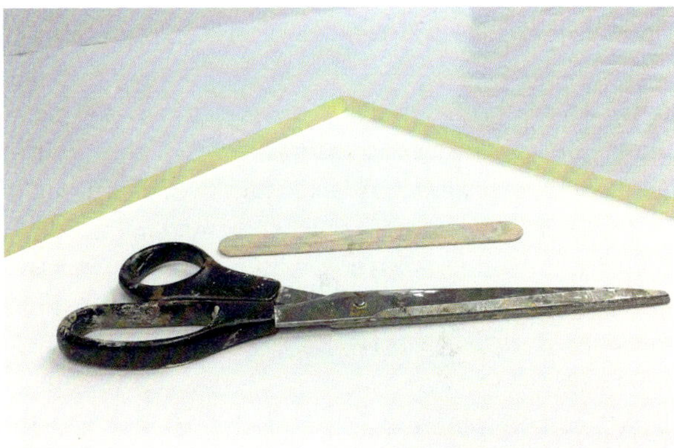

Achtung!
Klebeband ist nicht gleich Klebeband, und vor allem „altes" kann hier nicht benutzt werden. Auch ist nicht jedes Klebeband gleichermaßen für jeden Malgrund geeignet. Für Holzmalgründe kann ich TESA Precision Mask 04334 empfehlen. Dieses lässt sich wieder gut lösen.

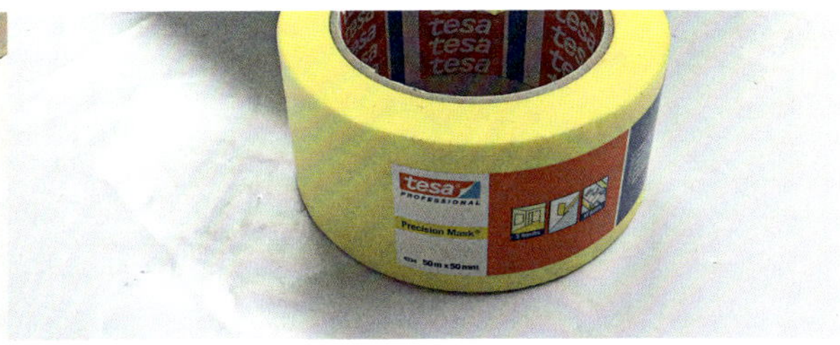

Ein bisschen Geduld und Geschick verlangt das Abziehen des Klebebandes. Hier sollten Sie den richtigen Zeitpunkt abwarten. Versuchen Sie nach einigen Stunden, das Klebeband an einer Stelle vorsichtig abzulösen. Wenn Sie das Gefühl haben, das Resin läuft noch, warten Sie noch etwas. Ideal ist der Zeitpunkt, wenn das Harz noch nicht ganz durchgetrocknet und noch weich ist. Meist zieht es zu diesem Zeitpunkt stellenweise noch feine Fäden, die man mit einer Schere abschneiden kann. Ziehen Sie das Klebeband stückchenweise nach unten ab. Mit den Fingern können Sie jetzt die noch weichen Außenkanten abrunden.

Sollten Sie das Bild vergessen und den richtigen Zeitpunkt verpasst haben, lässt sich das Klebeband zwar noch gut abziehen, aber es haben sich an den oberen Außenkanten des Bildes scharfe Ränder gebildet, die gegebenenfalls abgeschliffen werden müssen. Je nachdem, wie sehr das Resin bereits ausgehärtet ist, können unterschiedliche Werkzeuge zum Einsatz kommen. Ist das Harz noch nicht komplett durchgehärtet, genügt es, einen kleinen Schleifblock mit Schmirgelpapier zu umwickeln und damit über die Kanten zu streichen. Ist das Harz vollständig durchgehärtet, empfehle ich die Mouse von Black und Decker. Dieses handliche und preisgünstige Gerät ähnelt einem Bügeleisen und lässt sich für diese Zwecke gut einsetzen. Schleifen Sie nicht zu viel, denn auf den aufgerauten Stellen wird das Resin matt.

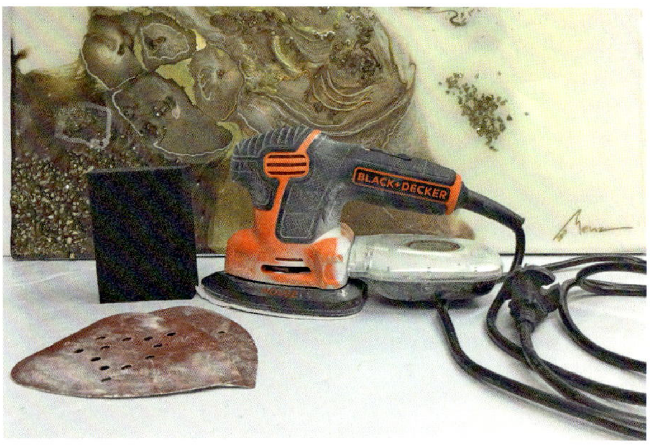

Um das Ganze abzurunden, wählen Sie eine Farbe des Bildes und bemalen die Außenkanten mit Acrylfarbe oder Farblack. Dies kann mittels Pinsel, Schwämmchen oder Walze erfolgen.

Variante 2: Wenn Sie die Außenkanten mit in das Bild einbeziehen und das Resin bewusst über den Bildrand laufen lassen möchten, verzichten Sie auf das Abkleben der Außenkanten. Während der Trockenphase bilden sich an der Unterseite des Malgrunds allerdings sogenannte Nasen, die unschön aussehen und sich im trockenen Zustand nur schwer entfernen lassen. Ich empfehle deshalb, vor dem Gießvorgang den Malgrund auf der Unterseite mit Klebeband abzukleben. Die Nasen hängen nach dem Trocknen an der Unterseite des Trägers und können problemlos mit dem Klebeband abgezogen werden. Das Resin läuft nicht gleichmäßig über den äußeren Bildrand, was sehr interessant aussehen kann. Wenn dies nicht erwünscht ist, sollten Sie mit behandschuhten Fingern mehrmals über die Außenkanten streichen.

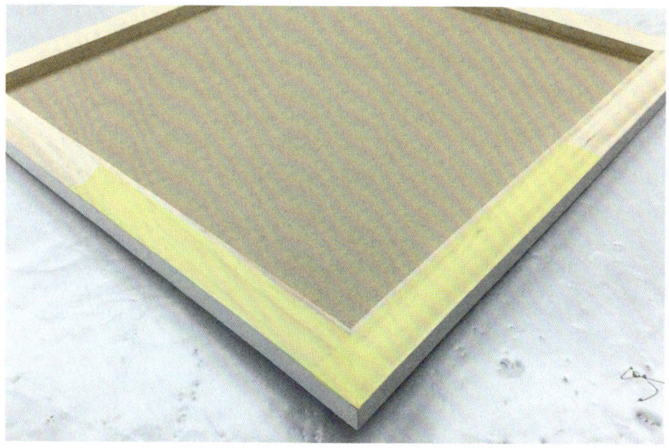

Wichtig!
Bei beiden Varianten sind drei Dinge unbegingt zu beachten:

Legen Sie Ihren Malgrund immer auf Abstandshalter. Hierfür können Sie gleich hohe Konservendosen, Styroporblöcke, Gläser o.Ä. verwenden. Durch diese Vorsichtsmaßnahme kann das Bild bei einem Auslaufen des Resins nicht auf der Unterlage festkleben. Außerdem sorgt die Zirkulation für ein gleichmäßiges Abhärten des Resins.

Testen Sie vor Beginn des Gießens die Lage Ihres Bildes. Der Malgrund sollte gerade und plan aufliegen. Dies kontrollieren Sie am besten mit einer Wasserwaage. Dies gelingt nicht immer hundertprozentig, da auch die Malgründe selbst oft geringfügige Unebenheiten aufweisen können. Behalten Sie die erste Stunde lang Ihr Bild im Auge. Gegebenenfalls muss es nochmals nachjustiert und etwas untergelegt werden. Hierfür eignen sich die kleinen Keile, die an fast jedem Keilrahmen angebracht sind, hervorragend.

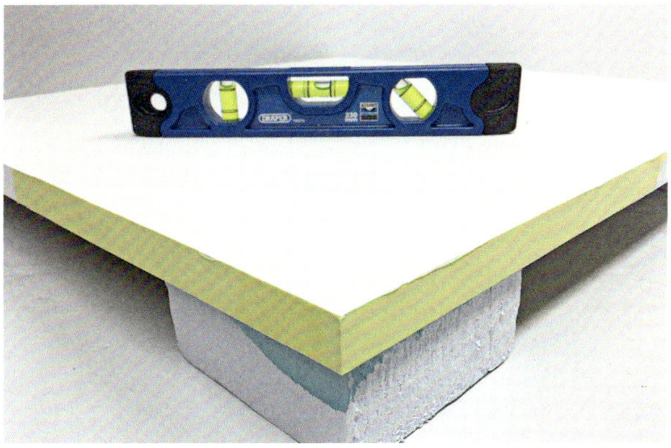

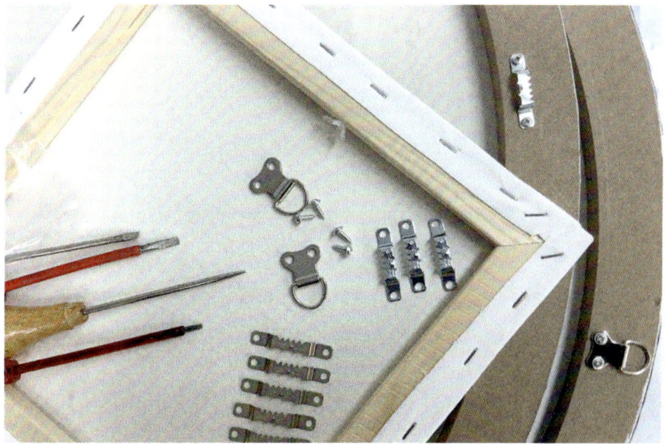

Falls Sie auf Ihrem Bild Resi-Blast, Silikontropfen oder -spray verwendet haben, bildet es nach dem Trocknen einen schmierigen Film, der unbedingt entfernt werden muss. Stellen Sie das Bild vorher nicht hochkant. Lassen Sie es liegen, entfernen Sie das Klebeband und reinigen Sie die Oberfläche mit Küchenkrepp. Weitere Reste entfernt man mit einem weichen Tuch und Silikonentferner, Alkohol oder Essig. Zum Polieren können Sie sogenannte Honigtücher verwenden, wie Sie auch in der Autolackiererei verwendet werden.

In der Regel sind Resin-Bilder sehr schwer, zumal sie auch auf gewichtigen Malgründen angefertigt werden. Deshalb ist eine sichere Aufhängung zwingend notwendig. Ich empfehle immer zwei Aufhängungen pro Bild. Lassen Sie sich dazu im Künsterfachhandel beraten. Problematisch wird es bei Leichtschaumplatten. Werden diese durch aufgegossenes Resin zu schwer, sind Klebeaufhänger nicht mehr ausreichend. Diese Bilder müssen meistens gerahmt werden. Für diesen Zweck erhalten Sie aber im Fachhandel zahlreiche genormte und preisgünstige Rahmen, bei denen Sie dann nur noch das Glas entfernen müssen.

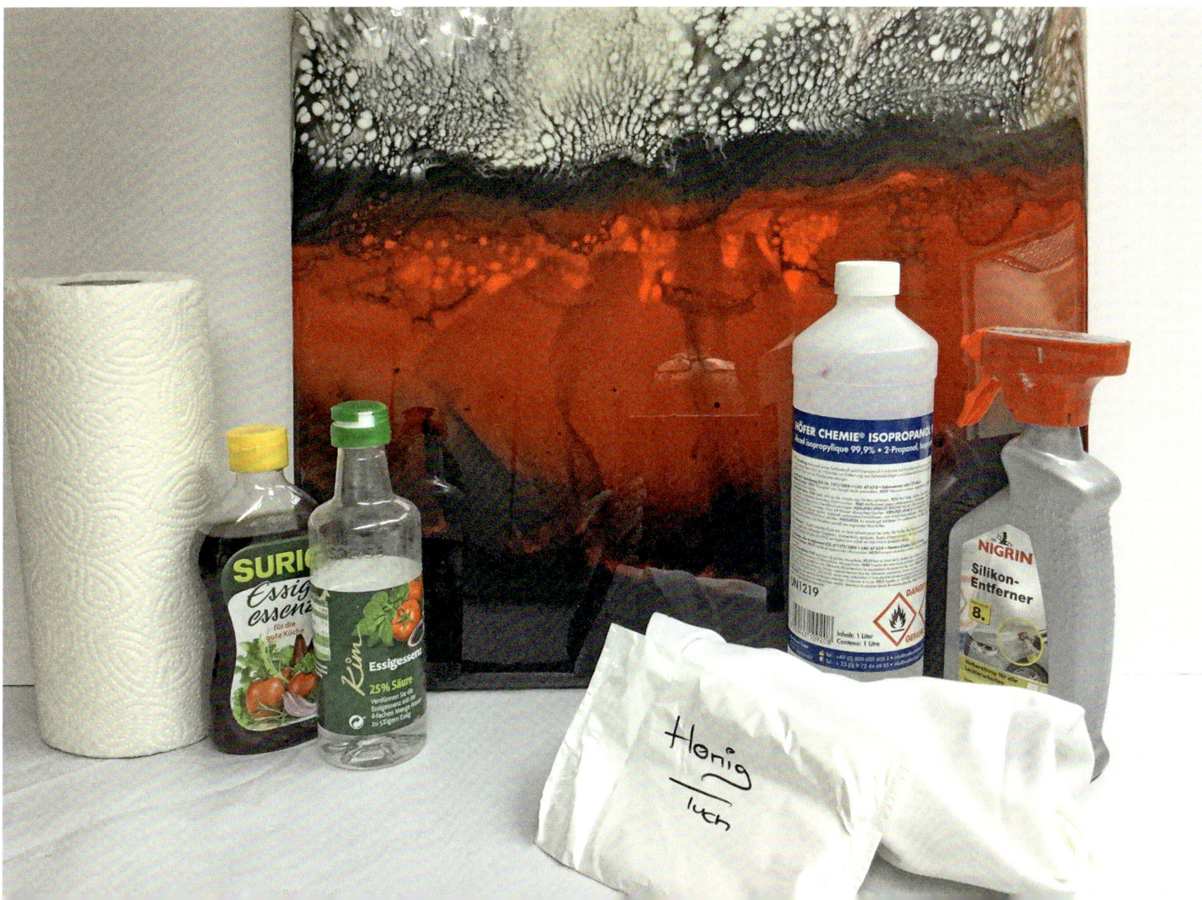

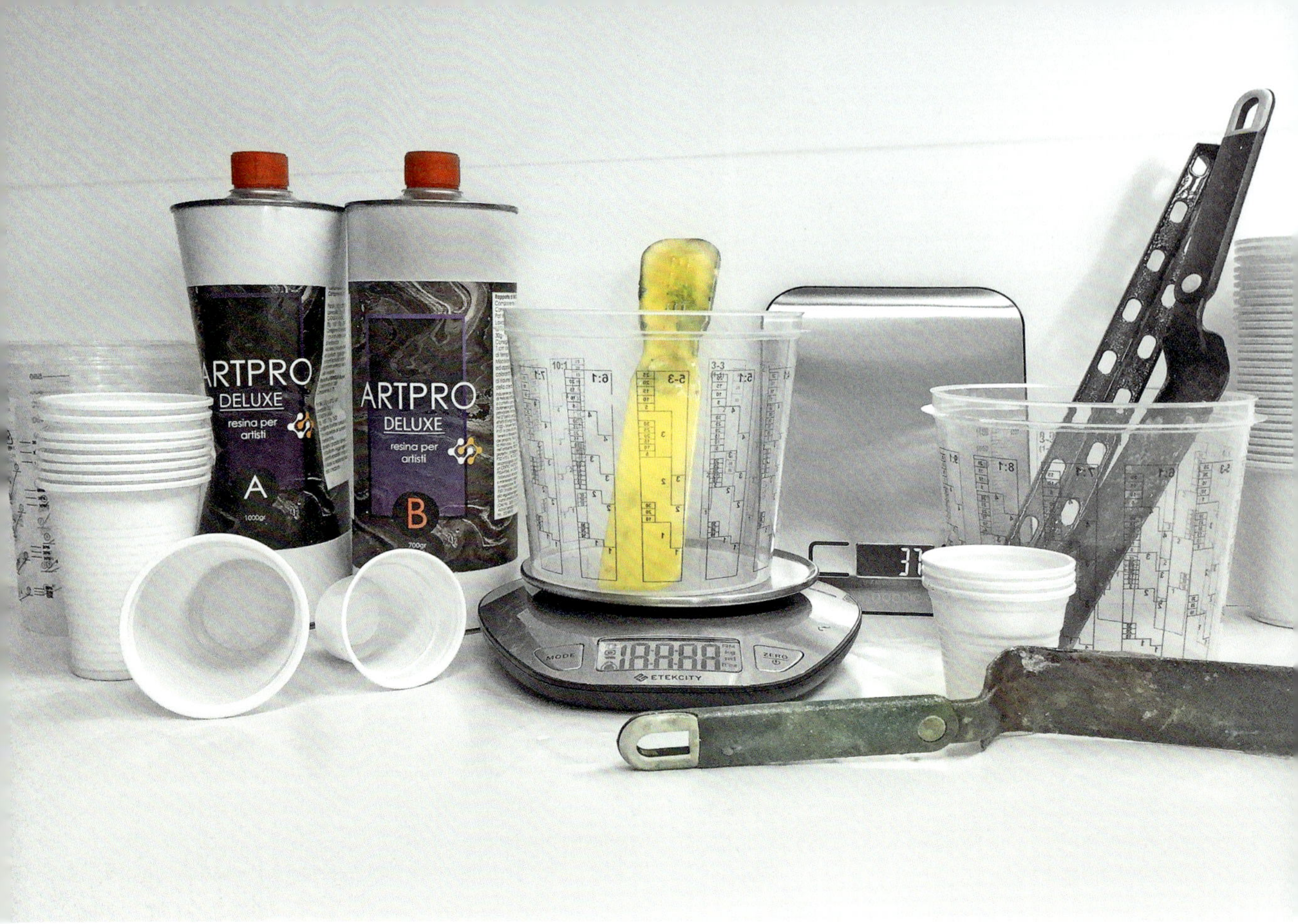

ANMISCHEN DES RESINS

Resin ist ein Zwei-Komponenten-Produkt, es besteht immer aus Harz und Härter. Beides habe ich in diesem Buch jeweils mit „A" und „B" gekennzeichnet.

Wie bereits erwähnt, wurden alle Resin-Bilder im vorliegenden Buch mit Resin Pro Deluxe angefertigt. Dieses hochwertige Künstlerharz ist sehr günstig in der Anschaffung (1 l ca. 20 €) und erfüllt alle gesundheitlichen und künstlerischen Anforderungen.

Halten Sie sich beim Mischungsverhältnis immer exakt an die Angaben der einzelnen Hersteller. Resin Pro Deluxe hat ein Mischungsverhältnis von 100 : 70.

Wie Sie die benötigte Menge an Harz (A) und Härter (B) berechnen, entnehmen Sie den folgenden Beispielen:

Beispiel 1: Für 600 g Harz (A) benötigt man
420 g Härter (B)
Wir multiplizieren die zuvor gewogene Menge A, 600 g, mit 70 und dividieren sie dann durch 100. Das Ergebnis, 420 g, ist die Menge des Härters der zugefügt werden muss.
600 g Harz (A) x 70 = 42 000
42 000 : 100 = 420 g Härter (B)
Beispiel 2: Für 700 g Harz (A) benötigt man 490 g Härter (B)
700 g Harz (A) x 70 = 49 000
49 000 : 100 = 490 g Härter (B)
Harz und Härter ergeben zusammen 1190 g gebrauchsfertiges Resin.

Zum Abwiegen und Anmischen des Resins benötigen Sie eine kleine elektronische/digitale Küchenwaage. Diese sind im Internet bereits ab 10 € erhältlich. Nachdem Harz (A) und Härter (B) exakt berechnet wurden, geben Sie das Harz (A) in einen ausreichend großen Mischbecher mit Skala. Fügen Sie nun den Härter (B) hinzu. Mit einem Mischstab mischen Sie das Harz unregelmäßig, d.h. nicht immer in die gleiche Richtung rühren. Dabei auch den Boden und die Seitenränder des Gefäßes mit einbeziehen. Vermischen Sie die Masse nur langsam, da zu schnelles und kraftvolles Rühren Bläschen verursachen kann.

Wichtig!
Dieser Vorgang ist von grundlegender Bedeutung. Zu kurz oder unzureichend vermischt, ist das Harz auf molekularer Ebene nicht homogen, und es kann zum Teil weich oder undurchsichtig werden.

Gießen Sie im Anschluss das angemischte, gebrauchsfertige Resin in Plastikbecher. Für jede gewünschte Farbe wird ein extra Becher verwendet. Behalten Sie etwas klares Resin zurück. Vielleicht entscheiden Sie sich während des Malvorgangs noch kurzfristig für eine weitere Farbe.

Nachdem Sie den großen Mischbehälter geleert haben, stellen Sie diesen mit der Öffnung nach unten auf eine Plasikfolie oder ein Wachstuch. Sind die Reste am nächsten Tag durchgehärtet, lassen sich diese meistens problemlos in einem Stück entfernen, und der Becher kann somit immer wieder verwendet werden.

Sollten Sie zwei Bilder an einem Tag planen, dürfen Sie auf keinen Fall denselben Becher wiederverwenden. Wegen der unterschiedlichen chemischen Reaktionszeit verbindet sich das „alte“ nicht mehr mit dem „neuen“ Resin, und es kann zu Schlieren und Klümpchen kommen.

Der Mischspatel sollte immer sofort mit Küchenkrepp abgewischt werden. Auch dieser kann immer wieder verwendet werden.

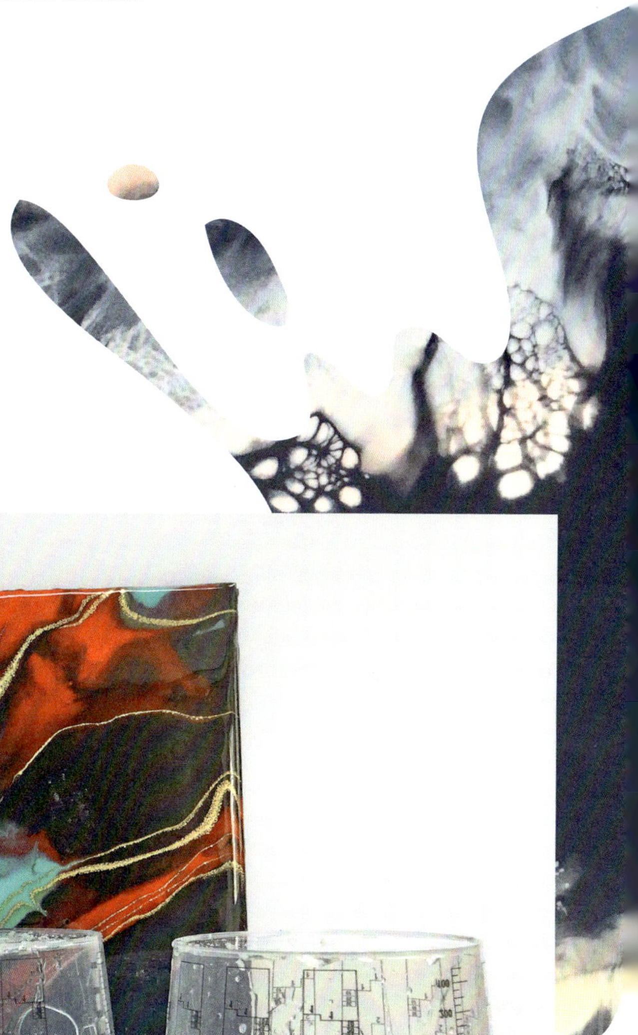

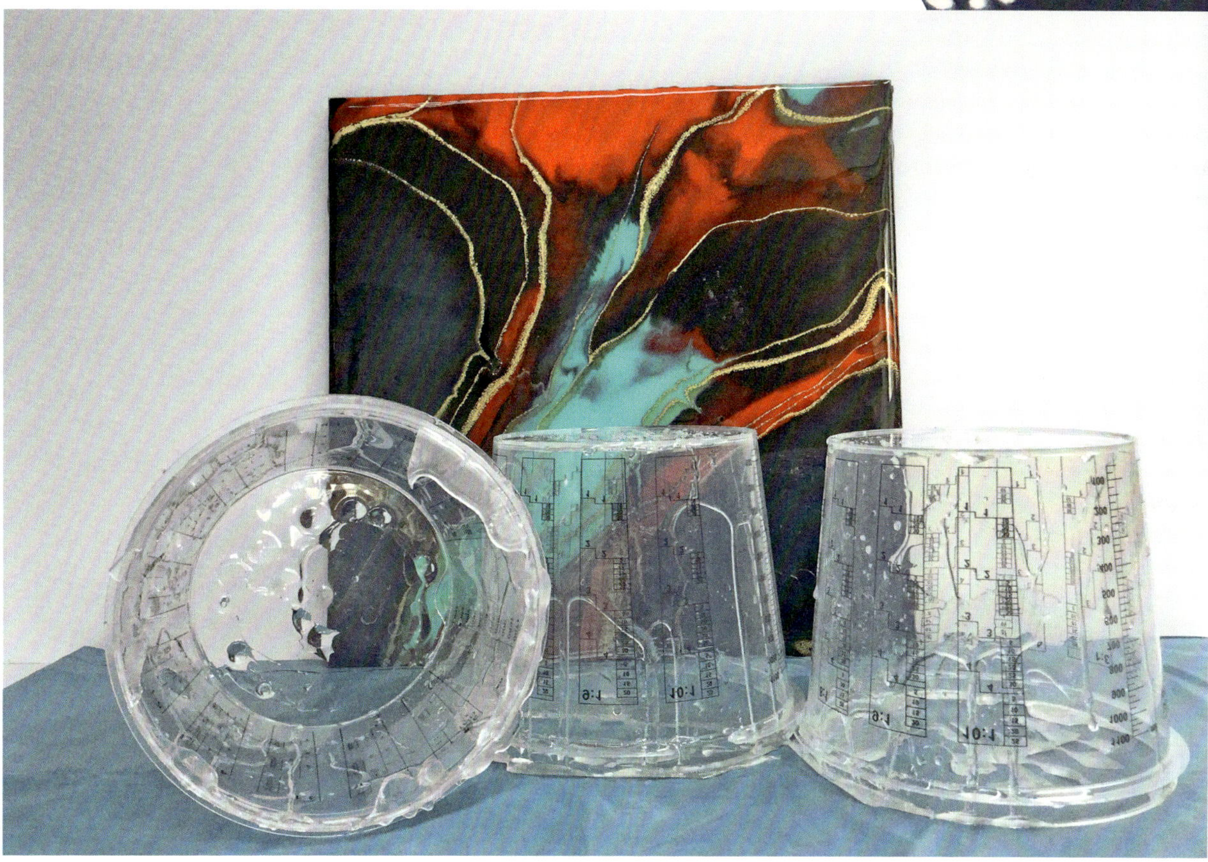

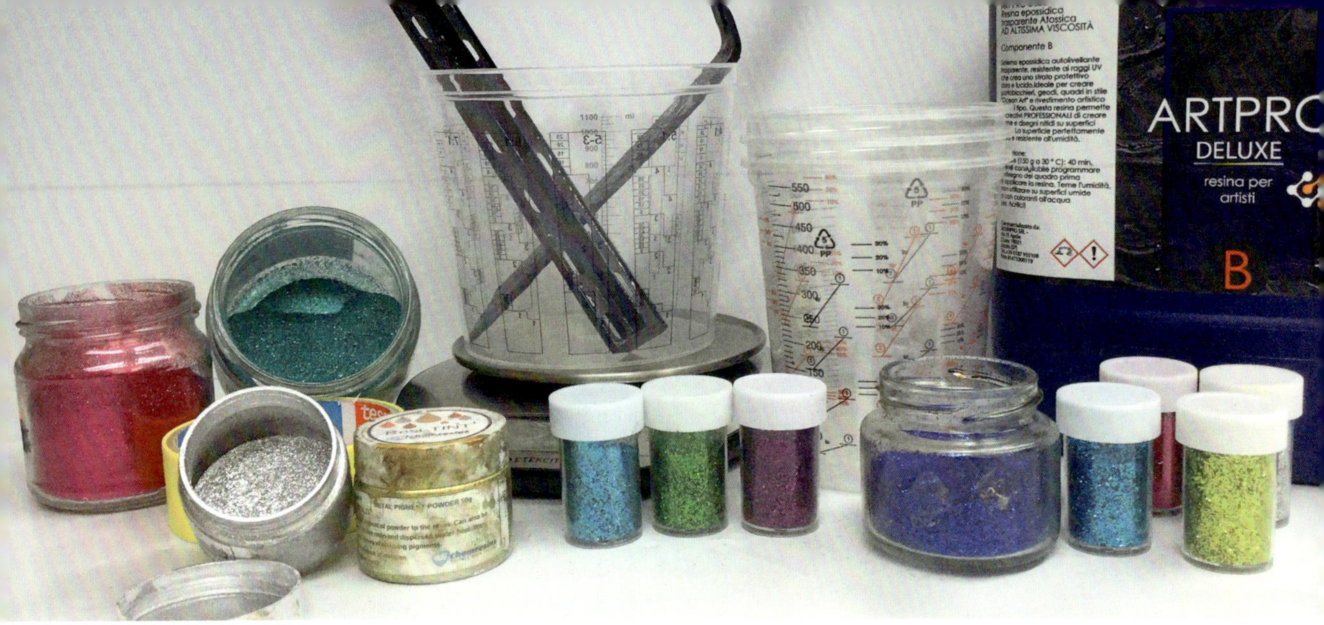

WIE VIEL RESIN BENÖTIGE ICH FÜR EINE BESTIMMTE FLÄCHE?

Um die benötigte Menge Resin für ein Bild zu errechnen, ist Folgendes zu beachten:

- Wie groß ist der Malgrund?
- Wie hoch möchten Sie gießen?
- Haben Sie den Rand abgeklebt?
- Was mischen Sie dem Resin bei?

Einzelne Hersteller bieten auf ihrer Webseite Kalkulatoren an. Dabei handelt es sich um Tabellen, die darüber Auskunft geben, wie viel Resin man für welches Format benötigt. Aber auch hier gilt es zu berücksichtigen, was Sie dem Resin noch beimischen. Schüttungen mit eingefärbtem Resin verhalten sich fast so, als ob Sie klares Resin aufgießen. Fügen Sie dem Harz Goldpulver, Flitter, Sand, Glitzerpartikel, kleine Streusteinchen o.Ä. zu, verdickt sich das Epoxidharz und wird zäher. D.h., der Verbrauch steigt.

TIPP

Lieber mehr als zu wenig! Mischen Sie immer etwas mehr Resin an als angegeben. Denn ein ungeplantes zusätzliches Anmischen des Resins verkürzt Ihre Arbeitszeit beträchtlich. Legen Sie sich vor dem Gießen auch immer kleine Silikonformen für Untersetzer o.Ä. bereit. Reste und Überbleibsel können hier nach Fertigstellung des Bildes eingegossen werden und ergeben hübsche kleine Präsente. Mit der Zeit werden Sie ein Gefühl dafür bekommen, wie viel Resin Sie für welches Format benötigen.

Hier eine übliche Formel zur Berechnung des Resins:
Länge x Breite des Malgrunds in cm x 0,158 = benötigte Menge Resin
Auch im Internet finden Sie verschiedene Rechner, z.B. www.kunstharz-giessen.de
Im vorliegenden Buch ist zu jedem Bild und jedem Objekt exakt die benötigte Menge Resin Pro Deluxe angegeben. Das Verhältnis von Harz und Härter ist mit „A“ und „B“ gekennzeichnet.

TIPP

Notieren Sie zu jedem Ihrer Bilder exakt die Menge des verbrauchten Resins. So haben Sie schnell eine Liste zusammengestellt, die den Verbrauch in Ihren Techniken aufzeigt!

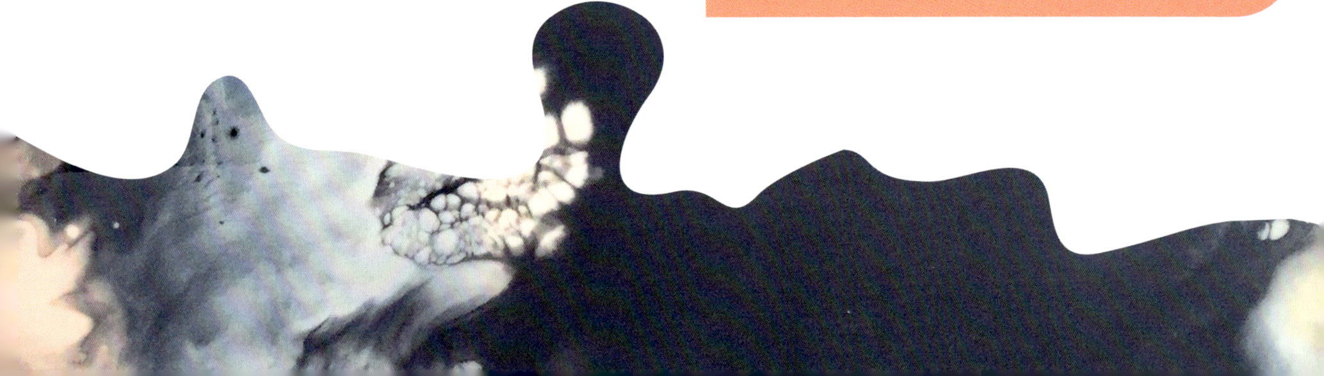

EINFÄRBEN DES RESINS

Zum Einfärben des Resins stehen Ihnen viele Möglichkeiten zur Verfügung:

Acrylfarben

Acrylfarben eignen sich nur bedingt. Wenn Sie sie verwenden wollen, dann ausschließlich in hochwertigen Qualitäten (z.B. Lascaux). Bei preisgünstigen Acrylfarben ist der Anteil der Pigmente nicht ausreichend, und es kann gelegentlich zu einer Schlierenbildung kommen. Außerdem verträgt das mit Acrylfarben gemischte Resin keine große Hitze und „verbrennt" gerne bei der Zuführung von Heißluft. Die Zugabe von Acrylfarbe in das Resin darf auf keinen Fall mehr als 10 % betragen, da das Medium sonst anfängt zu klumpen und keine homogene Masse mehr ergibt.

Airbrushfarben

Airbrushfarben (z.B. Schmincke) sind ein sehr gutes Medium, um Resin einzufärben. Vor allem transparente Farbtöne lassen sich damit sehr gut erzielen. Meist reichen einige wenige Tropfen, um den gewünschten Farbton zu erhalten. Außerdem können auch verschiedene Farben miteinander gemischt werden. Des Weiteren eignen sich diese Farben auch hervorragend, um Farben abzudunkeln oder zu brechen.

Pigmente

Der Vorteil von Farbpigmenten besteht darin, dass sie in vielen Farben erhältlich sind. Allerdings lassen sich diese nur schwer und langsam in angemischtem Resin auflösen. Falls Sie das Resin mit Pigmenten einfärben möchten, empfehle ich Ihnen, das Pigment zuerst in Isopropanolalkohol anzulösen, bevor Sie es in das Resin geben.

Sprays

Auch Farbsprays eignen sich zum Einfärben von Resin. Experimentieren Sie mit Farb- und Lacksprays, und Sie werden immer wieder unterschiedliche, interessante Ergebnisse erhalten.

Alkohol-Inks

Mit Alkohol-Inks lässt sich Resin ebenfalls einfärben, allerdings erzielt man damit nur transparente Farbtöne. Nachdem es aber sehr interessant wirkt, deckende Farben mit transparenten auf einem Bild zu kombinieren, ist es immer einen Versuch wert. Alkohol-Inks haben keine besonders hohe Lichtechtheit, und nachdem dieses Medium erst einige Jahre verwendet wird, gibt es in Verbindung mit Resin noch keine Erfahrungsberichte.

Resin-Farben

Ich persönlich bevorzuge Resin-Farben, die speziell für diesen künstlerischen Einsatz entwickelt wurden. Sie lassen sich schnell einmischen und haben eine hohe Farbbrillanz. Die Deckkraft oder Transparenz wird durch die Menge der Zugabe bestimmt. Resin-Farben sind in flüssiger Form (z.B. Resi-Tint) oder cremiger, pastoser Konsistenz (z.B. Resi-Tint MAX) erhältlich. Sie ergeben mit Resin eine gleichmäßige, homogene Masse, die sich sehr gut auftragen und aufgießen lässt.

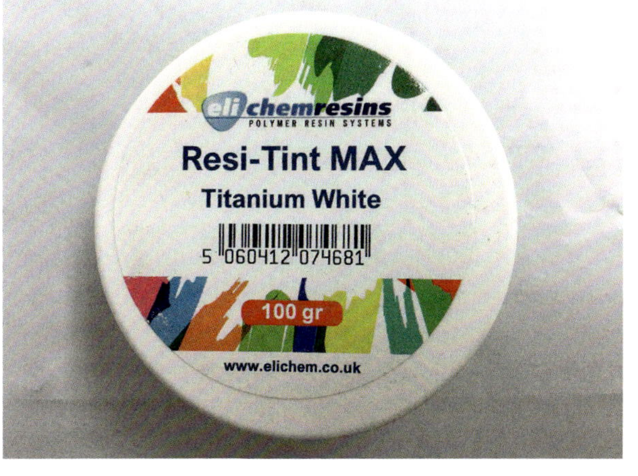

TIPP

Für weiße Flächen empfehle ich Ihnen ausschließlich Titan-Weiß von Resi-Tint oder Resi-Tint MAX. Die oben angegebenen weiteren Farbmedien hinterlassen meist weiße Schlieren, die sich nicht vollständig im Resin auflösen und sich auch nicht verblasen oder entfernen lassen.

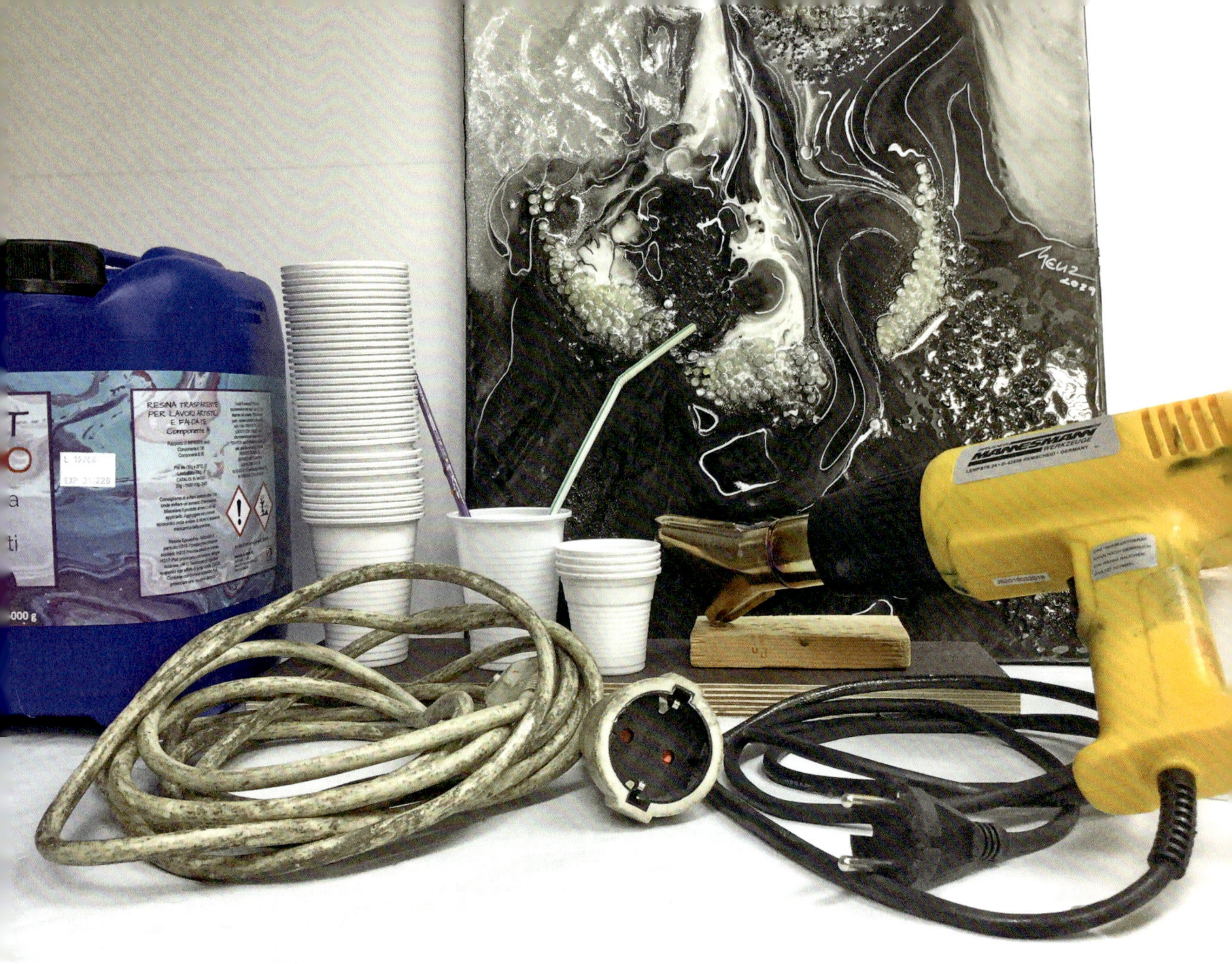

HEISSLUFTPISTOLE: NICHT NUR HEISSE LUFT

Eine Heißluftpistole ist ein unverzichtbares Utensil bei der Anwendung von Resin. Ich verwende dazu die preisgünstige Heißluftpistole von Mannesmann (ca. 15 €). Ein gewöhnlicher Haarföhn ist nicht ausreichend, da er nicht die benötigte Temperatur erzeugt.

Obwohl die Bläschenbildung bei Resin Pro bereits möglichst minimiert wurde, können sich beim Mischen der beiden Komponenten Harz und Härter wieder einige neue Bläschen bilden. Sobald Sie das eingefärbte Resin auf den Malgrund aufgegossen haben, sollten Sie mit der Heißluftpistole die Oberfläche erhitzen, um so die Bläschen zum Platzen zu bringen. Dies sollte mit einem gewissen Abstand und fächelnden Bewegungen auf allen Bildern oder Gegenständen durchgeführt werden.

Aber auch an der Erstellung eines Motivs kann die Heißluftpistole maßgeblich beteiligt sein. Betrachten Sie das föhnähnliche Gerät einfach als Ihren „Luftpinsel".

Mithilfe der flachen Düse können Sie das farbige Resin sehr flächig oder auch nur partiell ineinander verblasen, sodass effektvolle fließende Farbübergänge entstehen. Halten Sie das Gerät dabei schräg und flach und verweilen Sie nicht zu lange an einer Stelle. Falls Rauch ausdünstet, sollten Sie den Vorgang sofort abbrechen, denn dann ist das Resin überhitzt und bildet schlimmstenfalls unschöne Dellen. Aber keine Angst, das Resin ist nicht entzündlich!

Schließen Sie das Gerät an ein zulässiges Verlängerungskabel an, damit Sie bequem aus jeder Richtung föhnen können.

TIPP

Für kleine Formate ist der Luftstrom der Heißluftpistole oft zu stark und zu heiß. Mit einem Strohhalm können Sie auf kleinen Flächen die Bläschen ebenfalls zum Platzen bringen und außerdem noch interessante Akzente setzen.

Achtung!

In meinen Kursen ist es schon passiert, das vor lauter Spannung vergessen wurde, dass das Gerät auch ein Kabel hat. Wenn dieses nun eine Spur durch das Bild zieht, ist es weniger schön. Halten Sie das Kabel deshalb beim Föhnen immer in der anderen Hand über dem Bild.

Durch die hohe Temperatur von bis zu 800 °C erhitzt sich auch die Düse entsprechend.

Sie sollten deshalb für eine feuerfeste Unterlage sorgen, auf der Sie das Gerät zwischendurch ablegen können.

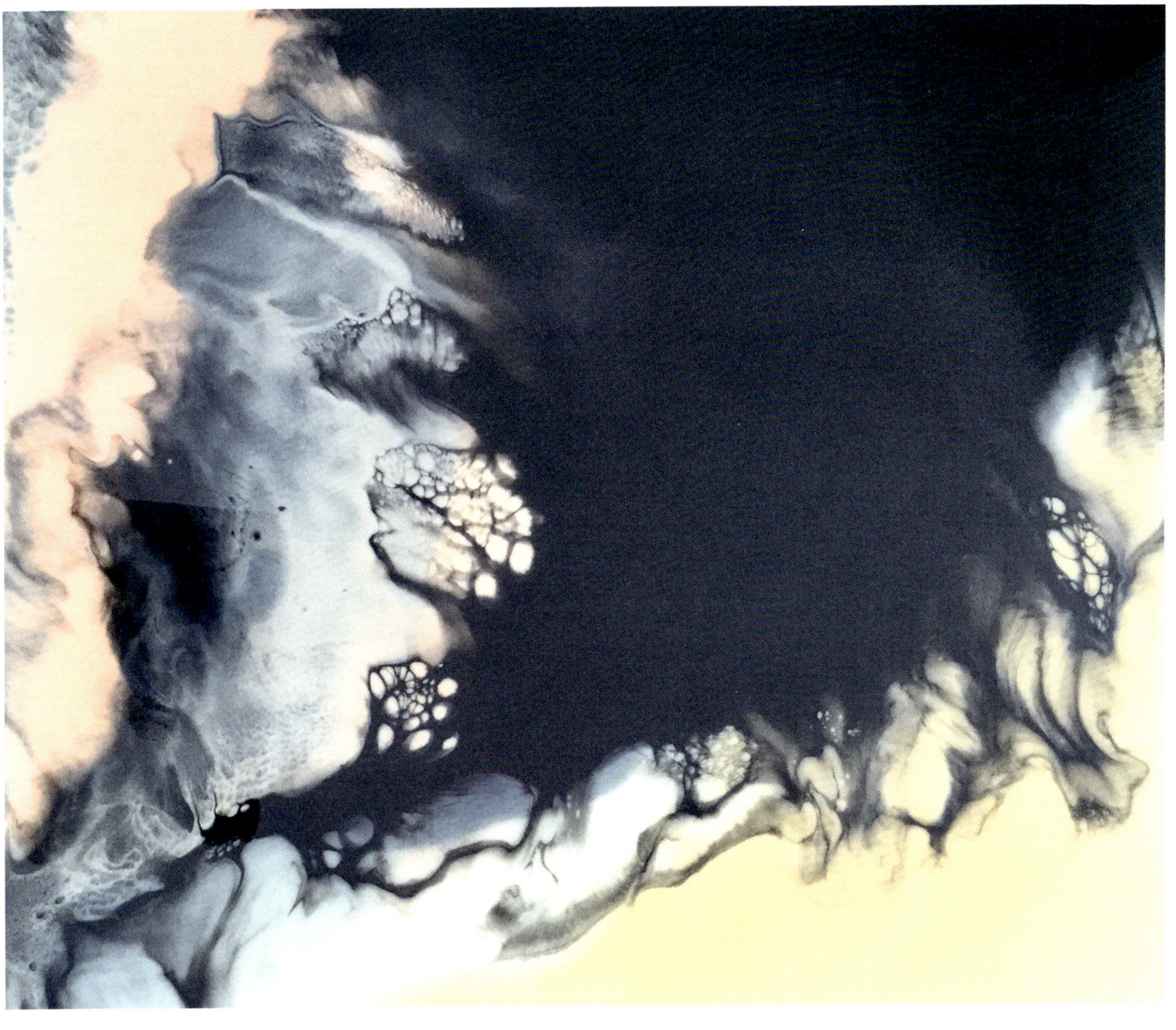

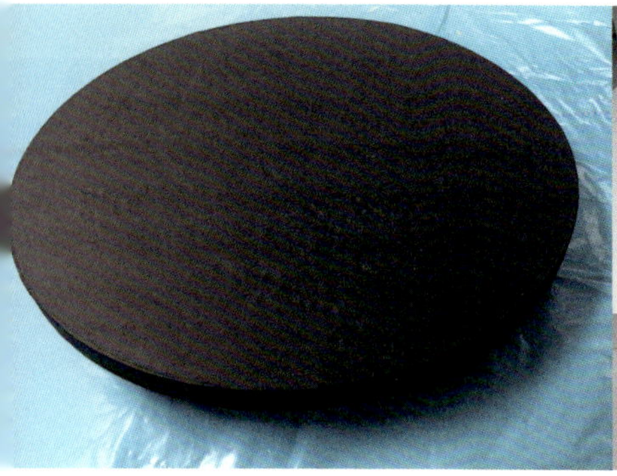

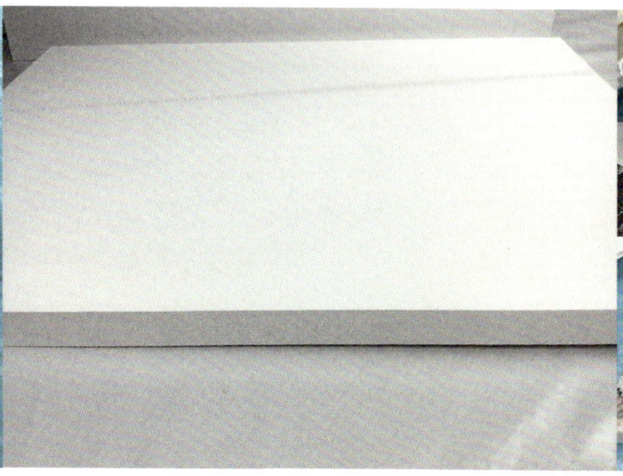

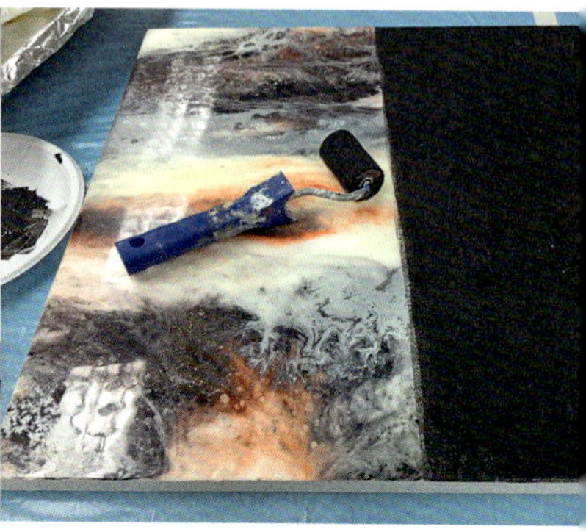

UPPS – MEIN BILD GING DANEBEN: SCHADENSBEGRENZUNG UND BILDRETTUNG

Mit Resin zu arbeiten bedeutet auch eine große Herausforderung! Bei der Arbeit mit anderen Malmedien können Sie den Arbeitsprozess immer wieder unterbrechen, sich neu fokussieren und beurteilen, andere Materialien hinzufügen und neu gewonnene Ideen umsetzen. Die Arbeit mit Epoxidharz erfordert ein komplettes Umdenken! Da die Verarbeitungszeit begrenzt ist, müssen der „Plan", das Motiv, die Wahl und Anordnung der Farben u.v.m. bereits vor dem Gießen feststehen, und sei es nur vor Ihrem geistigen Auge.

Und nicht nur das: Auch der gesamte Arbeitsplatz muss von A–Z präpariert und vorbereitet sein (s. S.11–18): Mischbecher, Farbbecher, verschiedene Farbspatel, Küchenkrepp, Abstandshalter, Heißluftpistole, Farben, Silikon – einfach alles sollte und muss schon vor Beginn in Ihrer Reichweite stehen, griffbereit, geöffnet und gebrauchsfertig. Jede Minute, die Sie während des Gießvorgangs vertrödeln, geht von Ihrer Verarbeitungszeit ab!

Trotz aller Vorbereitung kann ein Bild dennoch einmal danebengehen. Dies passiert gelegentlich auch dem besten Künsler und kann viele Ursachen haben:

- Der Dialog zwischen den Farben gefällt nicht.
- Durch zu spätes Auftragen von Resi-Blast oder Silikon sind hässliche Dellen auf der sonst glatten Fläche entstanden.
- Farblöcher sind entstanden, weil der Malgrund nicht ausreichend gereinigt und entfettet wurde.
- Die Farben wurden zu sehr ineinander verblasen und ergeben ein farbliches Durcheinander.
- Die Oberfläche wurde zu sehr erhitzt und hinterlässt unschöne Dellen.
- Das entstandene Bild entspricht einfach nicht Ihren Erwartungen.

Nachdem auf fast allen Bildern sowohl mit deckenden als auch transparenten Farben gearbeitet wird, genügt es nicht, einfach eine weitere Schicht Harz aufzugießen. Unter den transparenten Farben würden die bereits aufgegossenen Farben wieder sichtbar werden.

Bei kleinen Dellen, die durch verspätet aufgetragenes Silikon oder eine überhitzte Oberfläche entstanden sind, ist eine Fehlerbeseitigung relativ einfach: Reinigen Sie die Oberfläche gründlich mit einem weichen Tuch und Silikonentferner oder Alkohol und polieren Sie die Maloberfläche, sodass wirklich alle Fette entfernt sind.

Nun können Sie eine weitere neue Schicht klares Epoxidharz aufgießen. Natürlich sollte auch diese wieder mit der Heißluftpistole erwärmt werden, damit die Bläschen platzen, die sich gerne bilden. Das neu aufgetragene Harz läuft auch in die unerwünschten Vertiefungen und nivelliert sich von selbst, sodass nur eine gleichmäßige glanzvolle Oberfläche bleibt.

Manchmal eröffnet ein mißlungenes Bild aber ungeahnte Möglichkeiten! Versuchen Sie mit Eddings die Fehler zu kaschieren. Legen Sie Schablonen auf oder versetzen Sie einen weiteren Harzauftrag mit Gold- oder Silberpigmenten. Sie werden überrascht sein, wie man mit wenigen Mitteln aus einem „nicht so schönem Bild" noch ein fabelhaftes Gemälde zaubert!

Jeder Hobbymaler und auch Künstler kommt einmal an einen Punkt, an dem er genau weiß, dass das Bild nicht mehr zu retten ist oder den eigenen Ansprüchen einfach nicht gerecht wird. Auch das ist kein Problem! Im schlimmsten Fall überstreichen oder walzen Sie das misslungene Bild mit Gesso oder Grundierweiß, und im Nu haben Sie wieder eine perfekte Oberfläche und können bei Null anfangen! Durch alte Spuren, die das Bild schon erlebt hat, kann es interessanter wirken als manch gezielt erarbeitetes Werk. Und Sie haben so die Möglichkeit, die ja nicht ganz billigen Malgründe für die Anwendung von Resin wieder zu verwenden. Ihr einziger Verlust ist das Resin für Ihren ersten Auftrag. Ärgern Sie sich nicht länger, starten Sie den nächsten Versuch auf diesem Malträger!

Lassen Sie sich auf diesen künstlerischen Dialog ein und verzweifeln Sie nicht, wenn es beim ersten Mal nicht gleich klappt. Das nächste Bild wird ein Meisterwerk werden! Das Medium Resin ist so interessant und vielseitig, dass Sie – wenn es Ihnen so ergeht wie mir – nicht mehr davon lassen können! Auch wenn Sie manchmal Enttäuschungen erleben, wird Ihre Begeisterung durch die einzigartigen Ergebnisse fortbestehen. Resin-Kunst ist nicht kopierbar! Und was immer Sie zaubern – es wird sich stets um ein unverwechselbares individuelles Unikat handeln!

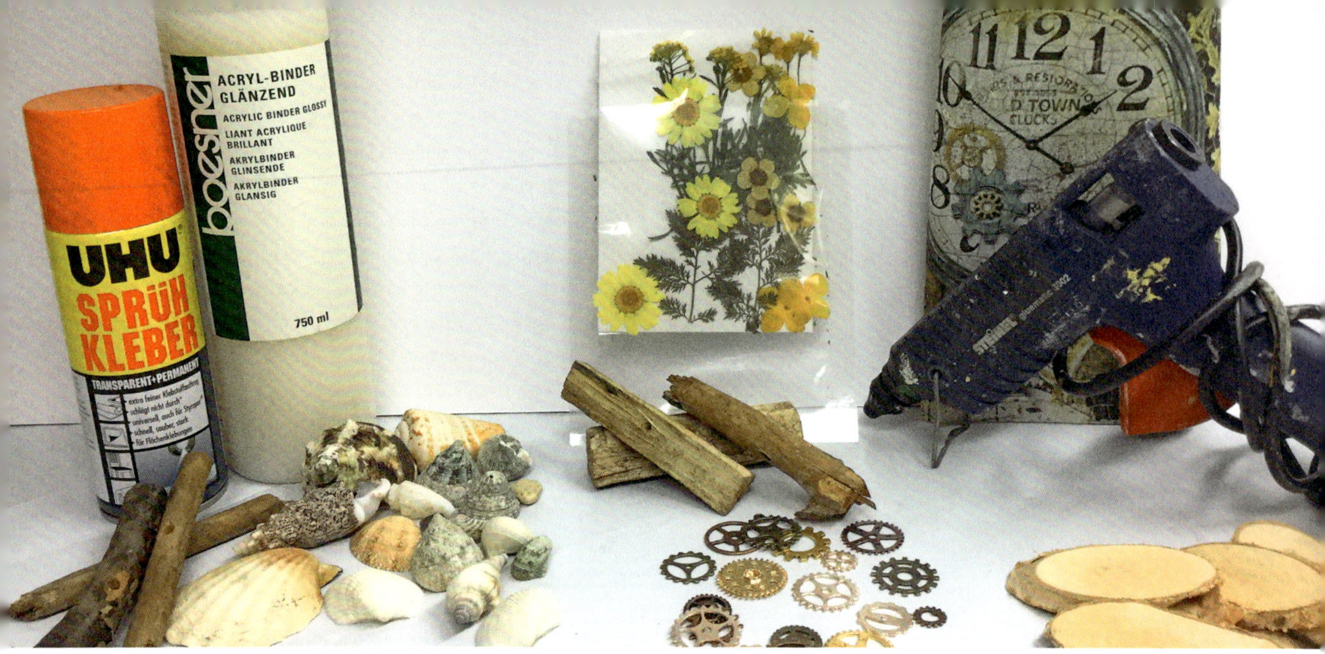

Techniken und Effekte

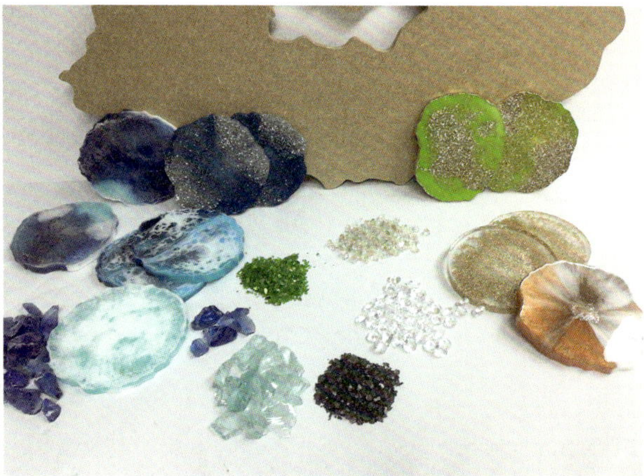

Collagen

Resin ist auch ein ideales Medium für Collagen. Egal, um was es sich handelt, es kann fast alles in Harz eingegossen werden: Fotos, Buchseiten, Briefe, Fragmente von Papieren, Trockenblumen, Blätter, Astscheiben, Münzen, Kronkorken, Kaffeebohnen, Spielkarten, Korallen, Muscheln ..., um nur einige Beispiele zu nennen.

Damit leichte Gegenstände wie z.B. Astscheiben im Resin nicht an die Oberfläche „schwimmen", sollten diese zuerst befestigt bzw. festgeklebt werden. Hierfür kann eine Heißklebepistole verwendet werden. Papiere,Trockenblumen und leichte Gegenstände werden mit Sprühkleber oder Acrylbinder vorher auf die Fläche aufgebracht. Beachten Sie, dass Naturmaterialien wie etwa Blätter vor dem Übergießen vollkommen trocken sein müssen. Damit diese Collagen auch deutlich zur Geltung kommen, wird beim Gießen nur klares oder leicht eingefärbtes Resin verwendet.

Geodenform

Besonders im Trend liegen derzeit Bilder und Tischplatten im Geodestyle. Dabei handelt es sich um die stilisierte Darstellung von Halbedelsteinen wie z.B. Achaten. Bei dieser Technik werden Kristalle, Dekosteine, Bruchglas, Spiegelflakes, Quarzsteine o.Ä. in das Motiv mit einbezogen. Zudem kommt alles zum Einsatz, was glänzt und glitzert.

Bruchglas, Spiegelflakes oder Kristalle sind schwer und müssen nicht vorher am Malgrund befestigt werden. Ordnen Sie die Deko-Objekte auf dem Malgrund einfach so an, wie es Ihnen gefällt. Nachdem Sie das Harz mit dem Härter gemischt haben, gießen Sie zuerst mit klarem Resin alle Steine ein, damit diese fest auf dem Malgrund verankert sind. Danach wird mit dem Gießen des farbigen Harzes begonnen.

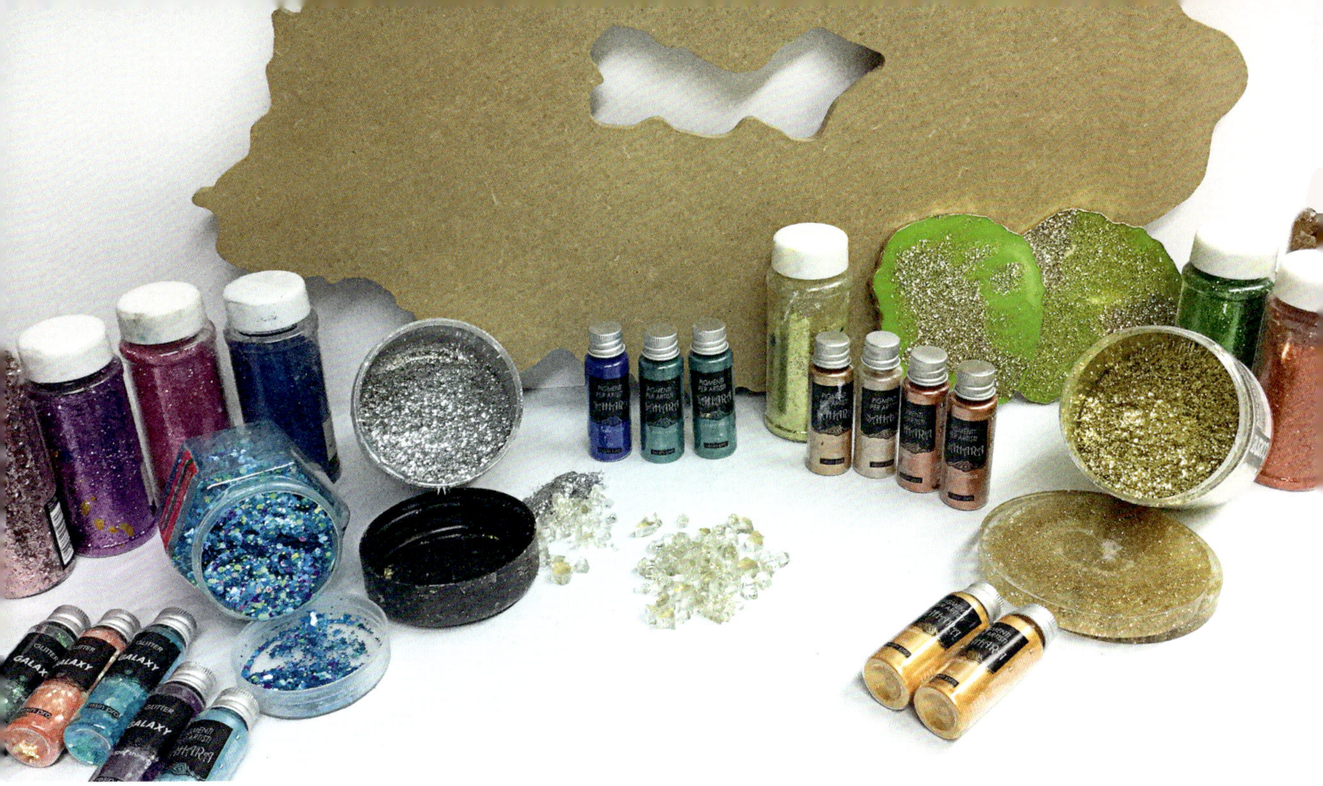

Eine weitere dekorative Möglichkeit besteht darin, das klare Resin vorher mit einigen Glitzer- oder Flitterpartikeln zu vermischen. Durch die Reflexion wirkt das Bild dreidimensional. Wenn Sie diese Technik für Tischplatten verwenden möchten, müssen Sie mehrere Schichten Resin gießen, damit sich eine glatte, ebene Fläche ergibt. Für Bilder reicht eine Schicht. Die Steine oder Kristalle dürfen aus dem gegossenen Harz herausragen. Dies erzeugt ebenfalls eine dritte Dimension.

Farbsprays

Farbsprays können sehr gut in Verbindung mit Resin angewendet werden. Auch das Einfärben des Resins mit Farbsprays ist eine Möglichkeit. Die Schüttungen mit Resin wirken sehr fließend und sanft, sodass sich konkrete, scharf begrenzte Stilelemente sehr gut einbauen lassen.

Schon bevor Sie mit dem Gießen beginnen, können mittels Schablonen Zahlen, Buchstaben oder grafische Muster auf den grundierten Malgrund gesprüht werden. Diese Bilder werden wie gewohnt angefertigt. Auf den Partien, wo man Schriften oder Muster aufgetragen hat, wird dann nur mäßig eingefärbtes Resin aufgegossen, sodass die darunterliegenden Muster dann noch mehr oder weniger deutlich zu erkennen sind. Dies lässt sich auch sehr gut steuern.

Aber auch wenn Ihr Resin-Bild bereits fertiggestellt ist, lassen sich noch effektvolle Akzente setzen. Nach dem völligen Aushärten der Oberfläche können an beliebigen Stellen Schablonen aufgelegt und mit Farbsprays besprüht werden. Auch glänzende Farbsprays sind niemals so glänzend wie die Resin-Oberfläche darunter. Dieser Kontrast kann einen ganz besonderen Effekt ausmachen. Wenn aber die gesamte Oberfläche hochglänzend und spiegelartig sein soll, sollten Sie nochmals eine klare Schicht Resin auftragen.

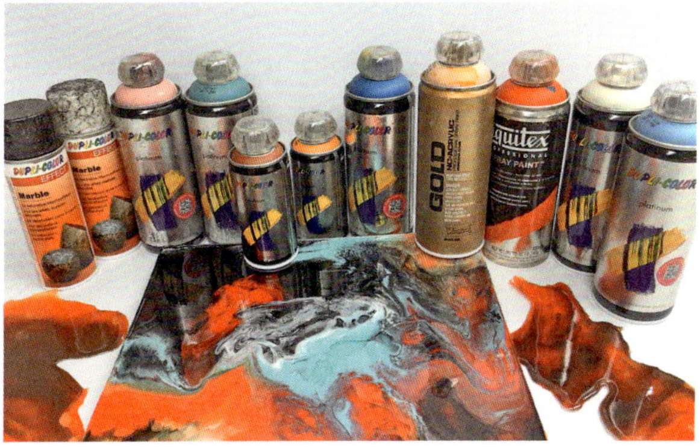

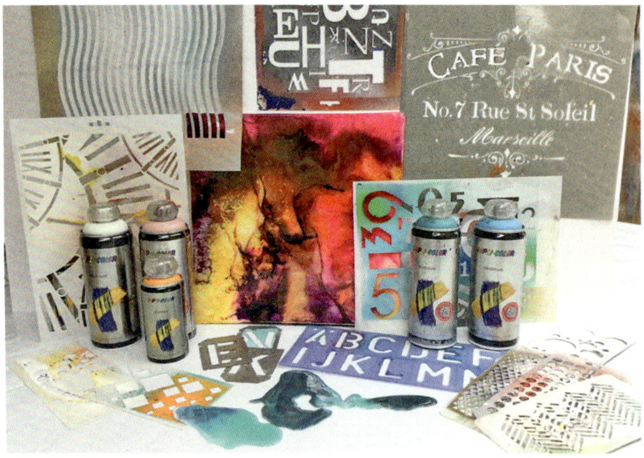

Sehr interessant ist es, wenn man Schriften oder Muster nur partiell oder auch angeschnitten auf einer Malfläche platziert.

EDDINGS UND FASERSTIFTE

Auch Eddings und Faserstifte eignen sich hervorragend, um Bilder zu komplettieren und interessante Akzente zu setzen. Sie erhalten die Stifte in allen erdenklichen Farben und Stärken. Sie bieten sich vor allem bei Geoden an, um dessen außergewöhnliche Formen noch hervorzuheben. Vor allem Porzellanstifte haben sich bewährt.

Die Hersteller verwenden natürlich unterschiedliche Inhaltsstoffe, deshalb sollten Sie die Stifte zuerst darauf testen, welche am besten haften.

Sollten Sie auf Ihrem Resin-Bild oder -Objekt Resi-Blast, Silikonöl oder Silikonspray verwendet haben, ist es unbedingt notwendig, die Oberfläche des Bildes vorher sehr gründlich mit Silikonentferner, Alkohol oder Essig zu reinigen. Denn selbst feinste Rückstände verhindern einen Auftrag mit diesen Stiften.

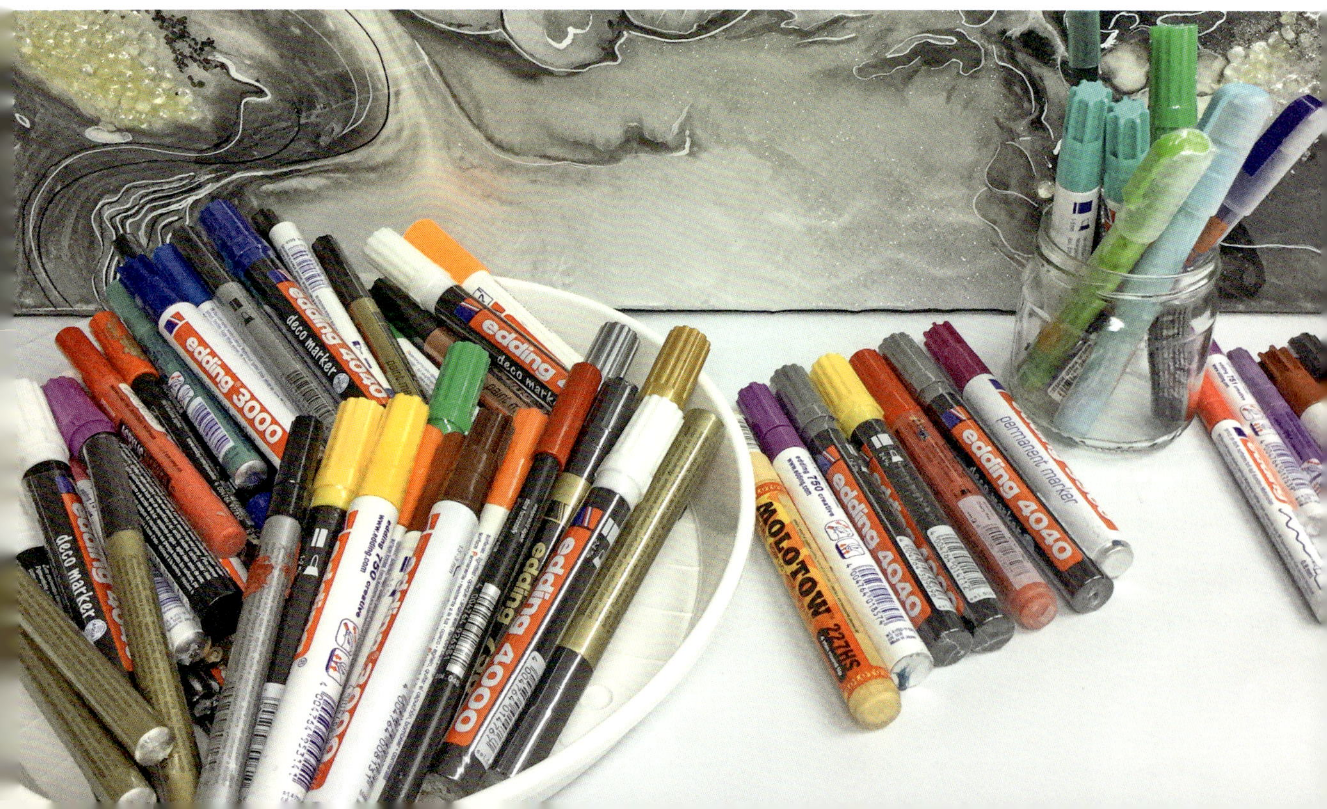

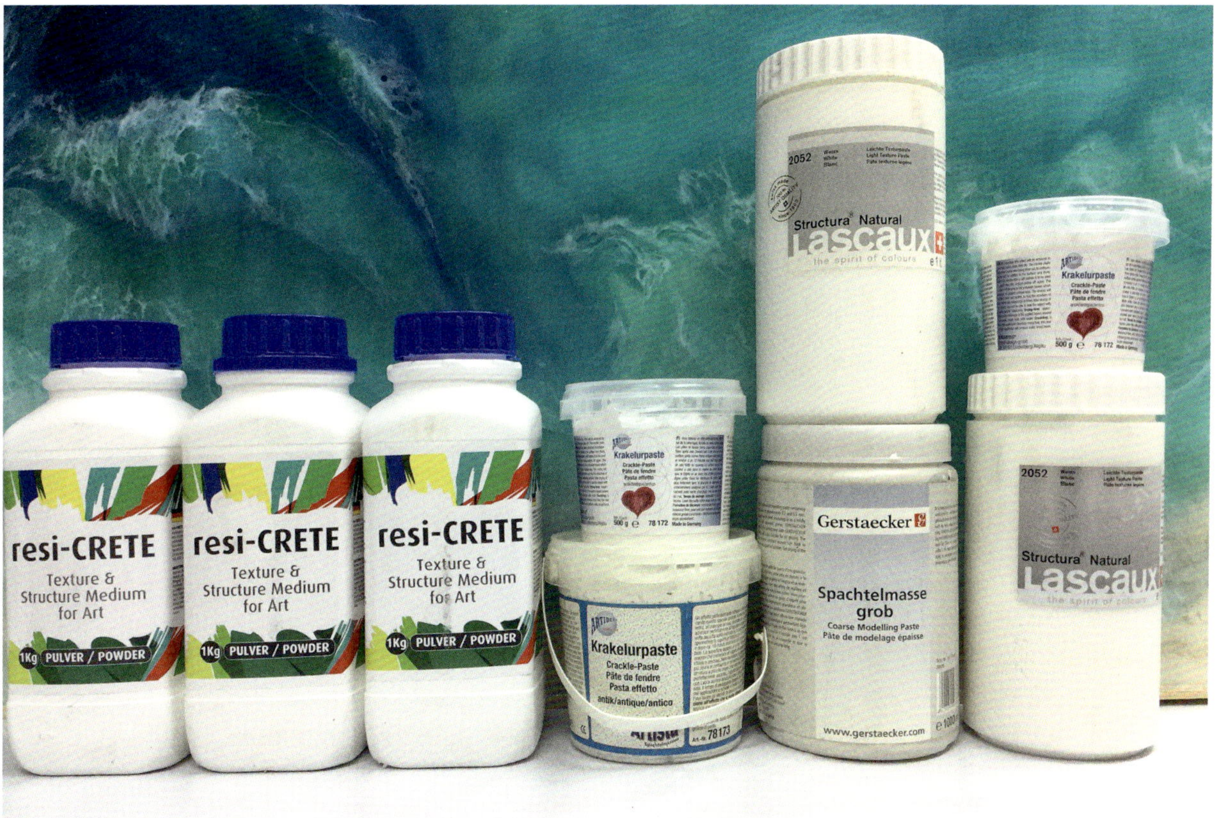

STRUKTUR UND HAPTIK

Ein weiteres wichtiges Gestaltungsmittel sind Strukturpasten. Strukturen verleihen den Bildern echten „Tiefgang“. Nach dem Trocknen können die aufgetragenen Strukturen problemlos mit einer oder mehreren Schichten Epoxidharz übergossen werden.

Die Paste kann dünn aufgestrichen oder aber, je nach Motiv und gewünschtem Effekt, auch sehr dick aufgespachtelt werden. Es eignen sich hierfür alle gängigen Strukturpasten und Strukturgele.

Soll die dreidimensionale Wirkung noch verstärkt werden, können die Pasten zusätzlich mit Sand angedickt werden. Durch Heben, Senken und Kanten des Spachtels beim Auftragen erzeugt man eine einzigartige Optik.

Von Eli-Chem gibt es Resi-Crete, ein speziell auf Resin abgestimmtes Pulver, mit dem sich sowohl leichte als auch pastose Strukturpasten erzeugen lassen. Das Material kann aber auch direkt in das Resin gemischt werden. Die Paste trocknet relativ schnell und ist in 17 verschiedenen Farben erhältlich. Die fertiggestellte Paste kann auch mit flüssigen Resi-Tint-Farben in der Wunschfarbe eingefärbt werden.

Einen besonderen Effekt erzielt man, wenn man nach dem Pastenauftrag nicht die ganze Mal-Oberfläche mit Resin übergießt. Um einen wirkungsvollen Kontrast zwischen hochglänzenden und matten Partien zu erzeugen, sparen Sie einige Bereiche beim Gießen aus.

Auch sogenannte Relief- und Krakelurpasten wirken in Verbindung mit Resin sehr interessant. Diese Pasten werden mitteldick aufgespachtelt und glatt gestrichen. Mithilfe eines Haarföhns wird danach die Oberfläche so lange erwärmt, bis sich an der Oberfläche Risse zeigen. Diese Effekte passen vor allem zu antiken Motiven mit gebrochenen Farben.

Experimentieren Sie mit den unterschiedlichsten Pasten, und Sie werden sehen, es entstehen immer wieder neue dynamische Strukturen, die Resin noch interessanter machen!

TIPP

Egal, welche Paste Sie verwenden, achten Sie immer darauf, dass diese vollkommen durchgetrocknet ist, bevor Sie mit dem Gießen des Resins beginnen.

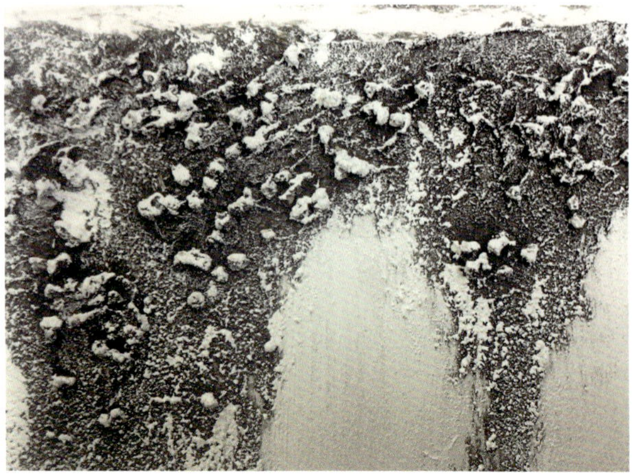

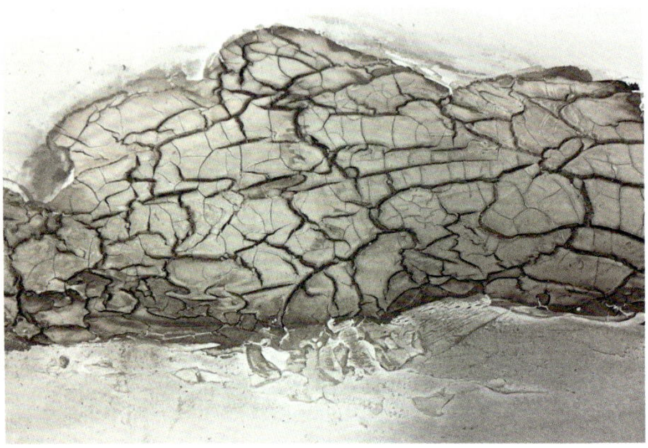

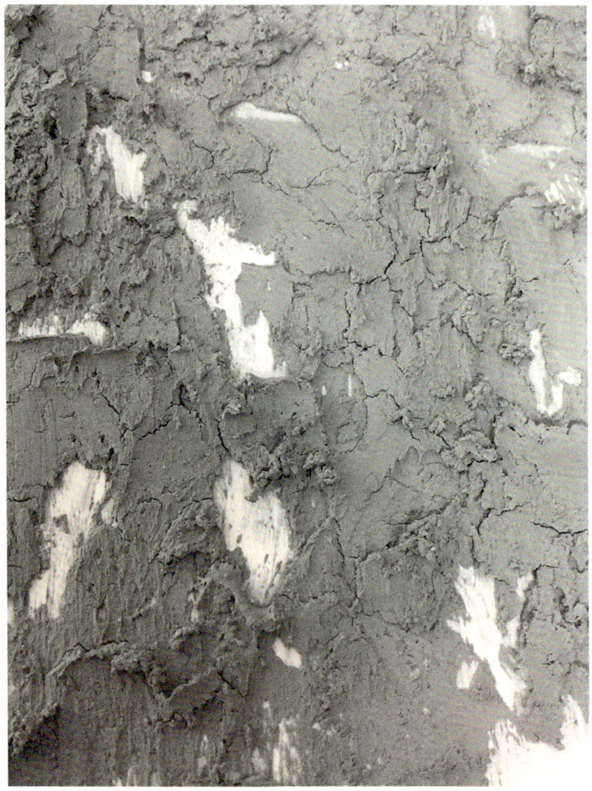

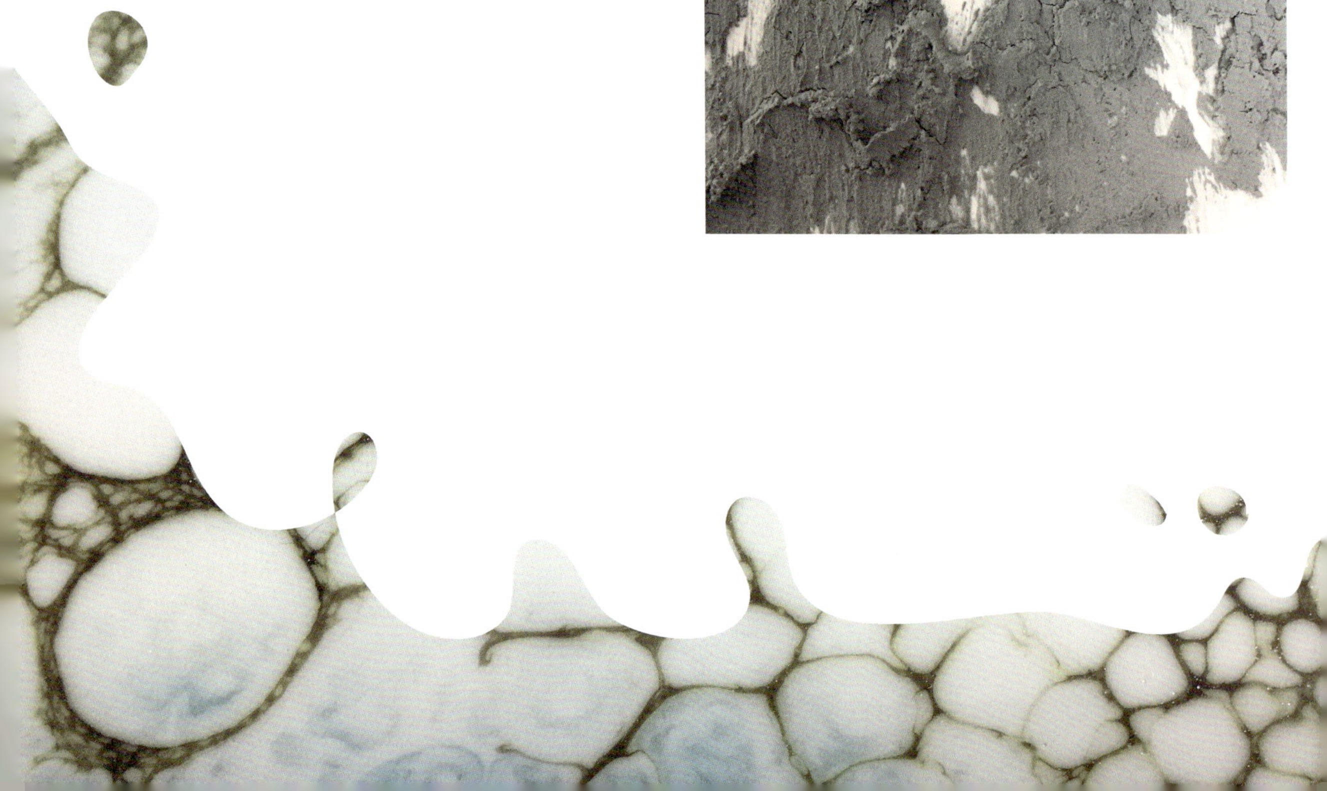

ZELLEN ERZEUGEN

Einige Leser werden bestimmt schon versucht haben, sogenannte Zellen mit Pouring, Acrylfarben und Silikon zu erzeugen. Dies ist sehr experimentell und gelingt nicht immer! Es gibt zahlreiche Hersteller von Pouring-Medien, diese Mittel halten jedoch nicht immer, was sie versprechen. Möchten Sie Zellen auf Bildern erzeugen, sind Sie beim Arbeiten mit Resin genau richtig – vorausgesetzt, Sie setzen das Medium zum richtigen Zeitpunkt ein. Sie werden sicher überrascht sein, welche einzigartigen Effekte Sie ohne großen Aufwand erzielen.

Folgende Materialien benötigen Sie dafür:

– Resi-Blast
oder
– Silikontropfen
oder
– Silikonspray
oder
– Isopropanolalkohol

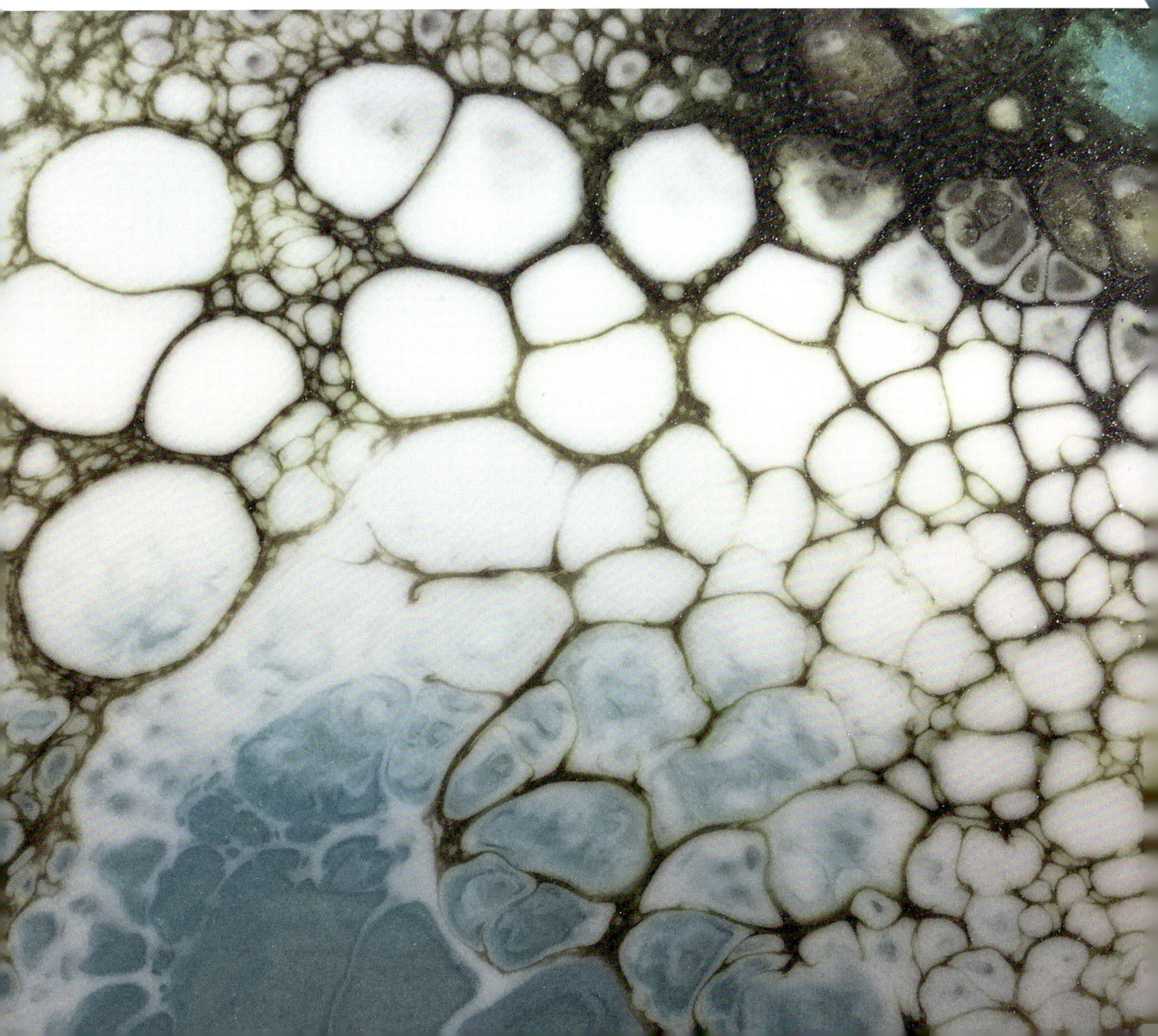

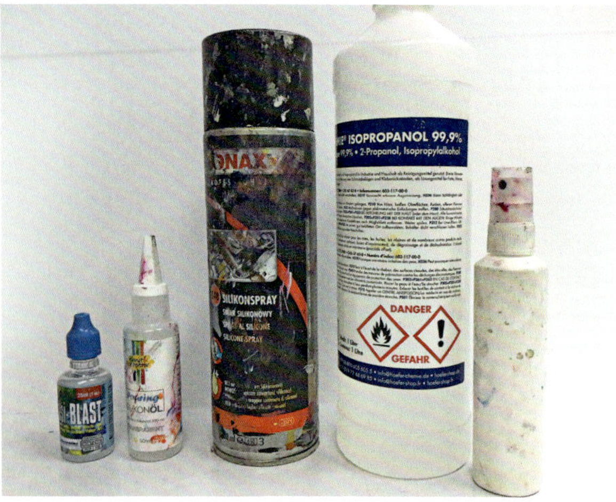

Sie haben verschiedene Möglichkeiten, Zellen oder Strukturen zu erzeugen:
Variante 1 (siehe Bild S. 29): Gießen Sie Ihr Bild in den gewünschten Resin-Farben und träufeln Sie einige Tropfen Resi-Blast oder Silikonöl an beliebigen Stellen auf. Die beste Wirkung erzielen Sie, wenn Sie das Silikon an Stellen auftragen, an denen sich Farbüberschneidungen zeigen. Das Silikon fängt sofort an zu arbeiten, verdrängt das eingefärbte Resin und hinterlässt runde bis ovale Aussparungen. Ein Tropfen ist ausreichend. Möchten Sie auf großen Formaten größere Zellen erhalten, tragen Sie an ein und derselben Stelle mehrere Tropfen auf. Das Resi-Blast bzw. Silikon arbeitet noch lange nach, deshalb sollten Sie die Tropfen nicht zu eng aneinandersetzen.

Wichtig!
Um die chemische Reaktion hervorzurufen und garantiert Zellen zu erhalten, ist der richtige Zeitpunkt sehr wichtig! 5 bis maximal 10 Minuten nach Auftrag der Resin-Farben sollte das Silikon aufgetragen werden, denn nur innerhalb dieser Zeit erreichen Sie ein optimales Ergebnis.

Für Einsteiger ist diese Zell-Technik ideal und gelingt immer. Experimentieren Sie – die Ergebnisse werden Sie begeistern! Arbeiten Sie fürs Erste auf kleineren Formaten (z.B. 40 x 40 cm oder 50 x 50 cm). Einfach Ihre Lieblingsfarben in das Resin mischen und abwechselnd aufgießen, wobei sich die Farben auch überschneiden oder überlappen dürfen. Einige Tropfen Resi-Blast oder Silikonöl auftropfen, mit der Heißluftpistole darüberfönen und fertig. Alles andere erledigen die eingefärbte Resin-Farbe und das Silikonöl für Sie. Es heißt dann abwarten und sich überraschen lassen. Schon der Entstehungsprozess dieser Bilder ist hochinteressant und wird auch bei Ihnen große Begeisterung auslösen. Es entstehen einzigartige Bilder mit großer Wirkung, aber ohne großen Aufwand!

Variante 2 (siehe Bilder unten): In der ersten Variante haben Sie Resi-Blast oder Silikon direkt auf das bereits aufgetragene eingefärbte Resin getropft. Eine weitere Möglichkeit besteht darin, das Medium sogleich in eine oder mehrere eingefärbte Resin-Farben zu mischen. Bilder in dieser Technik wirken schnell überladen, deshalb sollten Sie das Silikon nicht in alle, sondern nur einigen wenigen

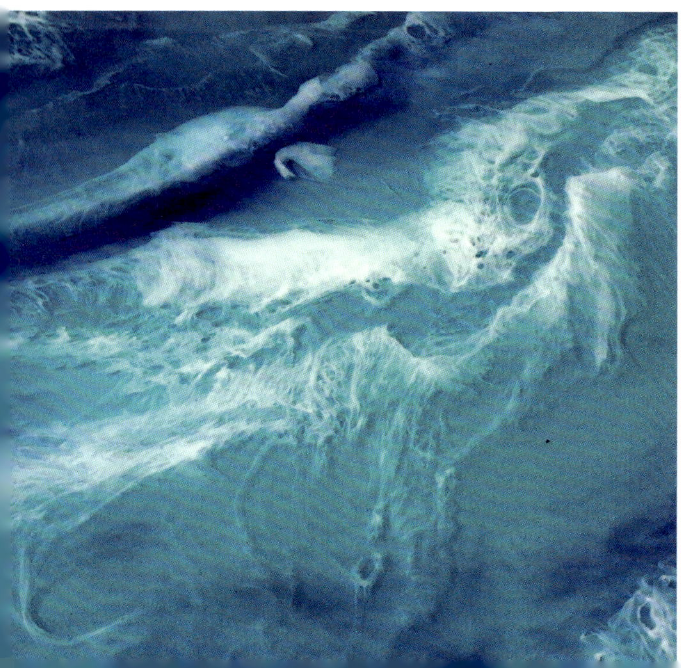

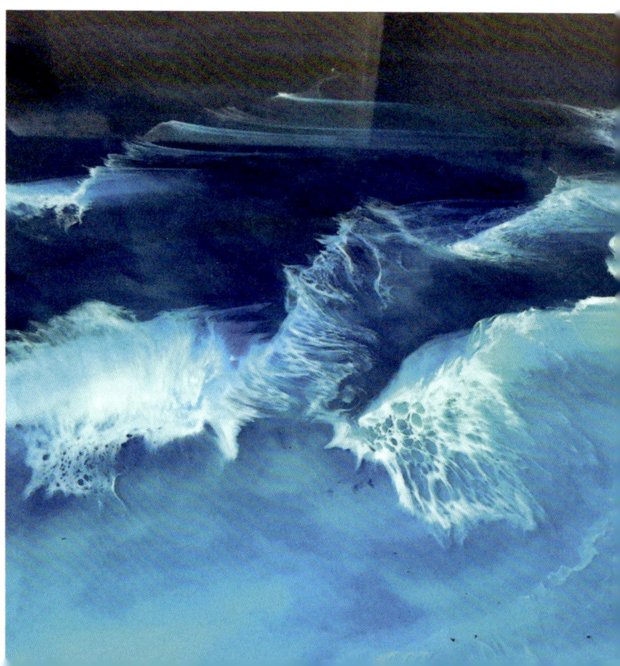

Resin-Farben beimischen. Meist reicht der Zusatz bei ein bis zwei Farben. Gießen Sie zunächst die Farben ohne Silikon auf. Den besten Effekt erzielen Sie, wenn Sie die mit Silikon angereicherten Farben an oder auf die bereits aufgetragenen Farben aufgießen. Sie werden die Wirkung sofort feststellen können. Es legt sich ein Netz aus Zellen über die darunterliegende Farbe. Dies können Sie noch deutlicher hervorheben, indem Sie den Malgrund etwas kippen. Einzigartig wird es, wenn Sie mit einer Heißluftpistole die Oberfläche etwas erhitzen und die mit Silikon versetzte Farbe in eine Richtung verblasen. Diesen Vorgang nicht überstrapazieren, da das Resin sonst verbrennt, sich nicht mehr selbst nivelliert und dadurch hässliche Dellen hinterlässt.

Diese Technik eignet sich u.a. hervorragend, um Meeres-Bilder anzufertigen. Hierfür einige Tropfen Resi-Blast oder Silikon in einen Becher mit weißer Resin-Farbe mischen und mit einem Spatel in das Blau und Türkis verziehen. Wenn Sie nun die weiße Farbe etwas erhitzen und in eine Richtung verblasen, entstehen zauberhafte Gebilde, die wie Wellen, Gischt und Brandung aussehen.

Variante 3 (siehe Bild rechts): Die dritte Variante kennen sicherlich viele Maler, die sich schon im Acryl-Pouring versucht haben: das Dirty-Pouring. Für diese Technik mischen Sie das gebrauchsfertige Resin mit Ihren gewünschten Farben: pro Farbe einen Becher. Geben Sie nun einige Tropfen Resi-Blast in einen Teil der Farben. Für den eigentlichen Vorgang benötigen Sie nun ein etwas größeres Gefäß. Gießen Sie etwas Farbe in diesen Becher. Mittig und langsam gießen Sie die nächste Farbe auf. Dies wiederholen Sie abwechselnd mit den verschiedenen Farben beliebig oft, bis der Becher zu drei Viertel gefüllt ist. Stülpen Sie das Gefäß sehr schnell mit der Öffnung nach unten auf die Malfläche und lassen Sie die Masse etwa eine halbe bis eine Minute sacken. Heben Sie nun den Becher an einer Seite vorsichtig an und ziehen diesen langsam in eine Richtung. Das ausströmende Gemisch kann durch Kippen des Malgrunds noch beeinflusst werden. Föhnen Sie mit einer Heißluftpistole darüber, damit sich die Zellen noch deutlicher ausprägen. Der ganze Vorgang kann jederzeit an anderen Stellen wiederholt werden.

TIPP
Dies muss nicht immer auf einem weißen Malgrund geschehen. Interessant ist es auch, wenn man den Malgrund vorher mit einer passenden Acrylfarbe grundiert hat.

Variante 4 (siehe Bild S. 30): Wer filigrane Effekte und Muster vorzieht, ist bei Variante 4 richtig. Tragen Sie hierfür zuerst Ihre Resin-Farben auf. An den Übergängen von Hell nach Dunkel sprühen Sie nun Silikon aus der Sprayflasche auf. Sofort breitet sich ein Netz aus feinsten Verästelungen und Zellen aus. Das Spray sollte sehr sparsam angewendet werden, da es sehr viel weiter sprüht, als man vermutet. Jedes kleinste Tröpfchen hinterlässt Spuren. Besonders intensiv wirken die Verästelungen, wenn Sie dabei auf die einzelnen Farbübergänge sprühen.

Ähnlich, aber nicht so ausgeprägt, zeigen sich die Effekte, wenn man Isopropanolalkohol aufsprüht. Dieser sollte vorher in eine kleinere Sprayflasche umgefüllt werden. Experimentieren Sie ganz nach Lust und Laune, es werden immer einmalige Effekte entstehen!

Wichtig!
Alle diese Techniken hinterlassen nach dem Trocknen einen öligen, schmierigen Film auf Ihrem Werk, der nach dem Trocknen komplett entfernt werden muss. Dies gilt besonders für Bilder oder Gegenstände, die nochmals mit einer klaren Schicht Resin überzogen werden sollen.

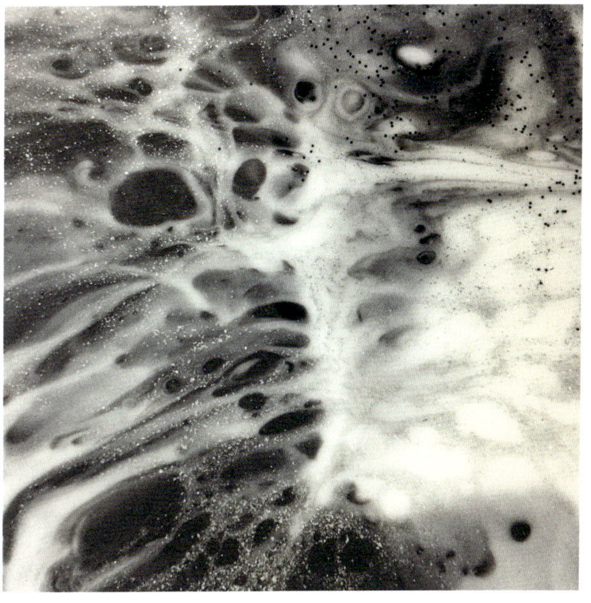

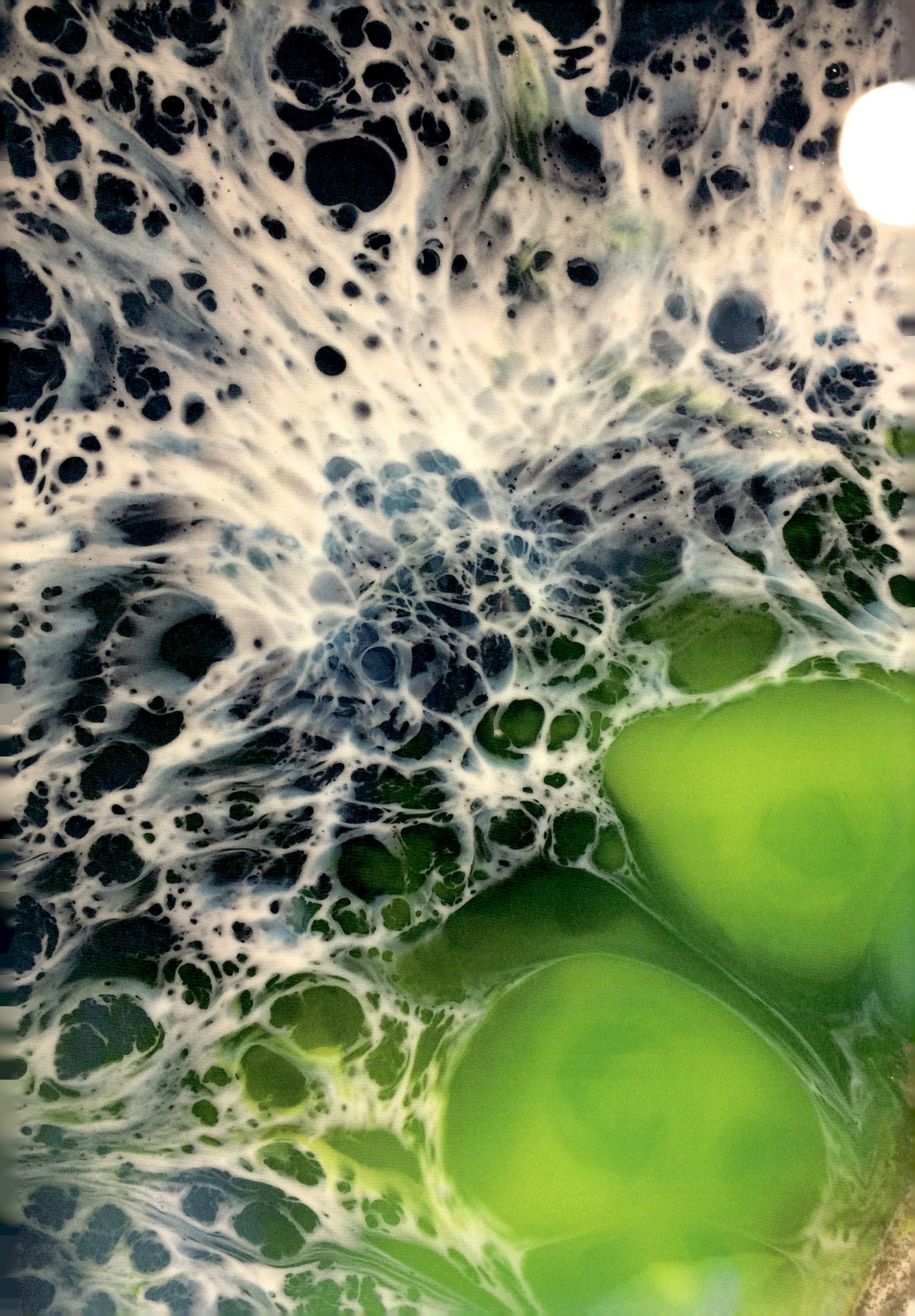

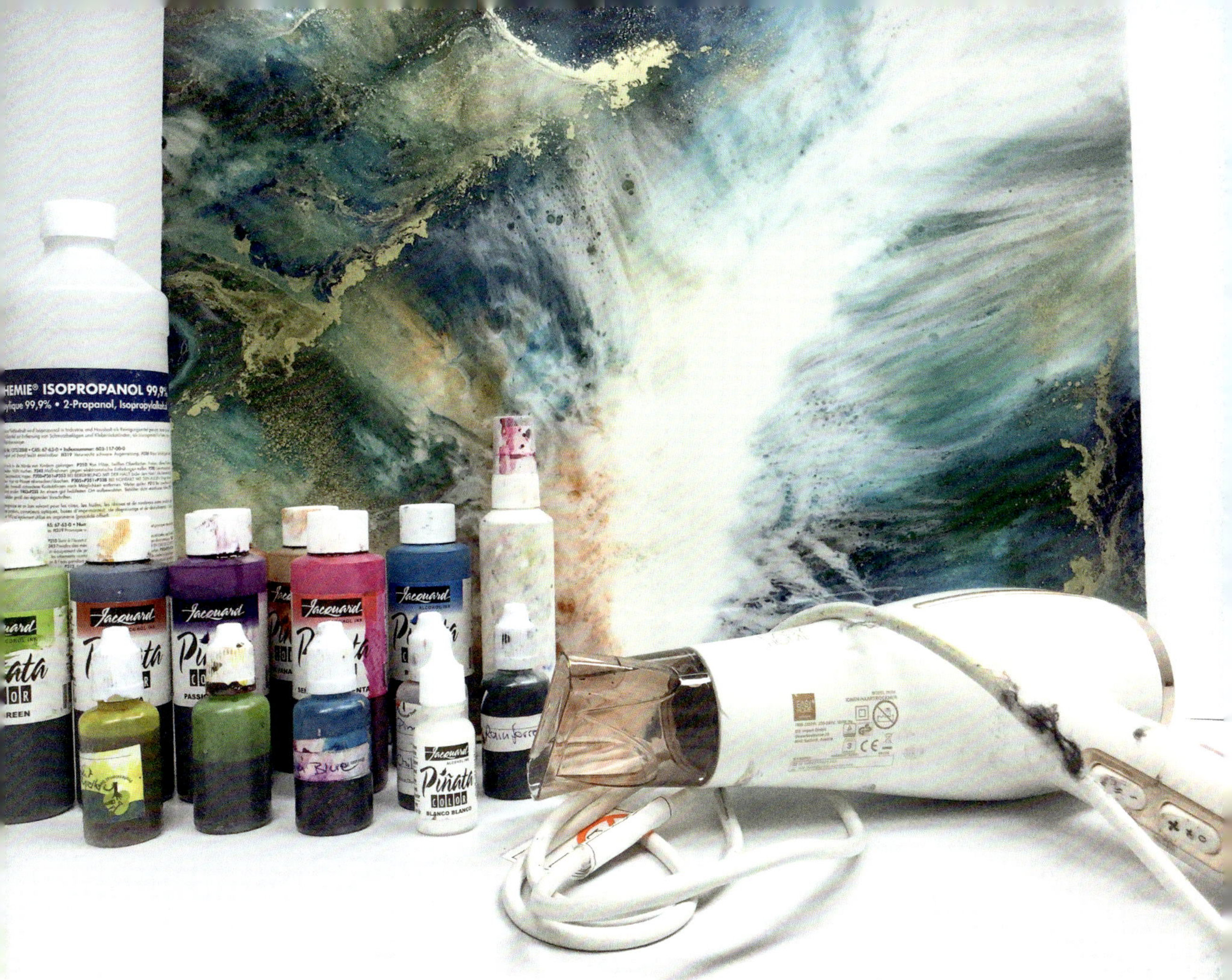

AIRFLOW-TECHNIK

Im Laufe meiner Arbeit mit Resin bin ich auf eine Technik gestoßen, die sich deutlich von anderen unterscheidet. In der klassischen Resin-Technik wird das angemischte Resin eingefärbt und aufgegossen. Mit einer Heißluftpistole werden die Farben erhitzt, die sich dadurch verflüssigen und ineinander verblasen lassen.

Bei meiner Technik, der ich den Namen „Airflow" gegeben habe, wird das Harz nicht eingefärbt, anstelle einer Heißluftpistole wird ein Haarföhn verwendet. Bei der Airflow-Technik ist nicht nur die Anwendung eine andere, auch die Ergebnisse zeigen sich ganz anders. Vor allem dann, wenn sie in Verbindung mit Alkohol-Inks angewendet wird.

Anwendung: Das angemischte gebrauchsfertige Resin, in meinem Fall Resin Pro Deluxe, auf den Malgrund gießen und mit einem großen Spachtel auf der gesamten Malfläche verstreichen. Dabei sorgfältig bis an die Außenkanten arbeiten.

Setzen Sie nun 2–3 Tropfen Alkohol-Inks in unterschiedlicher Farbe an einer Stelle auf- oder nebeneinander. Gießen Sie etwas klares Resin darauf und verblasen Sie dieses Resin-Farbe-Gemisch sofort mit einem Haarföhn. Das zuvor aufgetragene Resin dient hier sozusagen als Puffer. Die aufgetragenen Farben und das zuletzt aufgegossene Resin lassen sich jetzt nur durch den Luftstrom des Föhns verblasen.

Die Vermischung der Farben ist abhängig von der eingestellten Gebläsestufe. Da nicht alle Föhne gleich sind, sollten Sie ausprobieren, welche Gebläsestufe für Sie günstiger ist. Vermeiden Sie ein Hin- und Herfächeln mit dem Föhn. Dabei vermischen sich die Farben zu sehr, und es entsteht ein zu großes Durcheinander an Farben.

Die Farben sollten mit dem Föhn „abgeholt" und mit einer einzigen streichenden Bewegung in eine Richtung verblasen werden. Dieser gesamte Vorgang kann an verschiedenen Stellen wiederholt werden, so lange, bis sich ein stimmiges Ganzes zeigt. Alkohol-Inks bieten eine breite Palette an Metallictönen, die sich ebenfalls einträufeln lassen. Diese Pigmente sammeln sich an den Rändern und ergeben schöne Kontraste.

Auch wenn die Begeisterung groß ist, sollten Sie nicht die gesamte Malfläche mit der Airflow-Technik anfertigen. Für eine harmonische Bildkomposition sind auch unifarbene Flächen notwendig, auf denen sich der Blick ausruhen kann.

Haben Sie das eigentliche Motiv in der Airflow-Technik fertig, mischen Sie eine einzige Farbe in das restliche Resin. Dies kann Weiß oder jede andere Farbe sein, die sich harmonisch einfügt. Meist sind sehr helle Farben hierfür optisch besser geeignet.

Diese Farbe wird nun in die Zwischenräume und den verbleibenden Hintergrund gegossen. Mit dem Föhn wird die aufgeschüttete Farbe nun vorsichtig mit mäßigem Luftstrom in das meist dunklere Motiv verblasen. Durch den in den Alkohol-Inks enthaltenen Alkohol bilden sich an den Übergängen meist sofort Zellen, die das Bild noch attraktiver wirken lassen.

Sollte die einfarbige Fläche zu groß und plakativ geraten sein, können nach dem Trocknen noch Akzente gesetzt werden. Hierfür eignen sich Schablonen und Sprays hervorragend. Auch Spritzer oder Drippings können ausreichen. Besonders interessant wirken an solchen Stellen auch sogenannte Marble-Sprays, die feine filigrane Fäden aufsprühen.

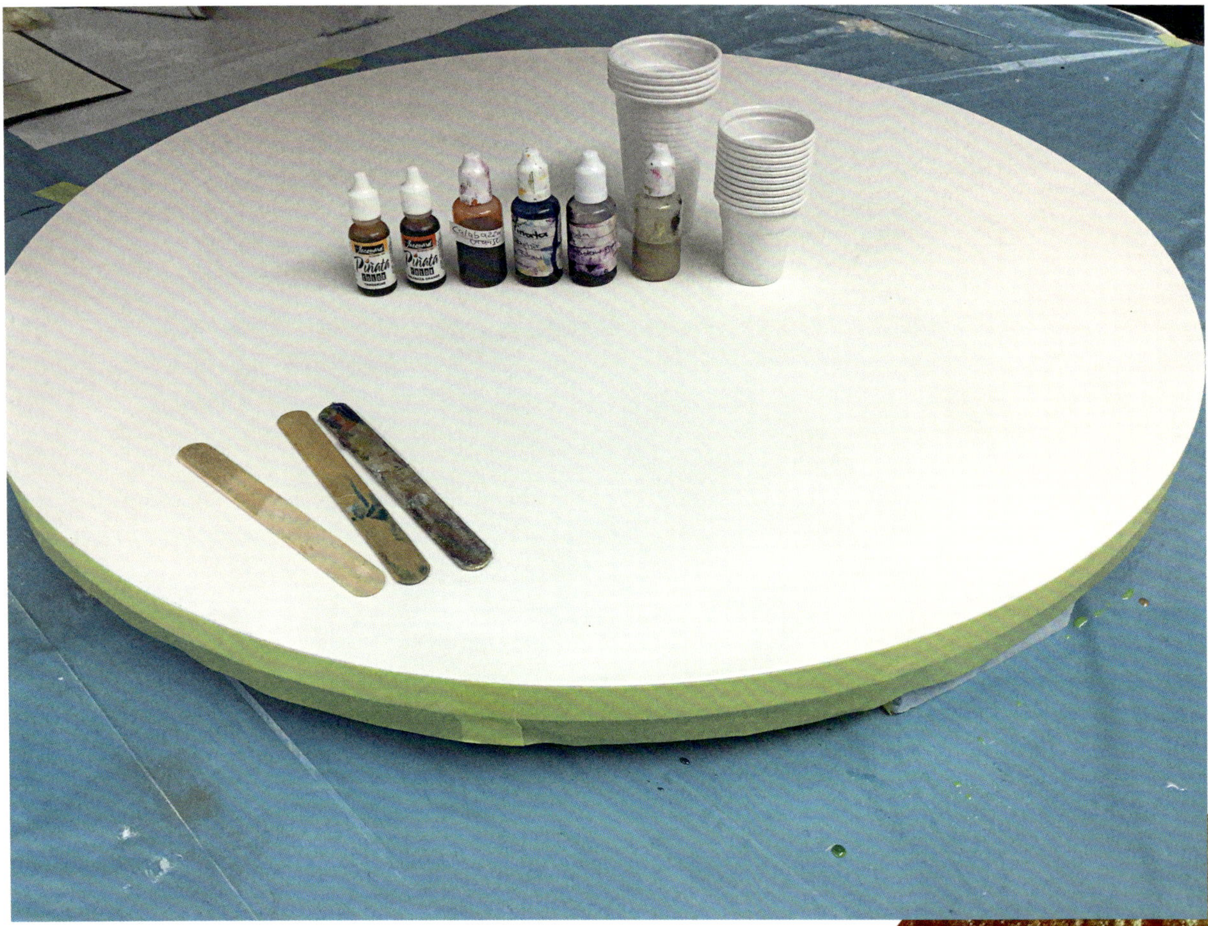

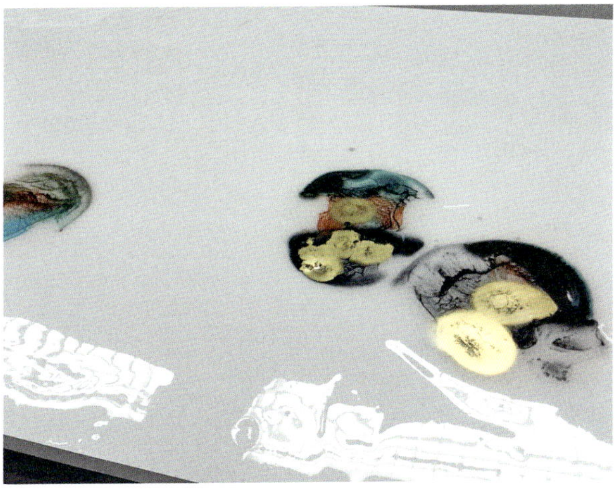
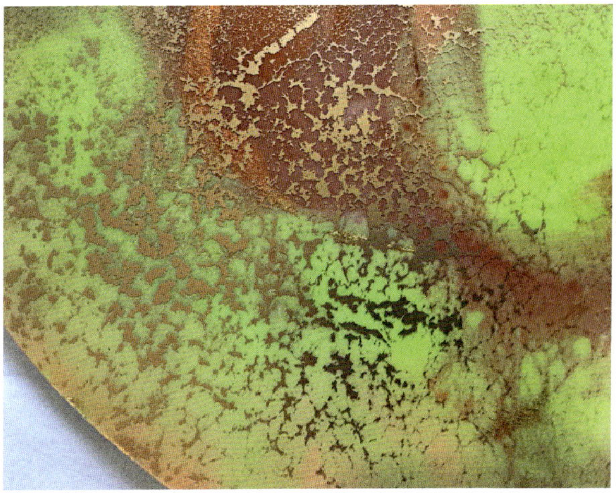
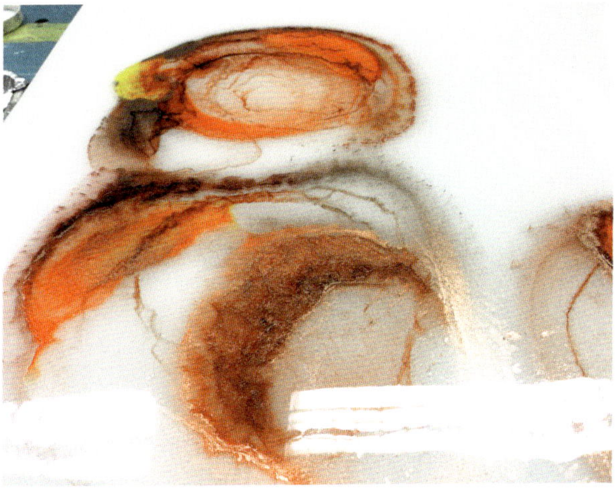
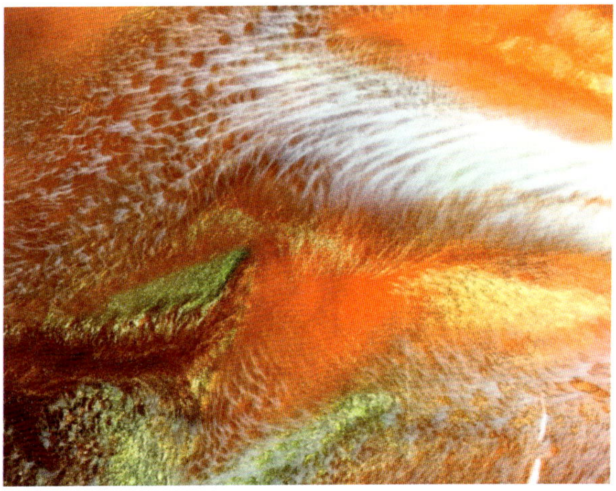
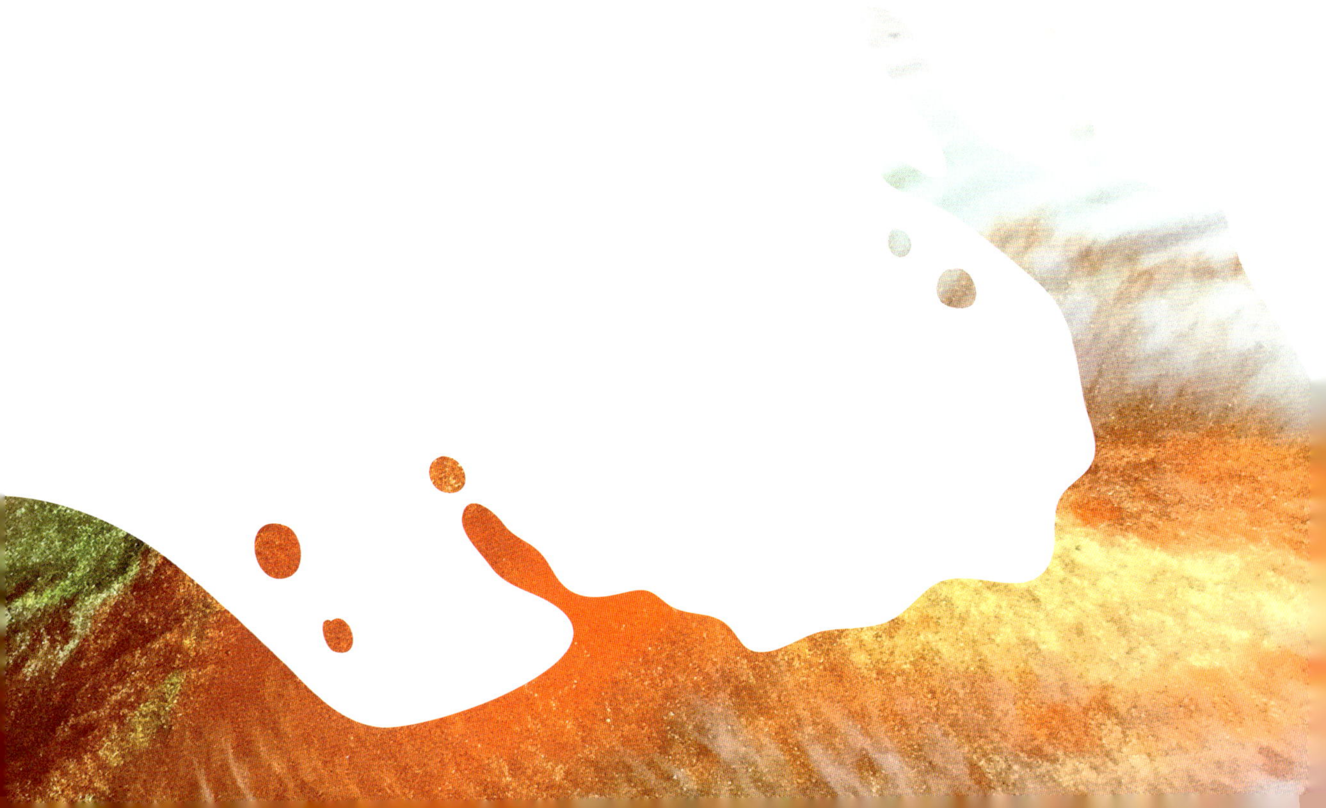

Anleitungen

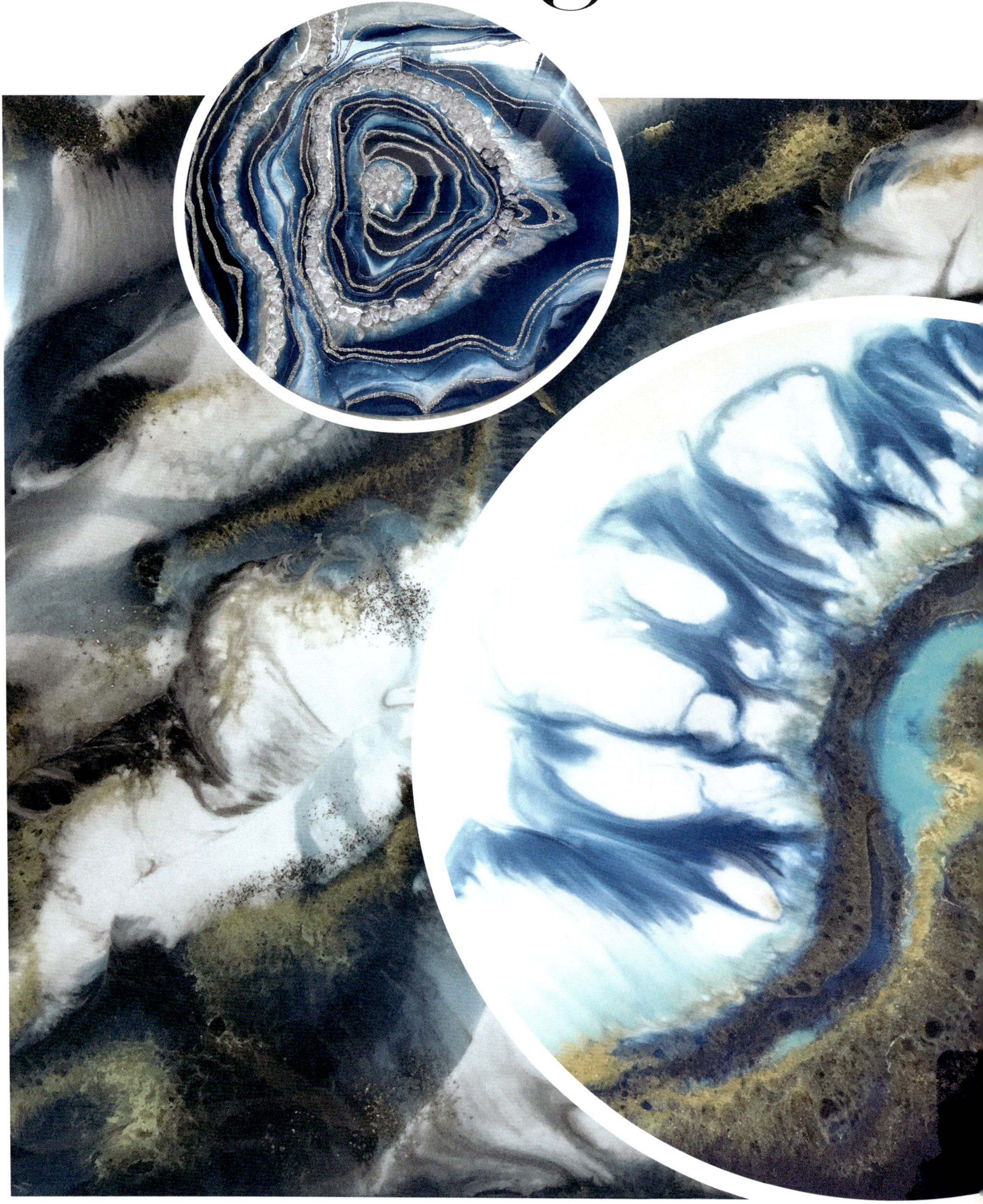

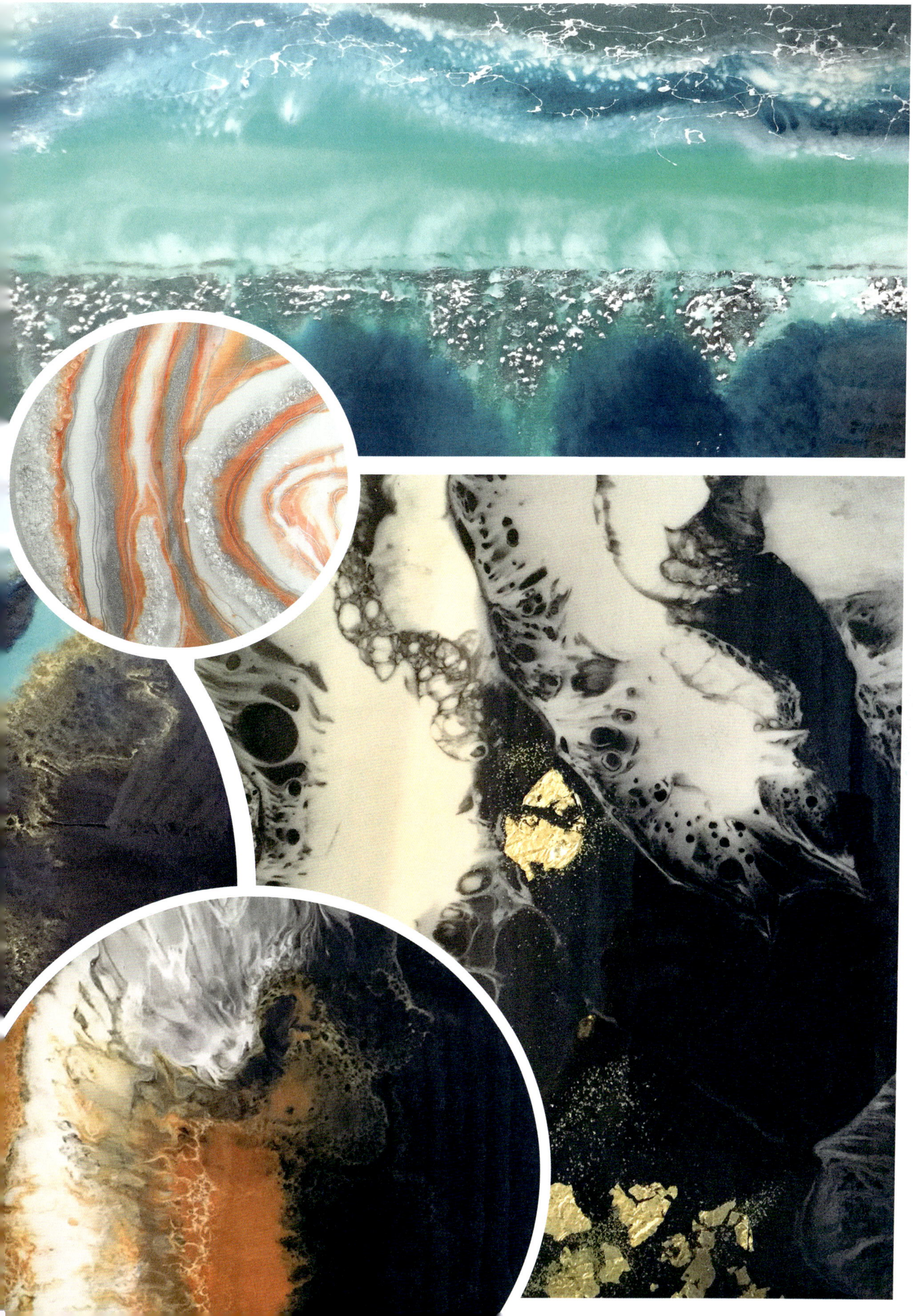

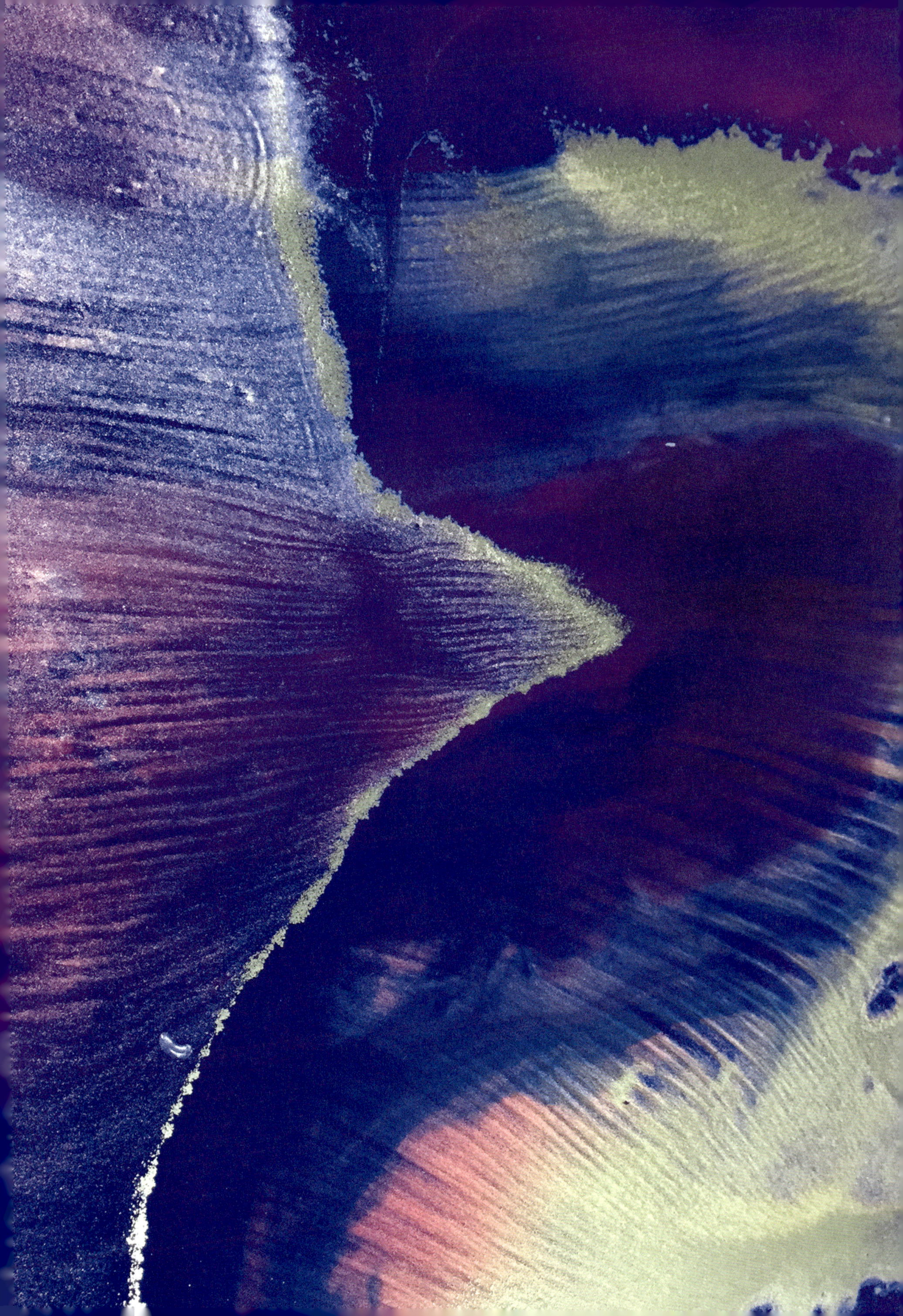

ABOUT BLUE

Material:
Holzmalplatte (rund, 75 cm Durchmesser)
Gesso in Weiß oder Grundierweiß
Schaumstoffwalze oder breiter weicher Pinsel
Precision Mask TESA (Klebeband)
Abstandshalter
1360 g Resin Pro Deluxe: 800 g Harz (A),
560 g Härter (B)
Airbrushfarben in Ultramarin
Acrylic Ink in Magenta (z.B. Liquitex)
Heißluftpistole
Bronzepulver in Gold (z.B. Guardi)
Spatel
Resi-Blast
Bronzetinktur (z.B. Guardi)
feiner Rundpinsel Gr. 00

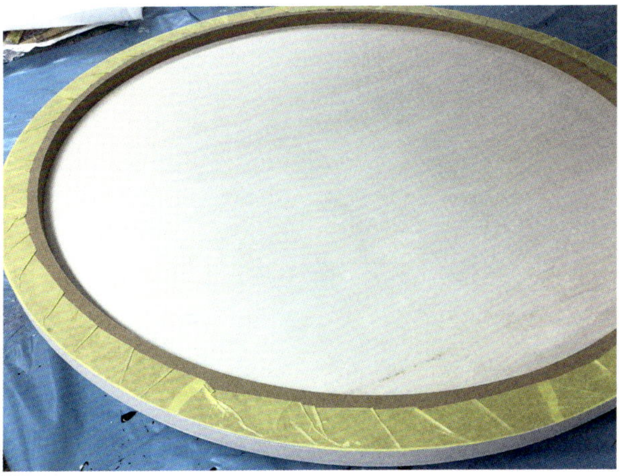

1. Das runde Malboard und den Außenrand mit einer Schaumstoffwalze oder einem breiten Pinsel grundieren und trocknen lassen. Die Unterkante der Holzplatte sorgfältig mit Klebeband abkleben. Auf Abstandshalter legen und die Waagerechte kontrollieren. Das Harz habe ich mit Flüssigtinten (Acrylic Ink) und Airbrushfarben eingefärbt. Sie können selbstverständlich auch Resin-Farben verwenden. Obwohl sich viele Nuancen auf dem Bild zeigen, habe ich bisher nur mit den Farben Blau und Magenta gearbeitet.

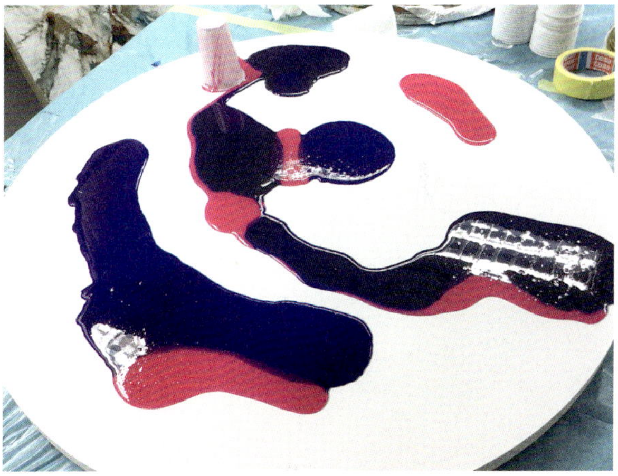

2. Mischen Sie in zwei großen Bechern abwechselnd ca. 4 Minuten lang je 400 g Harz (A) mit 280 g Härter (B), insgesamt 1360 g. Füllen Sie das Resin in kleinere Becher. Blau und Magenta in getrennte Becher einrühren. Beide Farben zusammen ergeben ein schönes Violett. Je nachdem, wie viel Farbe Sie zufügen, wird diese transparenter oder deckender. Gießen Sie die Farben abwechselnd auf das Malboard und erhitzen Sie die Oberfläche mit der Heißluftpistole. Nötigenfalls die Farben ineinander verblasen.

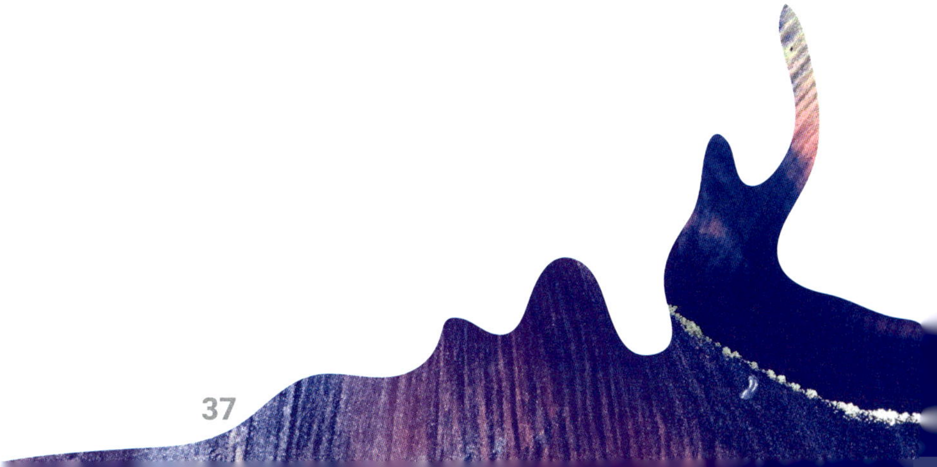

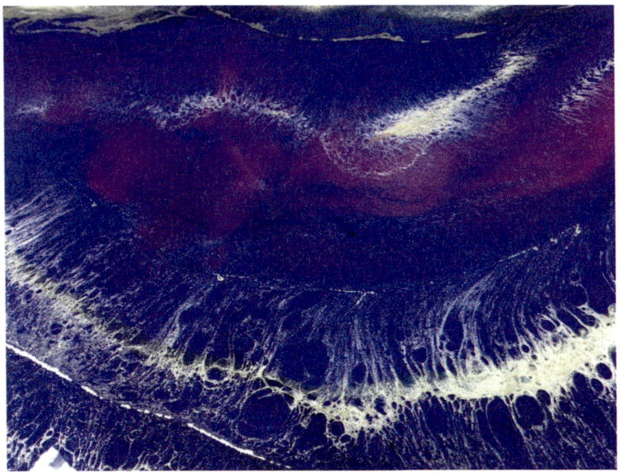

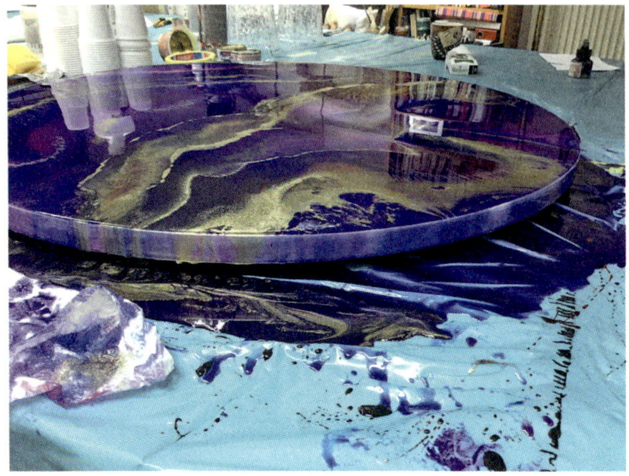

3. In einem weiteren Becher mit klarem Harz etwas Goldpulver einrühren und mit einem Spatel einige Linien auf die nasse Fläche ziehen. Wenn Sie beim Gold keine harten Konturen wünschen, können Sie noch einige Tropfen Resi-Blast hinzumischen. Beide Varianten sind sehr interessant.

4. Das herablaufende farbige Resin mit den Fingern unter der Kante abstreifen. Dies sollte des Öfteren wiederholt werden.

5. Nach dem Trocknen das Klebeband von der Unterseite des Boards vorsichtig entfernen.

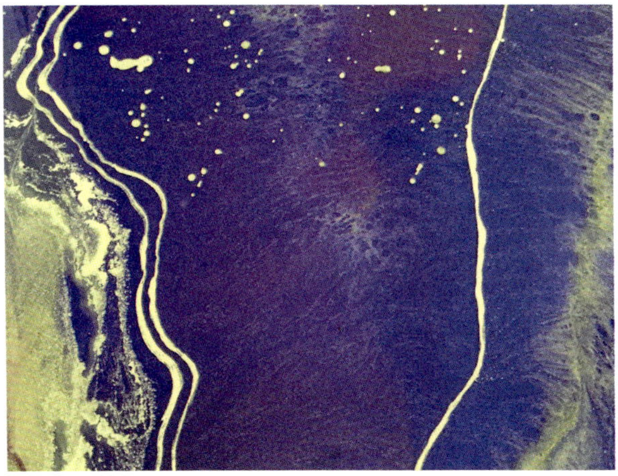

6. Aus Bronzetinktur und Goldpulver eine flüssige Bronze mischen. Mit einem feinen Rundpinsel aufnehmen und damit noch beliebig viele Linien einzeichnen. Folgen Sie dabei dem Verlauf des Motivs. Mit dem gleichen Pinsel können Sie auch noch ein paar kleine Sprenkel aufspritzen.

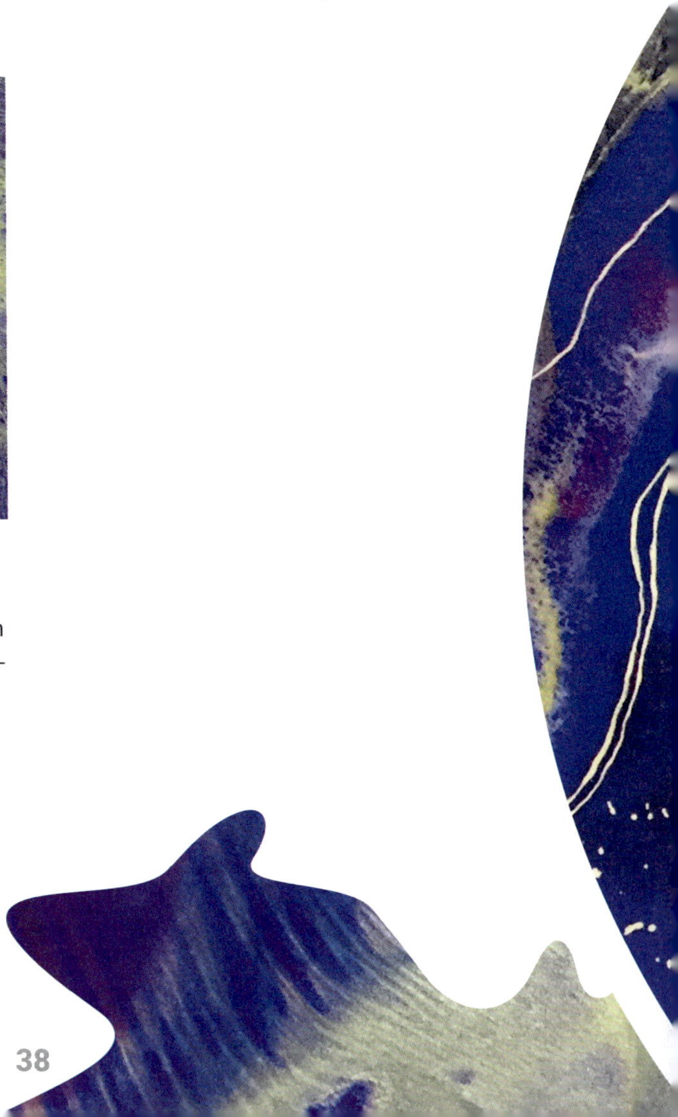

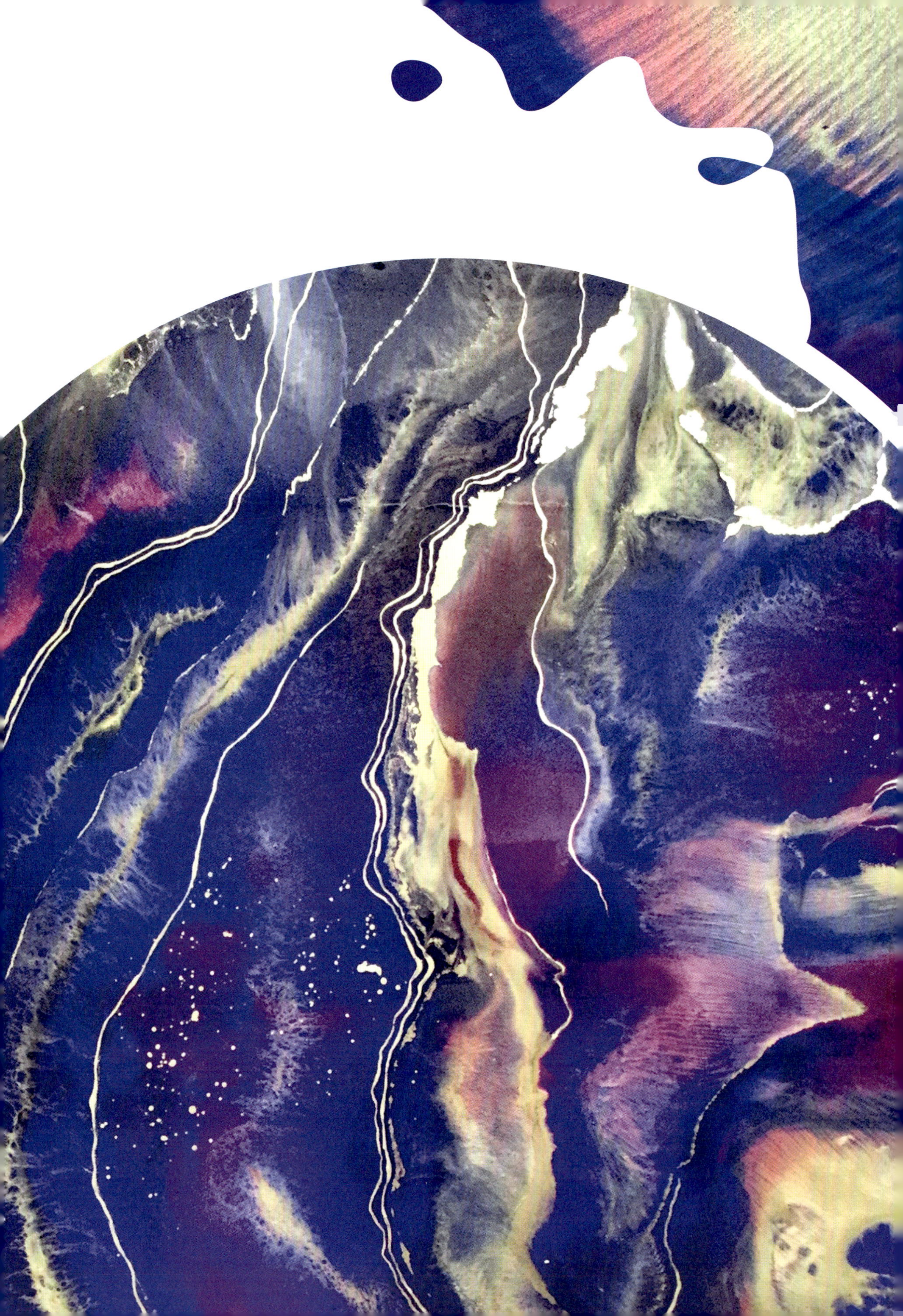

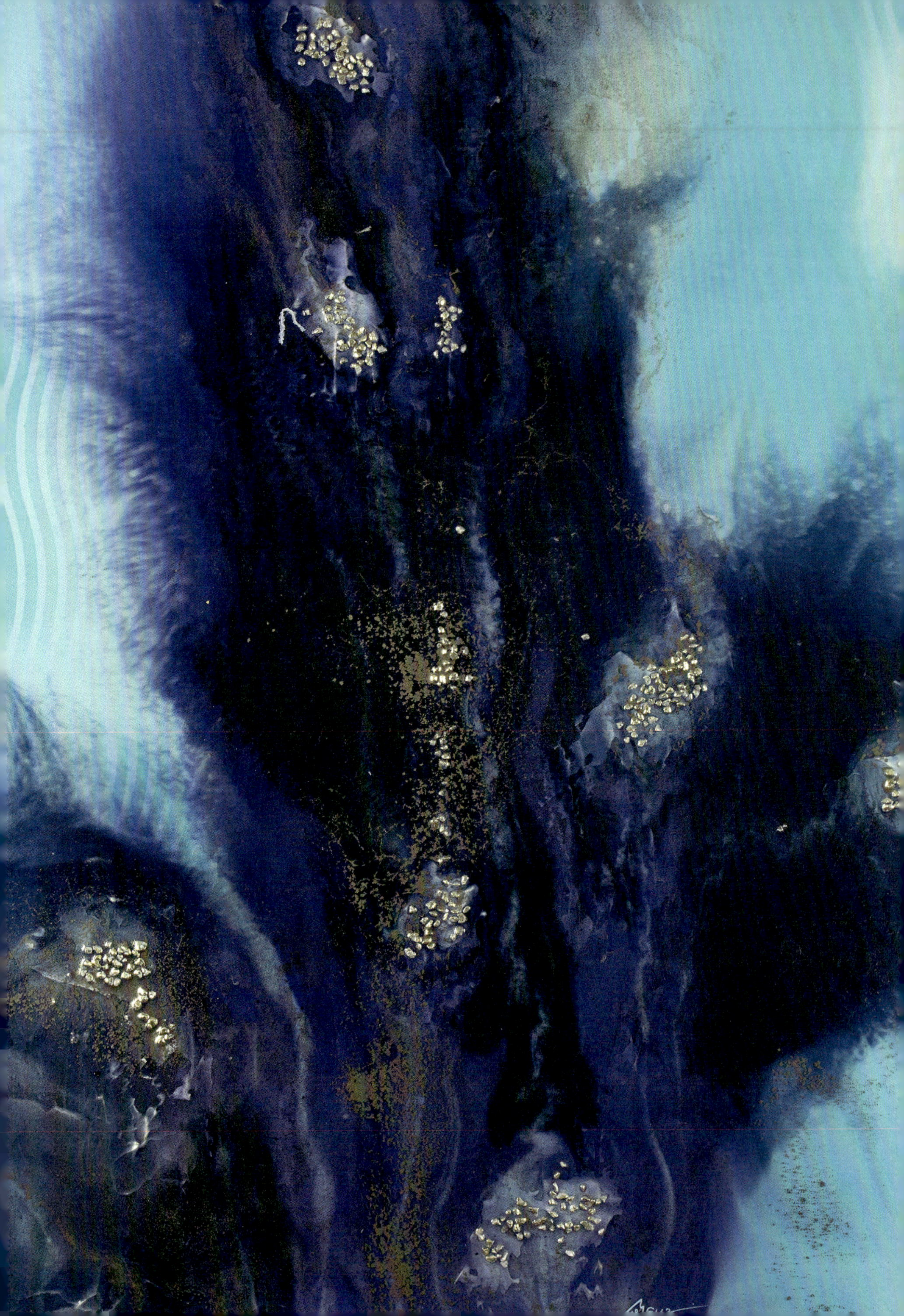

ABRASION

Material:
Holzmalgrund (60 x 80 cm)
Gesso in Weiß oder Grundierweiß
Schaumstoffwalze oder Pinsel
Precision Mask TESA (Klebeband)
Abstandshalter
Spachtel
Strukturpaste
Sand
feiner Kies oder kleine Steinchen
Schablone
Farbsprays in Weiß und Türkis
1700 g Resin Pro Deluxe: 1000 g Harz (A),
700 g Härter (B)
Pigment in Ultramarinblau und Violett
99,9 %iger Alkohol
Metallic-Bronzepulver in Türkis (z.B. Resin Pro SAHARA)
Heißluftpistole
Bronzepulver in Gold (z.B. Resin Pro SAHARA)
Silikonspray
Goldbronze aus der Tube (z.B. Daler-Rowney Goldfinger)

1. Den Malgrund und die Außenkanten mit der Schaumstoffwalze oder einem Pinsel grundieren. Nach dem Trocknen die Platte auf die Malfläche legen und die äußeren Kanten abkleben. Wenden und ebenfalls die äußeren Kanten abkleben. Auf Abstandshalter legen und die Waagerechte überprüfen.

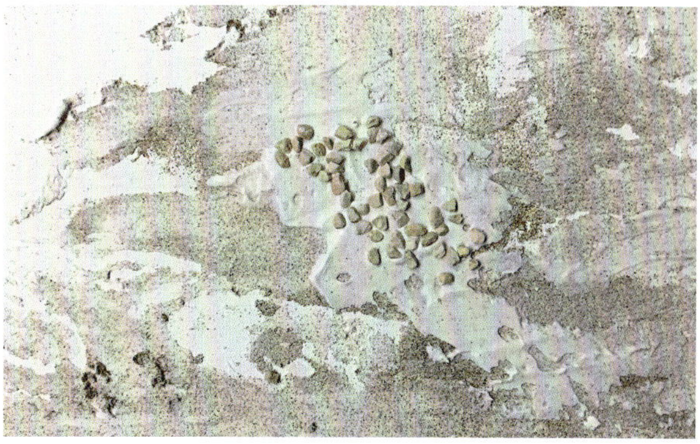

2. Mit einem großen Spachtel Strukturpaste entnehmen und in gewünschter Form auftragen, dabei soll der Auftrag unregelmäßig wirken. Sand aufstreuen und einarbeiten. An einigen Stellen die Masse etwas dicker auftragen. Kleine Steinchen auflegen und fest in die Strukturpaste drücken. Trocknen lassen.

3.Gewünschte Schablone auflegen und die restliche Fläche gut abdecken. Abwechselnd die Farben Türkis und Weiß aufsprühen.

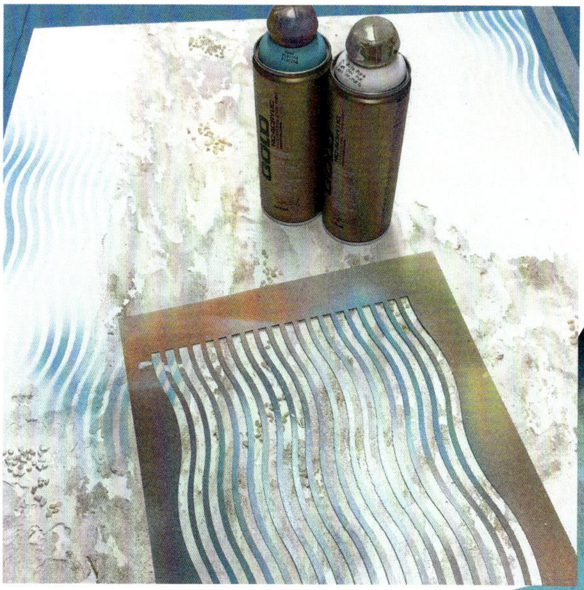

4. Nach dem Trocknen in zwei großen Mischbechern je 500 g Harz (A) mit 350 g Härter (B) abwechselnd ca. 6 Minuten gründlich mischen. Das Pigment Ultramarin in einen Becher füllen und mit wenig Alkohol ablösen. Mit Violett ebenso verfahren und dies in das Blau mischen. Sie können durch die Zugabe von mehr oder weniger Violett mehrere Blautöne mischen. Das türkisfarbene Metallic-Pigment direkt in das Resin mischen. Nicht zu viel beimischen, da diese Farbe transparent bleiben soll. Das Blau mittig und seitlich auf die angelegten Strukturen gießen. Mit dem transparenten Türkis anschließen. Mit einem Spachtel auch einige Linien in das Blau ziehen. Mit der Heißluftpistole die Oberfläche erhitzen und die Farben etwas ineinander verblasen.

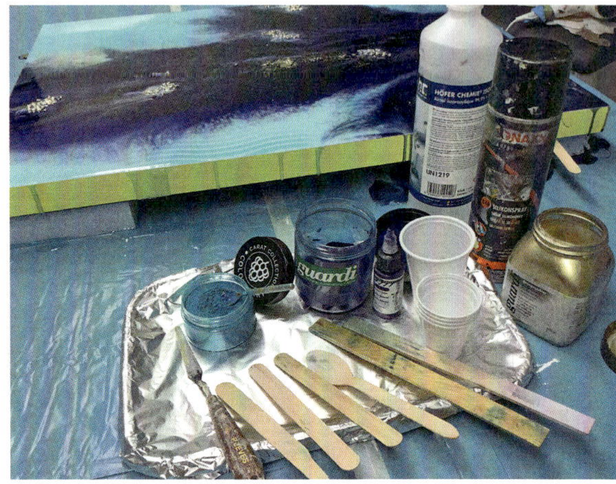

6. Nach 3–4 Stunden das Klebeband vorsichtig abziehen und nach dem Durchhärten die Außenkanten mit farblich passender Acrylfarbe bemalen.

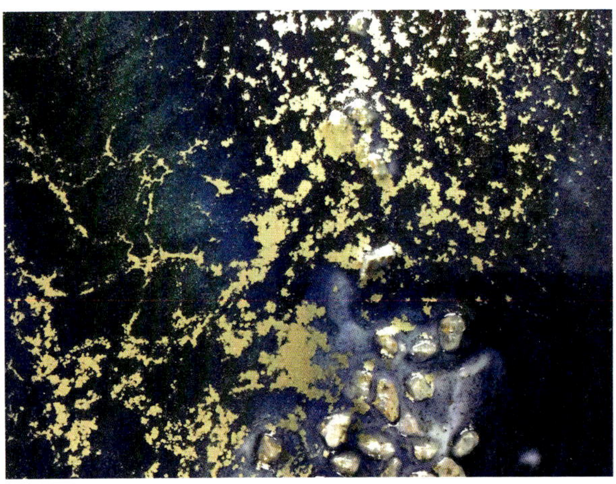

5. Mit einem Rundpinsel etwas goldenes Bronzepulver aufnehmen und vorsichtig über die Steinchen stäuben. Mit Silikonspray ganz sparsam einige Akzente setzen.

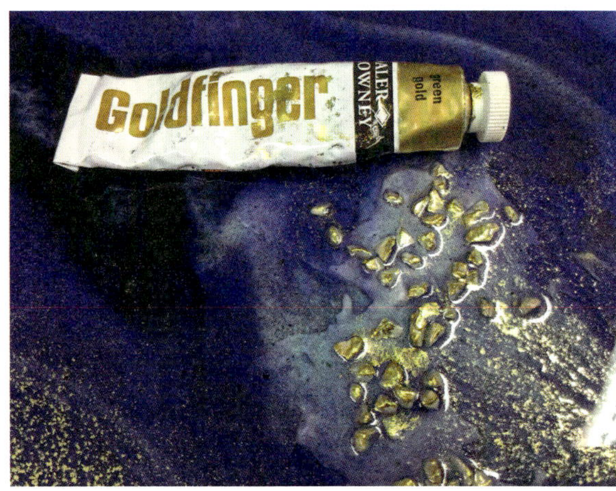

7. Etwas Goldbronze aus der Tube auf ein Stück Karton geben, mit der Fingerkuppe aufnehmen und damit sanft und ohne Druck über die Steinchen streichen.

TIPP

Schablonen bzw. deren Muster eignen sich hervorragend für Resin-Bilder, um grafische Stilelemente einzubauen. Resin-Aufträge wirken sehr fließend und organisch und vertragen deshalb auch harte Kanten und Kontraste. Schablonen erhalten Sie Online z.B. unter www.umrdesign.de oder www.creativ-discount.de.

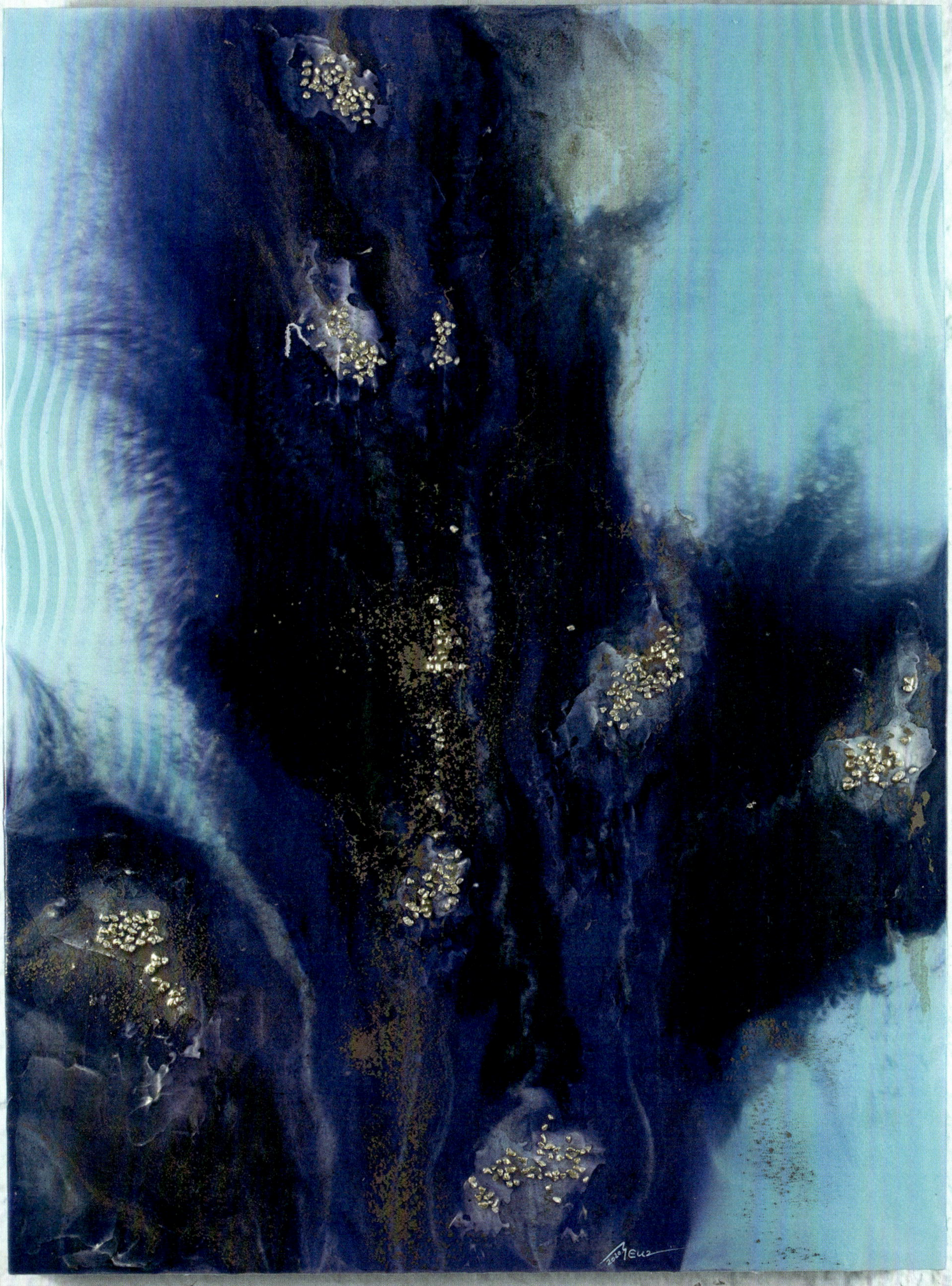

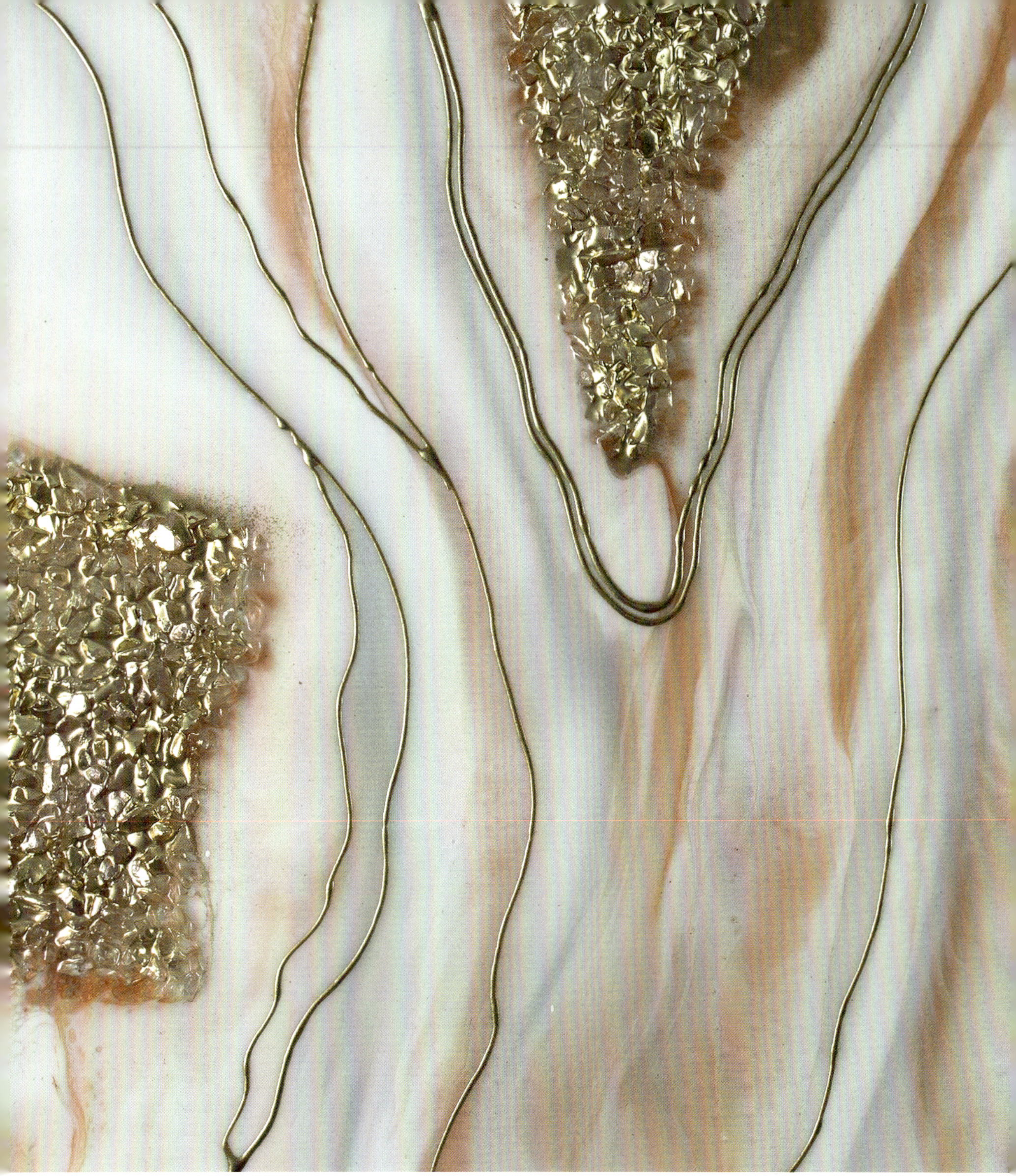

ARAGONIT

Material:
Holzmalgrund (70 x 100 cm)
Gesso in Weiß oder Grundierweiß
Schaumstoffwalze oder breiten weichen Pinsel
Precision Mask TESA (Klebeband)
Transparente Steine oder Glasbruch 2380 g Resin Pro
Deluxe: 1400 g Harz (A), 980 g Härter (B)
Bronzepulver oder Pigmente in Rosé, Kupfer und Gold

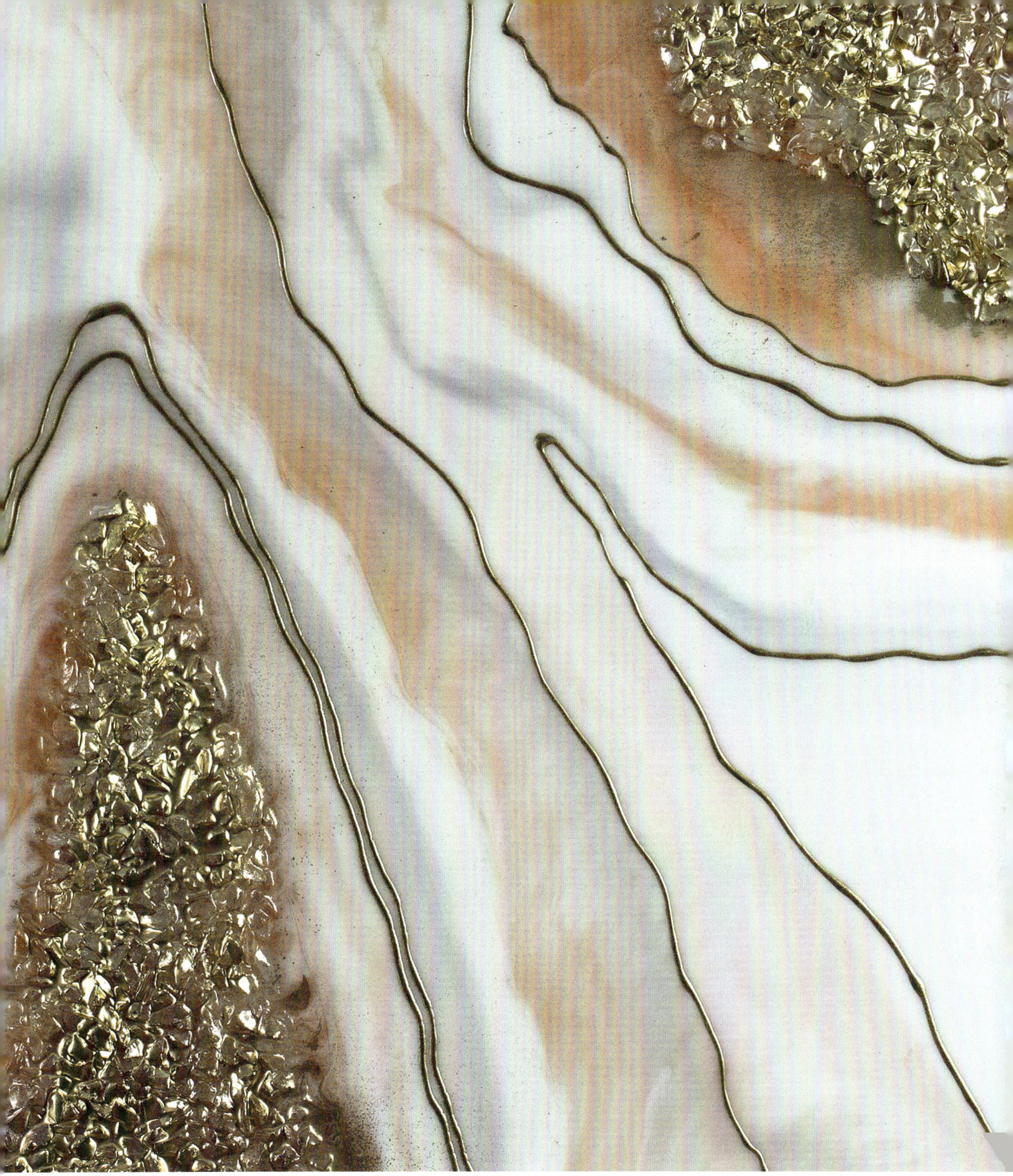

(z.B. Resin Pro SAHARA)
Resi-Tint MAX Titanum White
Heißluftpistole
Resi-Tint MAX Blackout

Synthetikpinsel
Acrylfarbe in Apricot
110 g Resin Pro Deluxe: 70 g Harz (A), 40 g Härter (B)
kleines Plastikfläschchen mit feiner Tülle

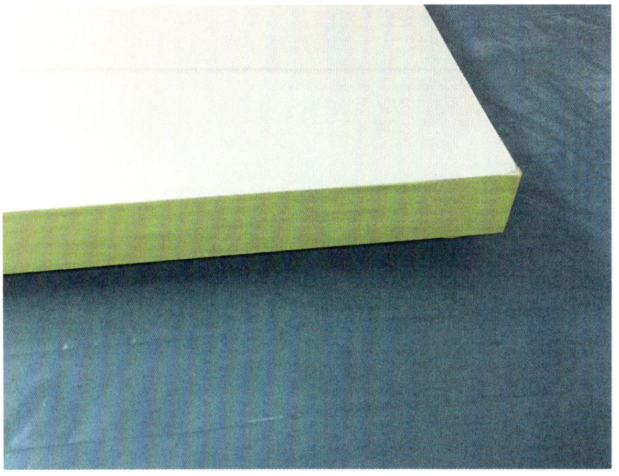

1. Den Holzmalgrund mit einer Schaumstoffwalze oder einem breiten Pinsel grundieren. Die Außenkanten mit einbeziehen. Nach dem Trocknen den Malgrund auf die Malfläche legen und die unteren Kanten sorgfältig abkleben. Die Außenkanten ebenfalls exakt abkleben. Den Malgrund auf Abstandshalter legen und die Waagerechte überprüfen.

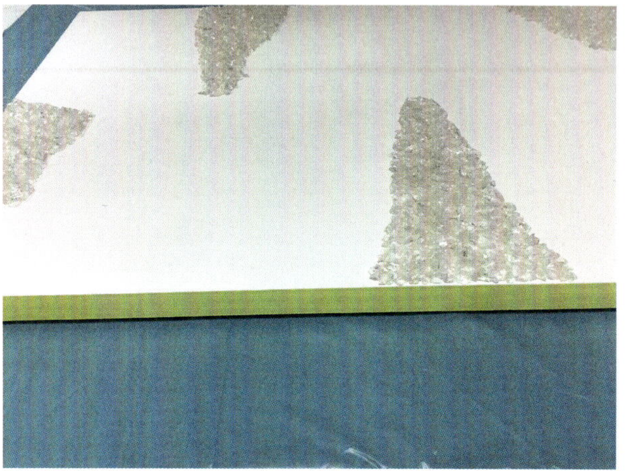

2. Die Steine in gewünschter Formation auf dem grundierten Malgrund anordnen.

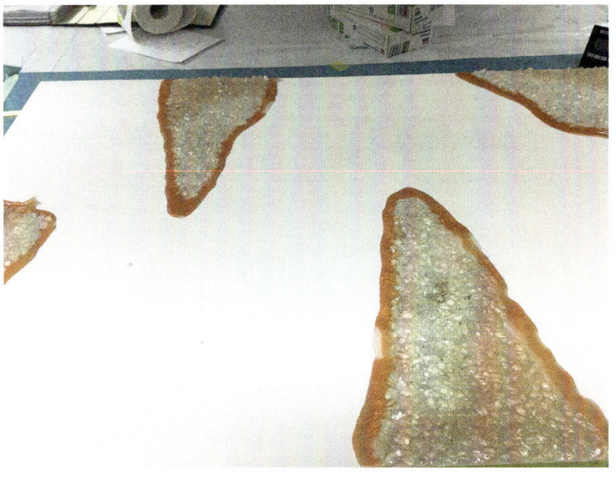

3. In zwei großen Messbechern jeweils 700 g Harz (A) und 490 g Härter (B) abwechselnd ca. 6 Minuten gründlich mischen. In einige Becher gießen. Eine Prise Bronzepulver in Rosé einmischen. Abwechselnd Rosé und klares Resin auf die Steine gießen, damit diese fest auf dem Untergrund verankert sind. In einem Becher Kupferpigmente mischen und entlang der Steinkonturen auftragen.

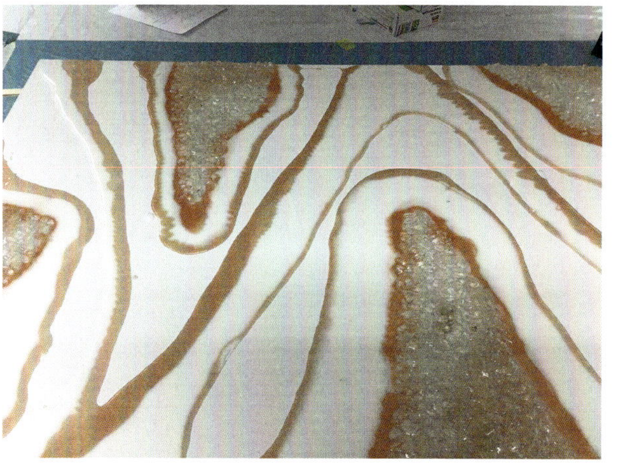

4. Einen großen Becher mit Weiß einfärben und der Form entsprechend großzügig aufgießen und wieder mit Kupfer durchbrechen. Mit der Heißluftpistole die Oberfläche erwärmen.

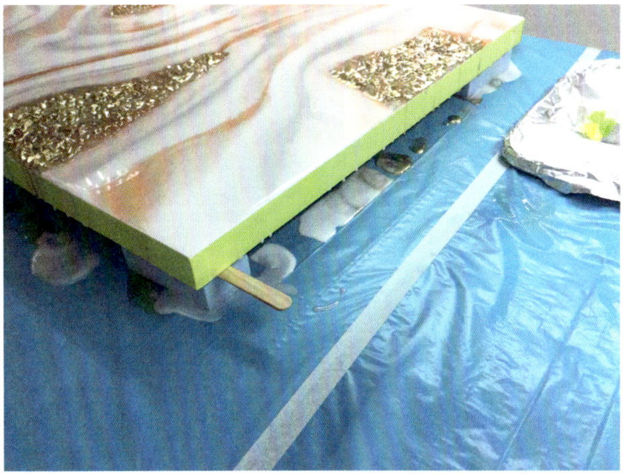

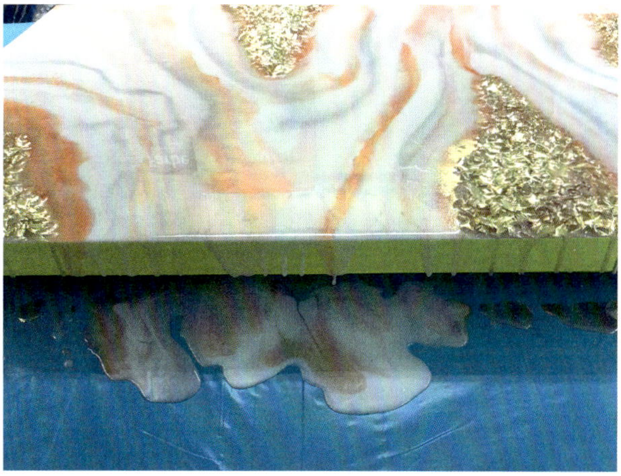

5. Zur weißen Farbe einen Hauch Schwarz geben und ein zartes Hellgrau mischen. Diese Farbe ebenfalls aufgießen. Wenn alle Flächen bedeckt sind, noch einmal mit der Heißluftpistole die Bläschen zum Platzen bringen. Mit einem Synthetikpinsel etwas Goldbronze aufnehmen und dieses über die Steine stäuben.

6. Nach 3–4 Stunden die Klebestreifen vorsichtig entfernen. Nachdem die Oberfläche durchgehärtet ist, die Außenkanten des Malgrunds mit farblich passender Acrylfarbe bemalen. Ich habe mir hierfür ein Apricot gemischt. Meist muss dieser Vorgang ein zweites Mal wiederholt werden.

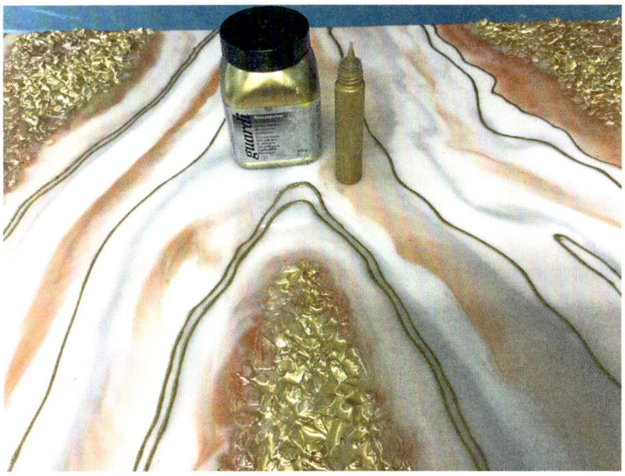

7. Für die Linien noch einmal 70 g Harz (A) mit 40 g Härter (B) mischen und in einen Becher füllen. Goldpigmente einrühren und in ein kleines Fläschchen mit feiner Tülle füllen. Dem Motiv entsprechend feine goldene Linien auf die Oberfläche ziehen.

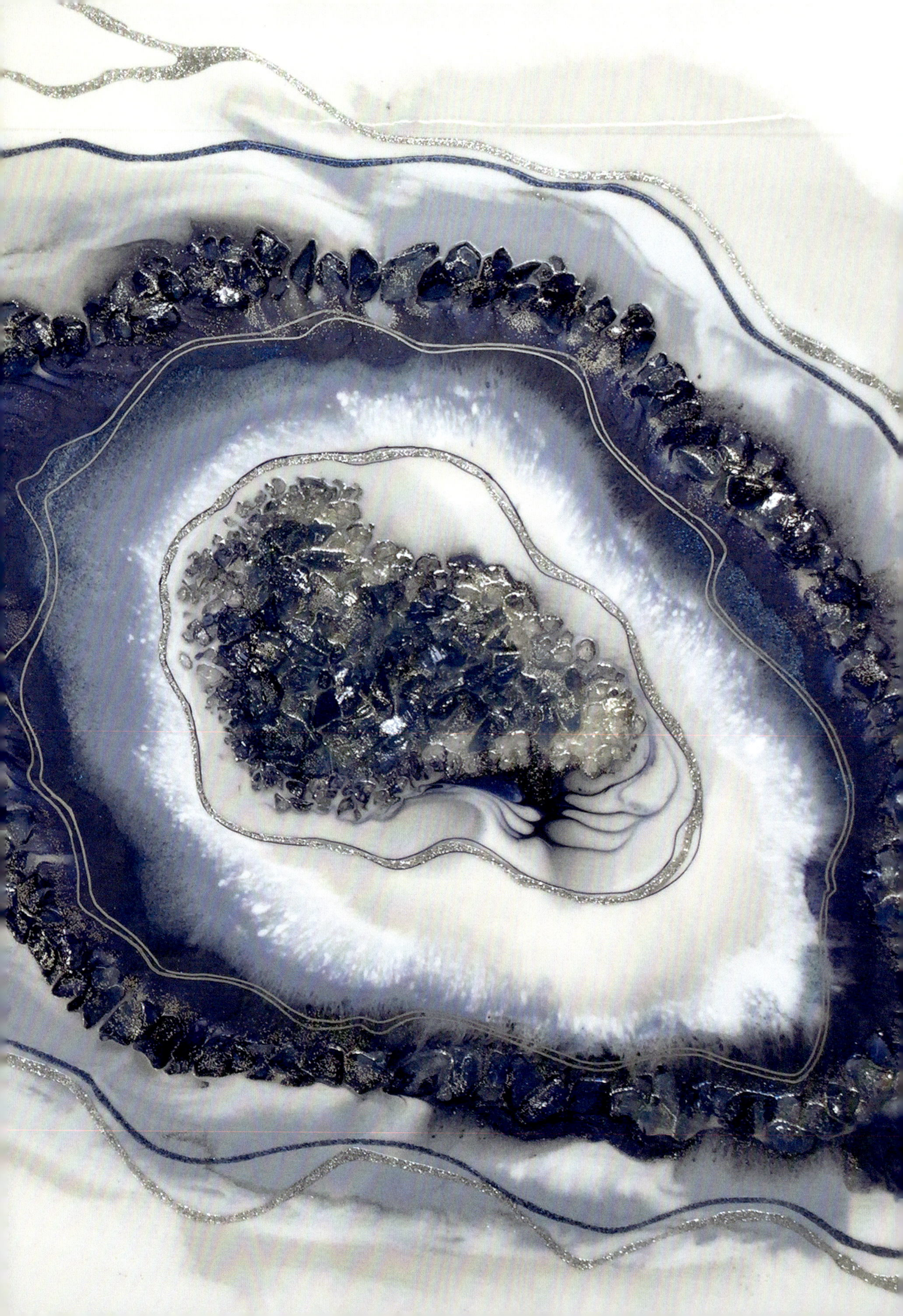

AZURIT

Material:
Holzmalgrund (80 x 80 cm)
Gesso in Weiß oder Grundierweiß
Schaumstoffwalze oder breiter weicher Pinsel
Precision Mask TESA (Klebeband)
Bruchglas in Blau
1530 g Resin Pro Deluxe: 900 g Harz (A),
630 g Härter (B)
Resi-Metal Blue Steel
Resi-Tint MAX Granite Grey und Titanum White
Silberflitter
Blauer Flitter
Heißluftpistole
Spachtel
85 g Resin Pro Deluxe: 50 g Harz (A), 35 g Härter (B) für die Linien
Plastikfläschchen mit feiner Tülle
Weiße Acrylfarbe

1. Den Holzmalgrund mit Grundierweiß oder Gesso grundieren. Verwenden Sie hierfür eine Schaumstoffwalze oder einen breiten weichen Pinsel. Je nach Maserung des Holzes den Vorgang gegebenenfalls noch einmal wiederholen. Auf Wunsch die Ränder der Malplatte abkleben.

2. Nachdem die Grundierung getrocknet ist, das blaue Bruchglas in einer Formation auflegen. Harz (A) und Härter (B) wie oben angegeben, abwiegen und 3–4 Minuten langsam mischen. Das fertige Resin in verschiedene Becher füllen und mit Blau, Hellblau, Hellgrau und Weiß einfärben. In einen Becher klares Resin füllen und mit etwas Silberflitter anreichern. Dieses Resin-Flitter-Gemisch ausreichend auf die Glassteine gießen. Kurz mit der Heißluftpistole erhitzen.

3. Abwechselnd nun die anderen Farben aufgießen. Folgen Sie dabei der Form der Steine. Mit der Heißluftpistole die Oberfläche etwas erhitzen und die Farben ineinander verblasen. An einigen Stellen können Sie die Farben auch mit einem kleinen Spachtel verziehen. Achten Sie auch darauf, dass das Resin sauber bis zum äußeren Bildrand läuft.

4. Nach 2–4 Stunden, je nach Raumtemperatur, das Klebeband vorsichtig ablösen.

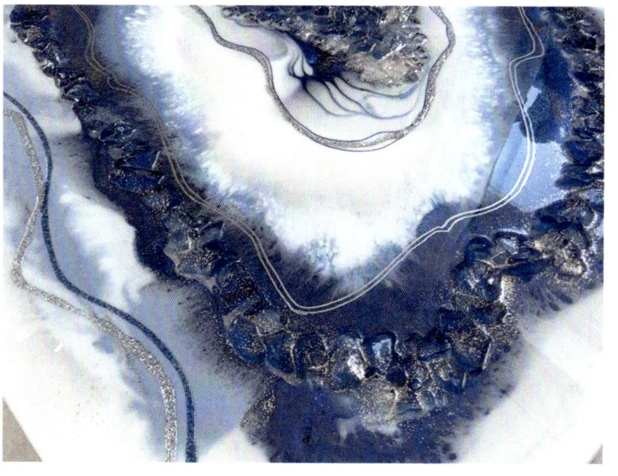

5. Nachdem das Bild getrocknet ist, 50 g Harz (A) mit 35 g Härter (B) mischen und auf zwei kleine Becher verteilen. In diese jeweils Silberflitter und blauen Flitter einrühren. In zwei Plastikfläschchen mit feiner Tülle füllen und damit Linien auf das fertige Bild ziehen. Auch hier kann wieder der Form der Steine gefolgt werden. Eventuelle Reste noch über die Steine gießen.

6. Nach dem Trocknen die Außenränder mit weißer Acrylfarbe bemalen.

TIPP
Die Intensität der Farben bestimmen Sie durch die Zugabe der Farbe in das Resin: je mehr, desto intensiver!

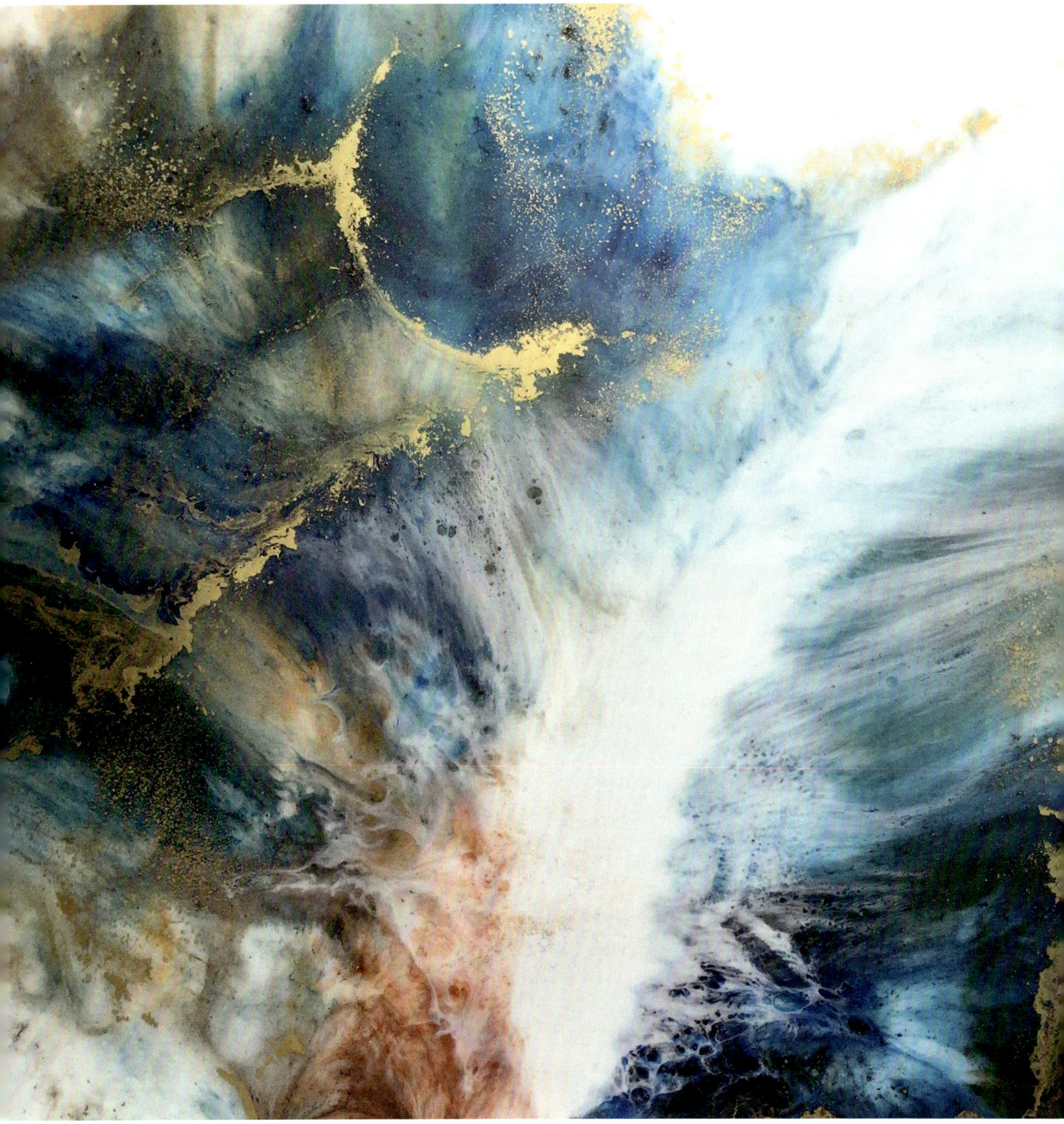

TIPP
Das herablaufende Resin bildet auf dem Wachstuch oder der Folie oft sehr interessante und bizarre Muster, die sich nach dem Trocknen ganz leicht ablösen lassen. Mit besonders schönen Gebilden lassen sich später eigene Bilder anfertigen.

BAJA

Material:
Gesso-Board (50 x 50 cm)
680 g Resin Pro Deluxe: 400 g Harz (A), 280 g Härter (B)
Precision Mask TESA (Klebeband)
Abstandshalter
Alkohol-Inks (z.B. Pinata) in Tangerine, Havanna-Brown,
Saphirblau und Rich Gold
Haarföhn
Resi-Tint MAX Titanum White
Resi-Blast
Goldbronzepulver (z.B. Resin Pro SAHARA)

Für dieses Bild habe ich eine völlig neue Technik für die Anwendung von Resin entwickelt! Das Besondere an dieser Technik ist, dass außer Weiß keine andere Farbe eingefärbt wird. Es wird nur auf klarem Resin gearbeitet, und als Gestaltungsmittel wird keine Heißluftpistole, sondern ein Haarföhn eingesetzt.

1. Das Gesso-Board ist bereits mit einer Grundierung versehen und muss nicht zusätzlich grundiert werden. Breites Klebeband bündig um die äußeren Ränder kleben und das überstehende Klebeband nach unten innen andrücken. Das Malboard auf Abstandshalter legen und die Waagerechte überprüfen.

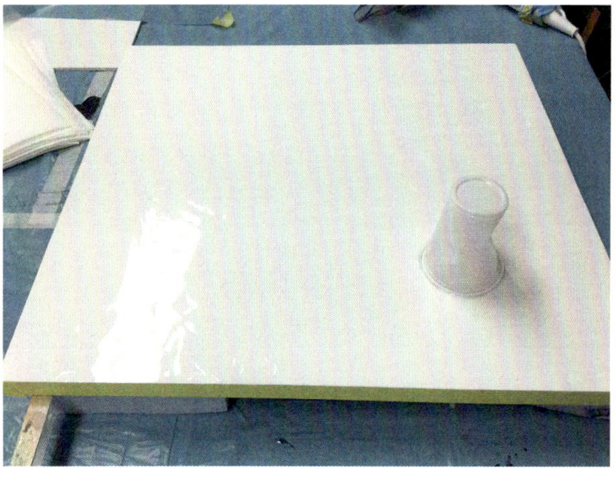

2. 400 g Harz (A) mit 280 g Härter (B) 3 Minuten gründlich mischen und in Becher füllen. Gießen Sie zwei bis drei Becher klares Resin auf die Malfläche und verteilen Sie dies mit einem großen Spachtel sorgfältig bis an die Außenkanten.

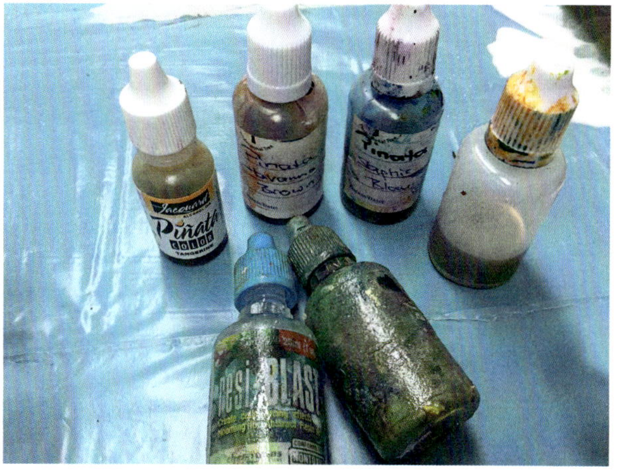

3. Nehmen Sie nun die Alkohol-Inks und geben Sie an einige Stellen 1–2 Tropfen Braun. Direkt darauf oder daneben Blau und Gold. Etwas Resin auf die Farben aufgießen und mit dem Luftstrom des Föhns auf höchster Stufe verblasen. Gelegentlich auch ein wenig Orange aufträufeln. Dieser Vorgang kann an verschiedenen Stellen wiederholt werden. Es sollte nach jedem Aufträufeln der Alkohol-Inks vor dem Verblasen immer klares Resin aufgegossen werden. Damit das Bild nicht zu unruhig wirkt, einige Partien aussparen.

4. Weiß (Resi-Tint MAX Titanum White) in einen Becher Resin mischen und einige Tropfen Resi-Blast einrühren. Diese Mischung auf die ausgesparten Flächen gießen und mit dem Föhn in die dunkleren Partien blasen. Partiell kann zum Schluss auch noch sparsam etwas Goldbronze-Pulver aufgestäubt werden.

5. Nach 3–4 Stunden das Klebeband vorsichtig abziehen und die äußeren Ränder mit farblich passender Acrylfarbe bemalen.

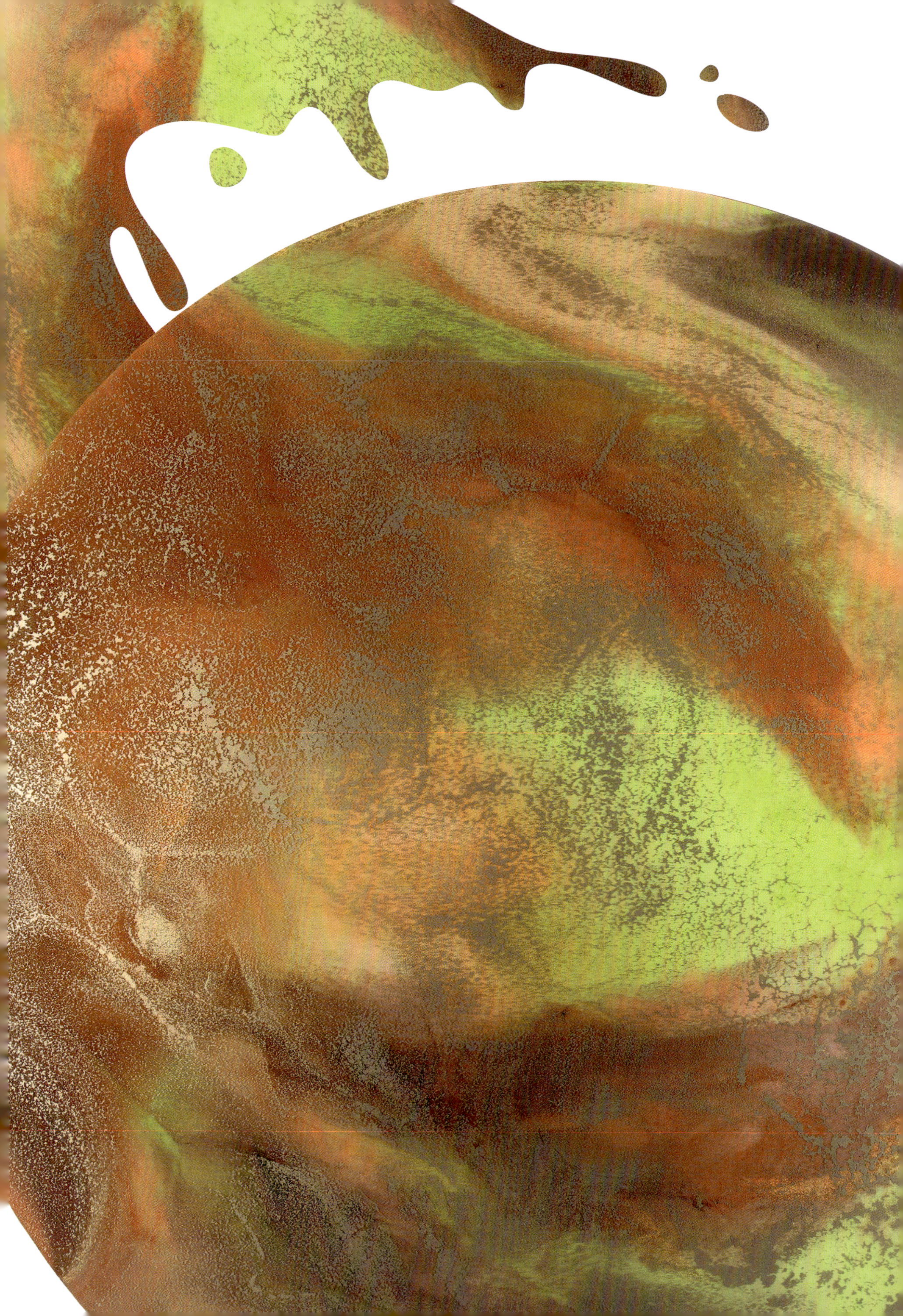

COPPER

Material:
Holzmalgrund (rund, Durchmesser 75 cm)
Gesso in Weiß oder Grundierweiß
Schaumstoffwalze oder breiter weicher Pinsel
Precision Mask TESA (Klebeband)
Abstandshalter
1700 g Resin Pro Deluxe: 1000 g Harz (A),
700 g Härter (B)
Alkohol-Inks (z.B. Pinata) in Calabazza Orange, Mantilla Black, Havanna Brown, Tangerine, Lime Green, Burro Brown und Copper/Metallic
Heißluftpistole
99,9 %iger Alkohol
kleine Sprühflasche
evtl. Silikonspray

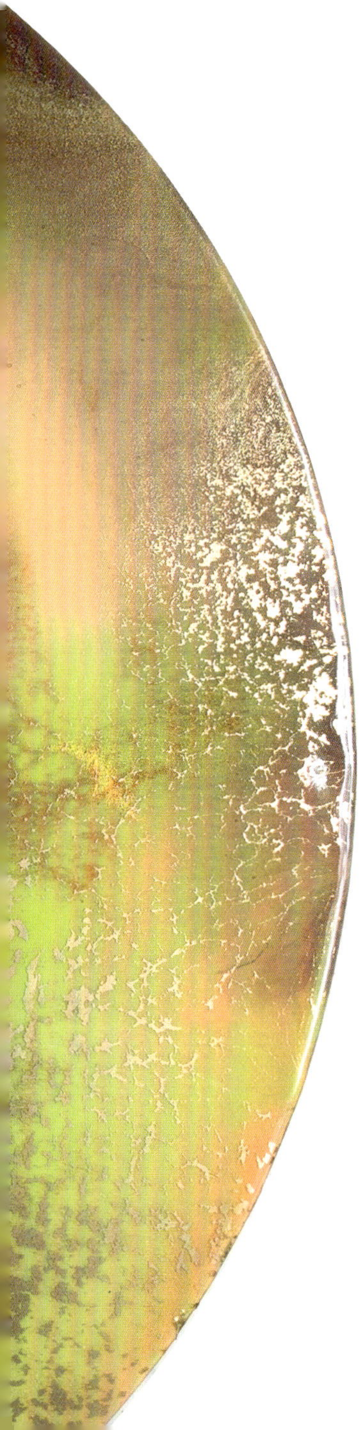

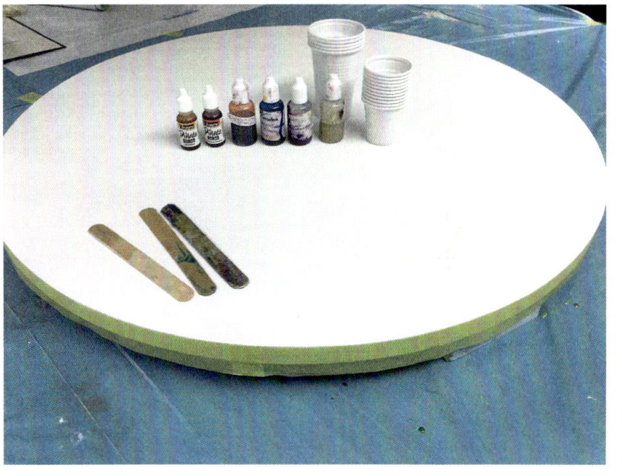

1. Den runden Malgrund und die Außenkanten mit Schaumstoffwalze oder Pinsel grundieren. Nach dem Trocknen die Platte umdrehen und die Außenkanten so abkleben, dass nach unten ein erhöhter Rand entsteht. So kann das Harz später nach unten laufen, ohne Nasen am Malträger zu bilden.

2. Die Platte auf Abstandshalter legen und die Waagerechte kontrollieren. In zwei großen Messbechern je 500 g Harz (A) mit 350 g Härter (B) abwechselnd ca. 6 Minuten mischen.

Das fertige Resin in Becher geben und mit den oben angegebenen Alkohol-Inks mischen. Die Metallic-Farbe Copper nicht in das Resin mischen, sondern beiseite stellen. Die Intensität der Farbe bestimmen Sie durch die Zugabe der Menge. Generell sind diese Farben transparenter als Resinfarben.

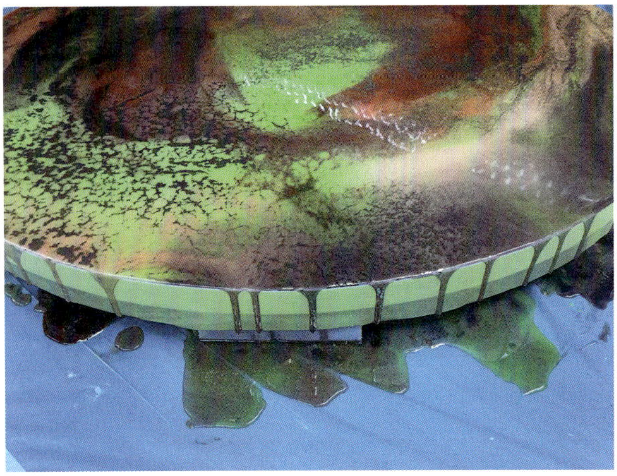

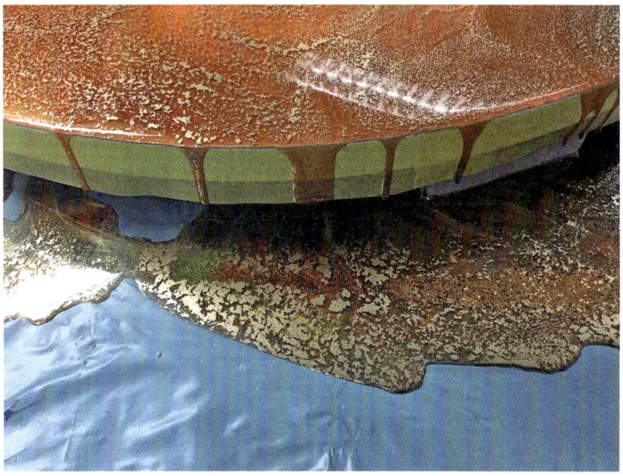

3. Beginnen Sie beim Gießen mit den dunkleren Farbtönen und schließen Sie abwechselnd mit helleren Farben an. Mit der Heißluftpistole die Oberfläche erhitzen und die Farben etwas ineinander verblasen.

4. In die noch nasse Fläche stellenweise die Alkohol-Tinte in der Farbe Copper aufträufeln, und zwar direkt aus dem Fläschchen in die nasse Fläche! Diese deckenden Flächen wieder mit der Heißluftpistole trennen.

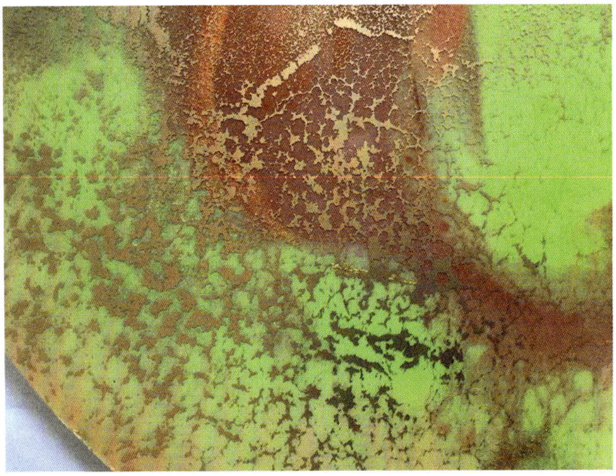

5. Den Alkohol in eine kleine Sprühflasche füllen und einige Male damit über die nasse Oberfläche sprühen. Es sollten sich sofort Effekte zeigen. Wem diese zu gering sind, kann noch vorsichtig mit Silikonspray Akzente setzen.

6. Nach 3–4 Stunden das Klebeband vorsichtig ablösen und das Bild aushärten lassen.

Die Außenkante kann mit farblich passender Acrylfarbe oder Buntlack angepasst werden.

TIPP

Resin lässt sich hervorragend mit Alkohol-Inks einfärben. Die Farben wirken wesentlich transparenter als Resin-Farben und vermitteln dadurch viel Tiefe. Allerdings sind diese Farben nicht zu 100 Prozent lichtecht, durch den UV-Schutz im Resin aber bedingt geschützt.

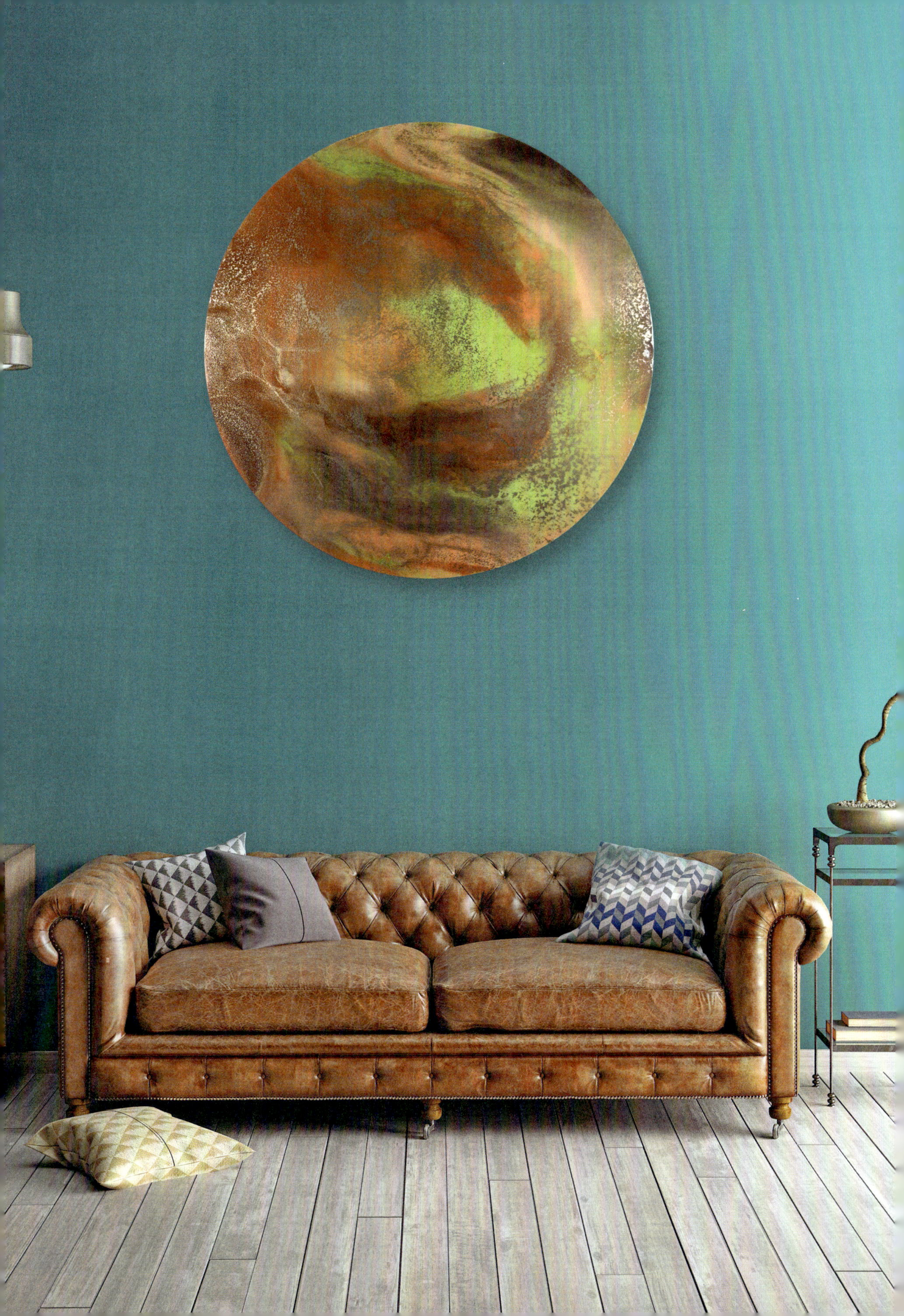

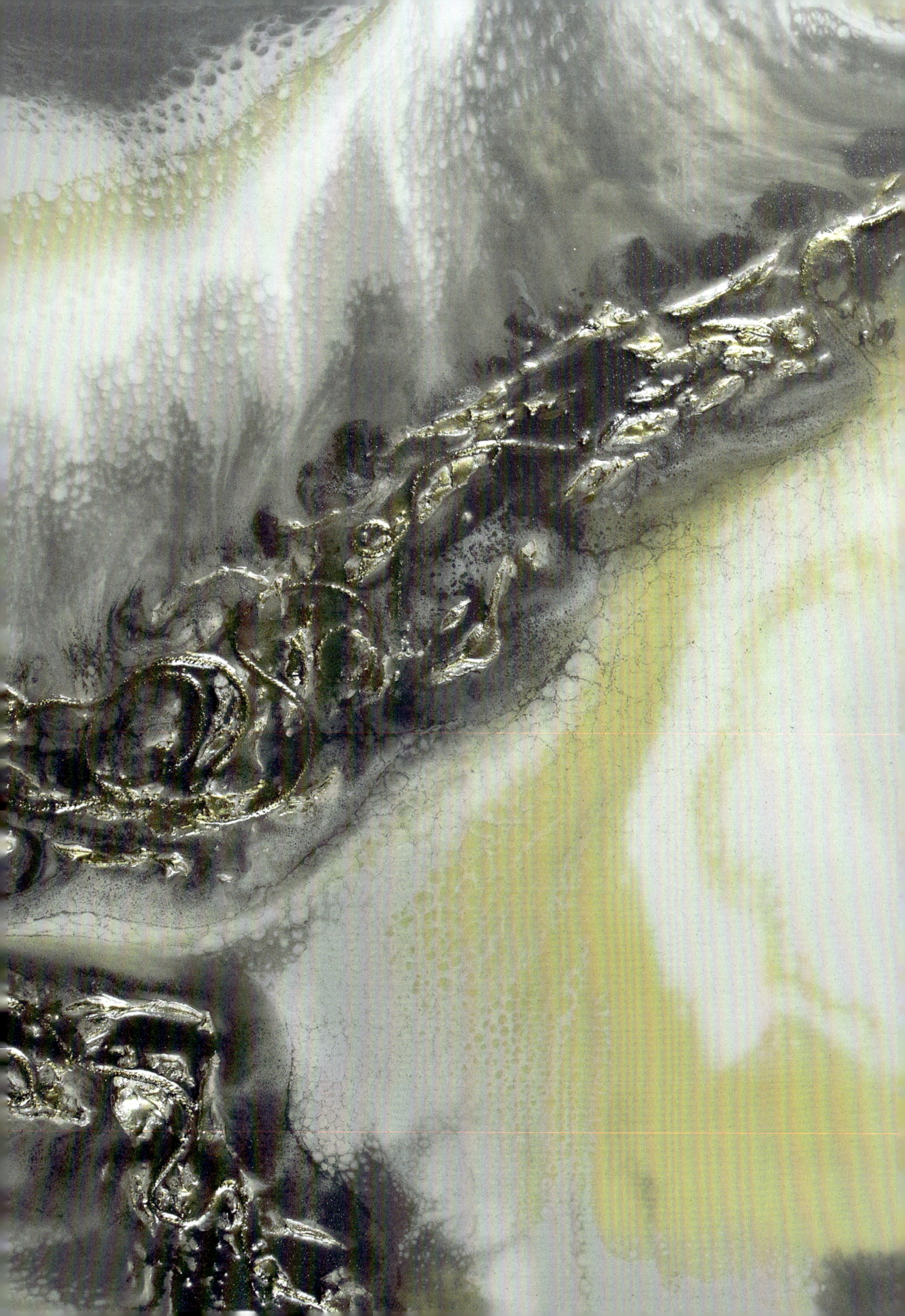

EMPORIO

Material:
Holzmalgrund (60 x 80 cm)
Gesso in Weiß oder Grundierweiß
Schaumstoffwalze oder breiter weicher Pinsel
Precision Mask TESA (Klebeband)
Abstandshalter
Strukturpaste
Spachtel
Schnur
Spatel
1700 g Resin Pro Deluxe: 1000 g Harz (A),
700 g Härter (B)
Resi-Tint MAX Sahara Sand, Titanum White und
Blackout
Heißluftpistole
Rundpinsel
Bronzepulver in Silber (z.B. Guardi)
Goldbronze aus der Tube (z.B. Daler-Rowney Goldfinger)

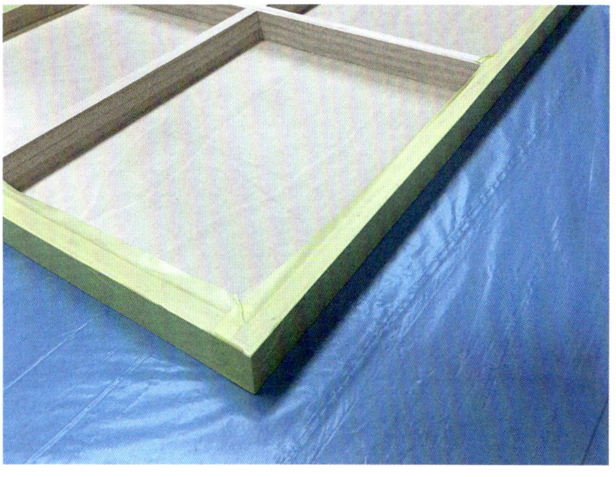

1. Den Holzmalgrund und die Außenkanten mit einer Schaumstoffwalze oder einem Pinsel mit weißem Gesso grundieren. Die Platte auf die Malfläche legen und die äußeren unteren Kanten mit Klebeband abkleben. Die seitlichen Ränder ebenfalls. Die Platte auf Abstandshalter legen und die Waagerechte kontrollieren.

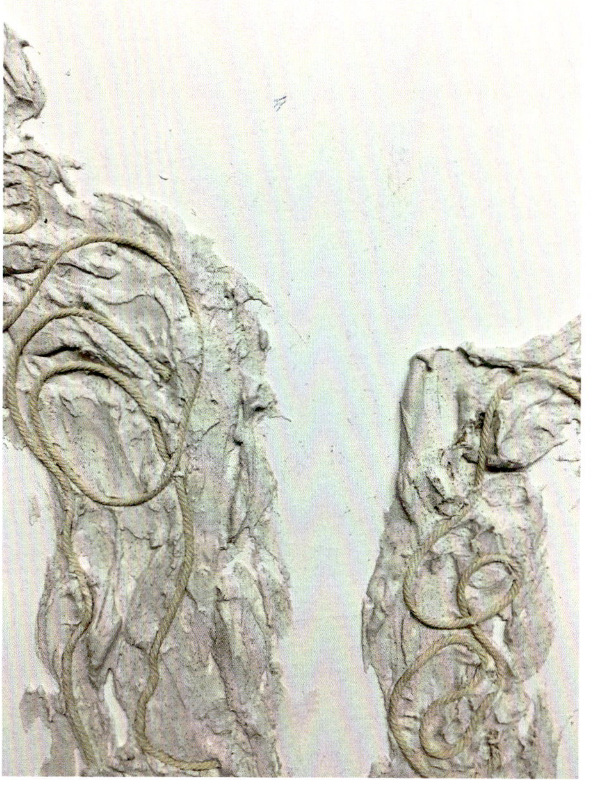

2. Mit einem großen Spachtel Strukturpaste auftragen. Es sollen deutliche Erhöhungen erkennbar sein. Ein Stück Schnur abschneiden, auf die Paste legen und mit einem Spatel in die Masse drücken. An weiteren Stellen wiederholen und danach trocknen lassen.

3. In zwei großen Mischbechern jeweils 500 g Harz (A) mit 350 g Härter (B) abwechselnd 5–6 Minuten gründlich mischen und in Becher füllen. Mit Weiß und Schwarz zwei unterschiedliche Grautöne mischen. Für das Gelb nur sehr wenig Sahara in das Resin mischen. Weiß anrühren.

6. Nach 3–4 Stunden die Klebestreifen vorsichtig entfernen und das Harz durchhärten lassen. Abschließend die Außenkanten des Malboards mit farblich passender Acrylfarbe bemalen.

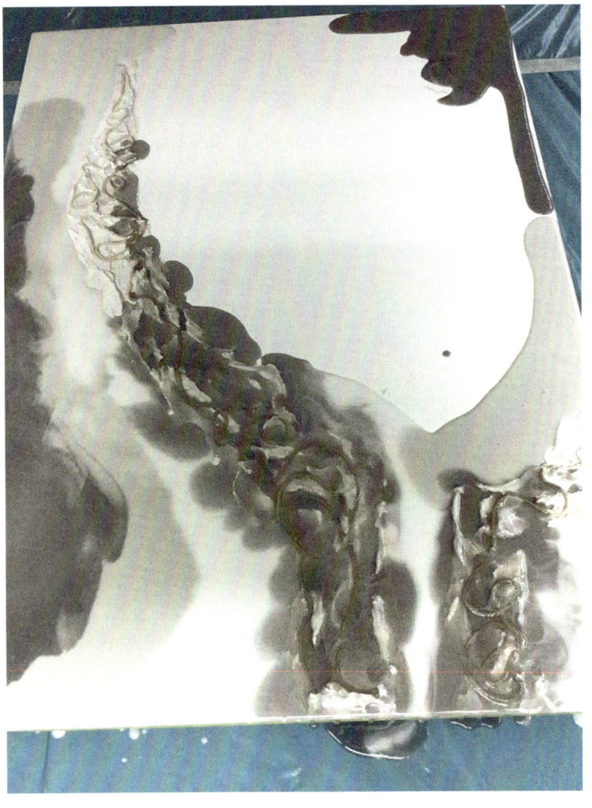

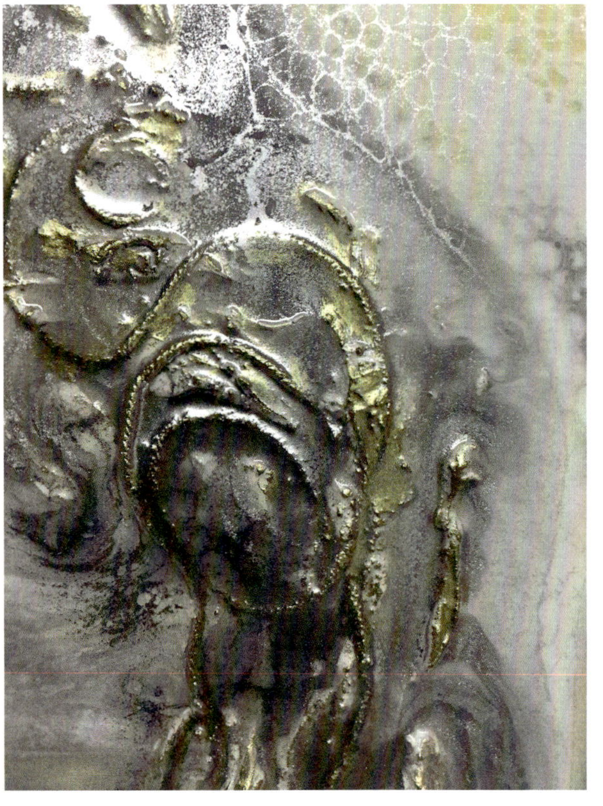

4. Zuerst die Strukturen mit Grau begießen und mit den anderen Farben anschließen. Dazwischen mit der Heißluftpistole die Oberfläche immer wieder erhitzen und die Farben ineinander verblasen.

5. Wenn alle Farben aufgegossen sind, mit einem Rundpinsel etwas Bronzepulver in Silber aufnehmen und die Partikel über die Strukturen stäuben.

7. Goldbronze aus der Tube auf ein Stück Karton drücken. Mit der Fingerkuppe aufnehmen und damit sanft und ohne Druck über die Erhöhungen der Strukturen streichen.

TIPP

Mit vorher angelegten Strukturen verleihen Sie Resin-Bildern einen 3-D-Effekt. Die Pasten müssen vor dem Resin-Auftrag jedoch immer vollkommen trocken sein.

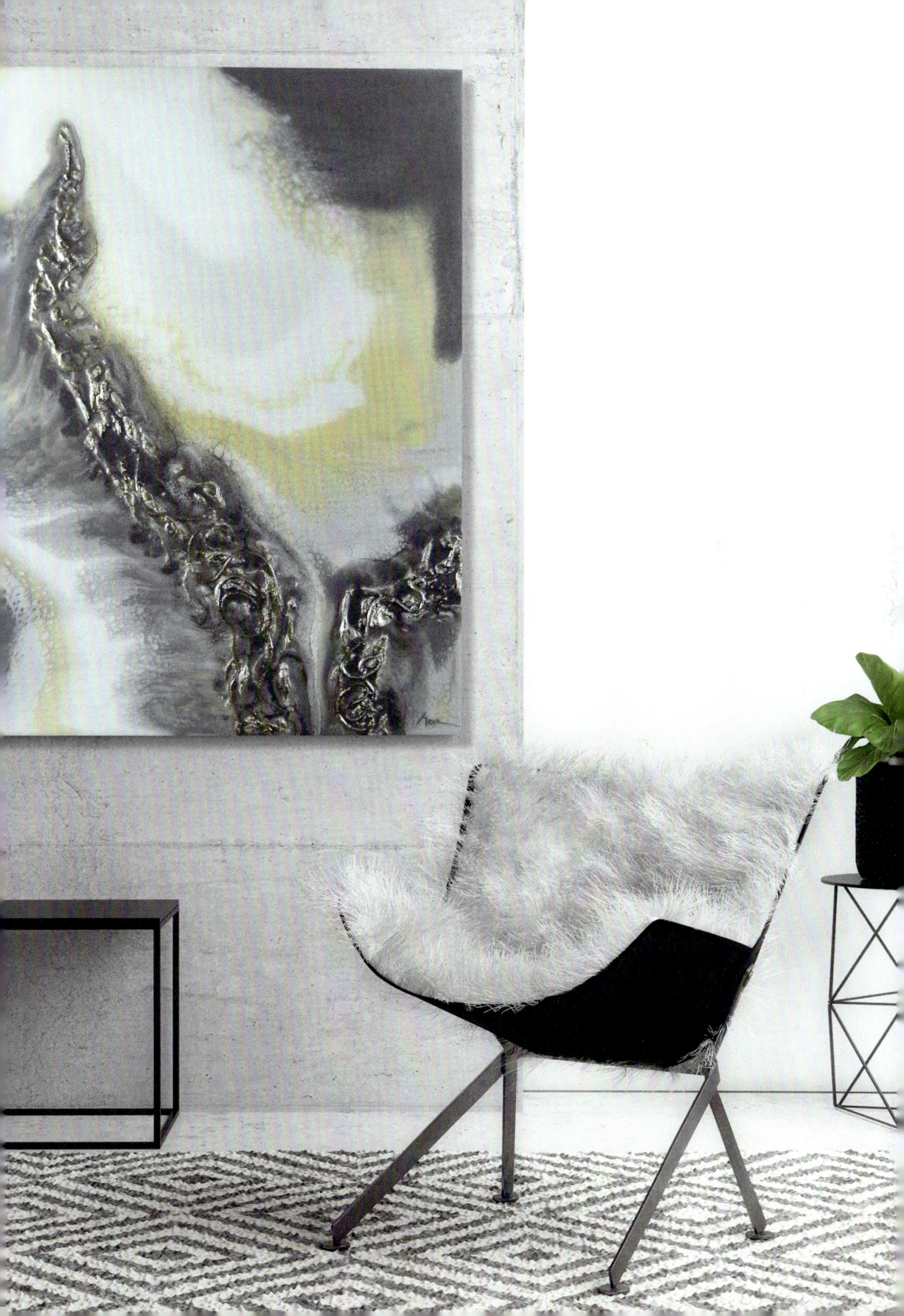

EXAMPLE

Material:
Gesso-Board (70 x 100 cm)
Precision Mask TESA (Klebeband)
Abstandshalter
1615 g Resin Pro Deluxe: 950 g Harz (A), 665 g Härter (B)
Alkohol-Inks (z.B. Pinata) in Havanna Brown, Mantilla Black, Rich Gold, Burro Brown und Calabazza Orange
Haarföhn, Spachtel
Resi-Tint MAX Titanum White
Resi-Blast
Marble Spray in Schwarz

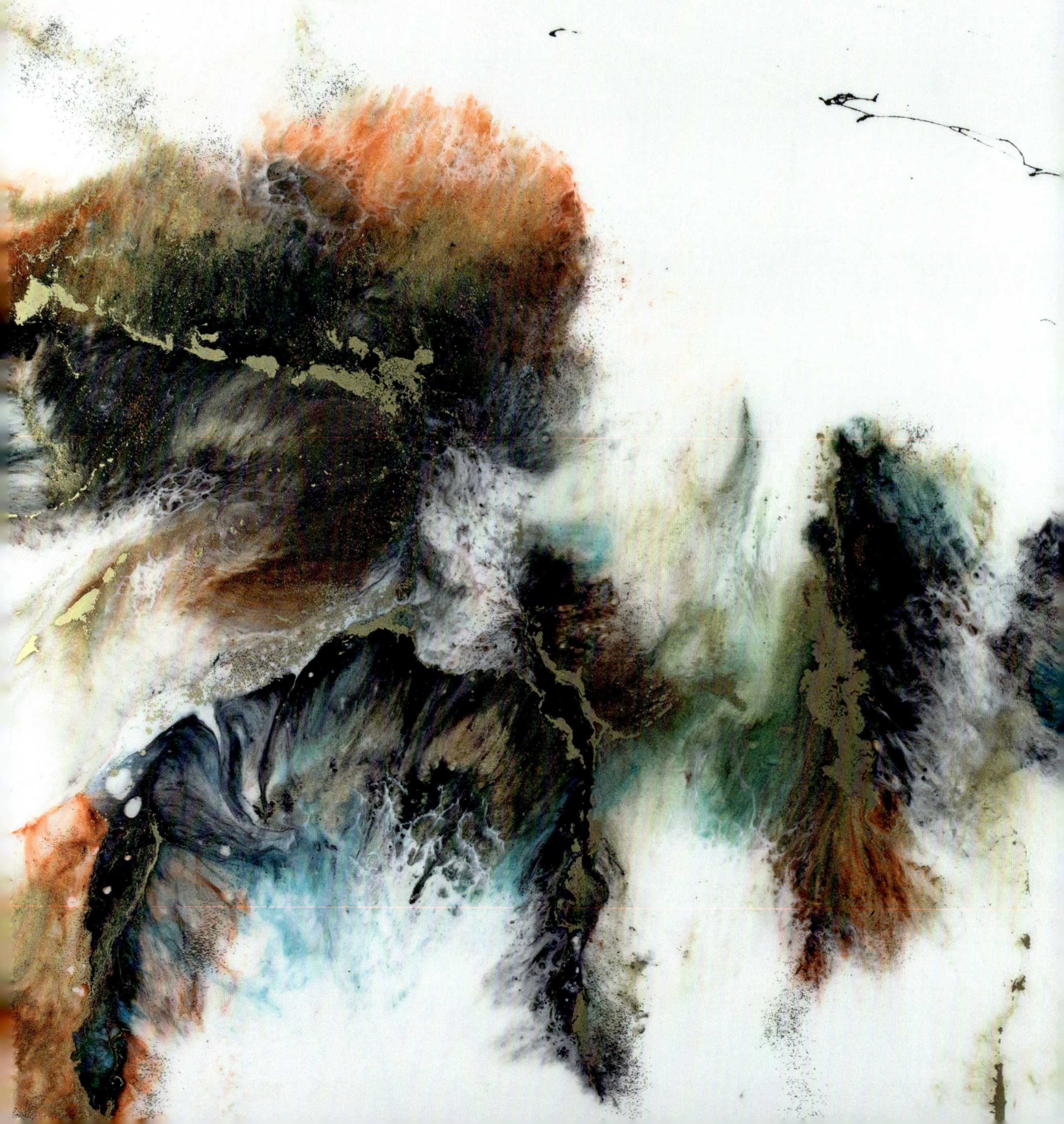

Bei diesem Bild wurde mit einer von mir entwickelten Technik gearbeitet, die ich „Airflow“ genannt habe. Das Resin wird vorher nicht eingefärbt, und die Farben werden anstatt mit der Heißluftpistole nur mit einem gewöhnlichen Föhn verblasen.

1. Mit dem Klebeband die Außenkanten bündig abkleben und nach unten innen umschlagen. Gesso-Board auf Abstandshalter legen. In zwei großen Mischbechern je 475 g Harz (A) mit 332 g Härter (B) abwechselnd insgesamt ca. 6 Minuten mischen. Klares Resin auf die Malfläche gießen und mit einem großen Spachtel dünn, aber gleichmäßig bis an die Außenkanten verteilen.

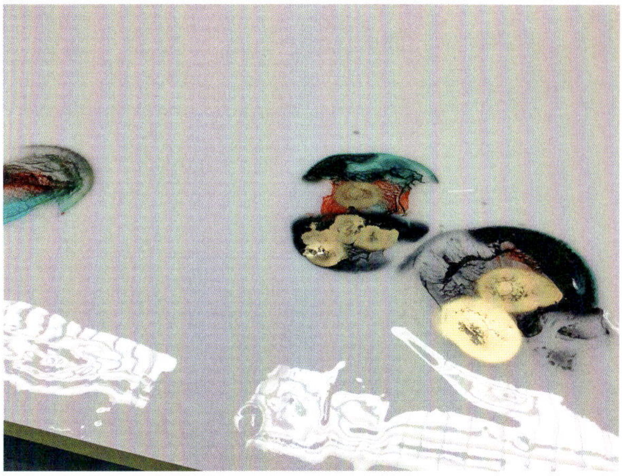

2. An einer Stelle Alkohol-Inks in mehreren Farben neben- oder aufeinander tropfen. Zum Schluss einen Tropfen Rich Gold daraufträufeln und diese Stelle nochmals mit etwas klarem Resin übergießen.

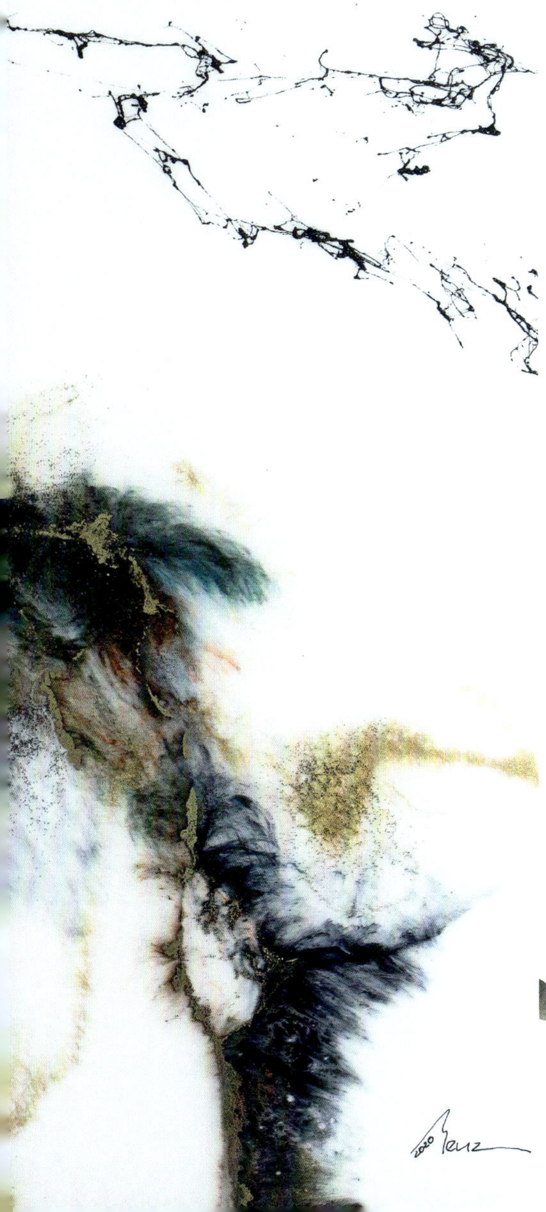

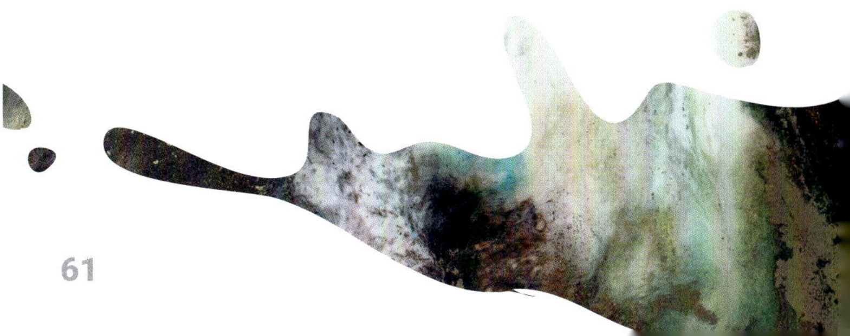

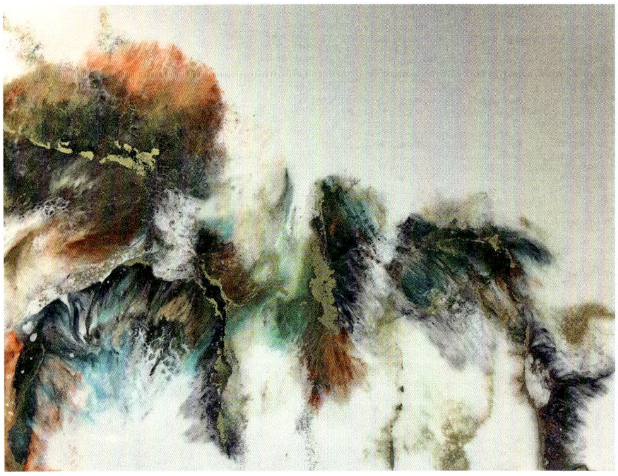

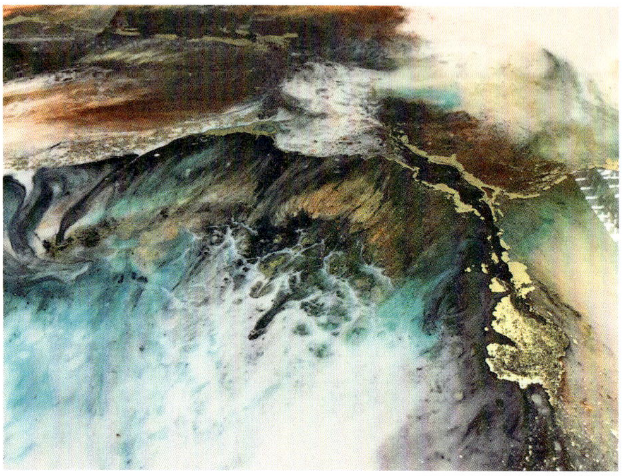

3. Dieses Farb-Resin-Gemisch mit einem Haarföhn in eine Richtung verblasen. Dies an verschiedenen Stellen so lange wiederholen, bis es ein harmonisches Motiv entsteht. Damit das Bild nicht zu unruhig wirkt, einige Stellen aussparen.

> **TIPP**
> Diese Technik ist sehr experimentell und macht sehr viel Spaß! Spielen Sie mit den unterschiedlich starken Luftströmen des Föhns.

4. Resin mit Weiß einfärben und einige Tropfen Resi-Blast oder Silikonöl einrühren. Den restlichen Hintergrund mit dem klaren Resin begießen. Das dunkle Muster darf ebenfalls mit dem Weiß durchbrochen werden. Mit dem Föhn die weiße Farbe in die dunkleren Partien blasen. Es bilden sich durch das Silikon sofort Zellen. Falls noch Bläschen vorhanden sind, mit der Heißluftpistole noch kurz über die Oberfläche föhnen. Nach 3–4 Stunden das Klebeband vorsichtig abziehen und das Harz aushärten lassen.

5. Bei einem plakativen unifarbenen Hintergrund können auch noch Sprays und Schablonen zum Einsatz kommen. Ich habe mit Marble Spray in Schwarz noch einen Akzent gesetzt.

6. Die Außenkanten können mit einer farblich passenden oder auch weißer Acrylfarbe bemalt werden.

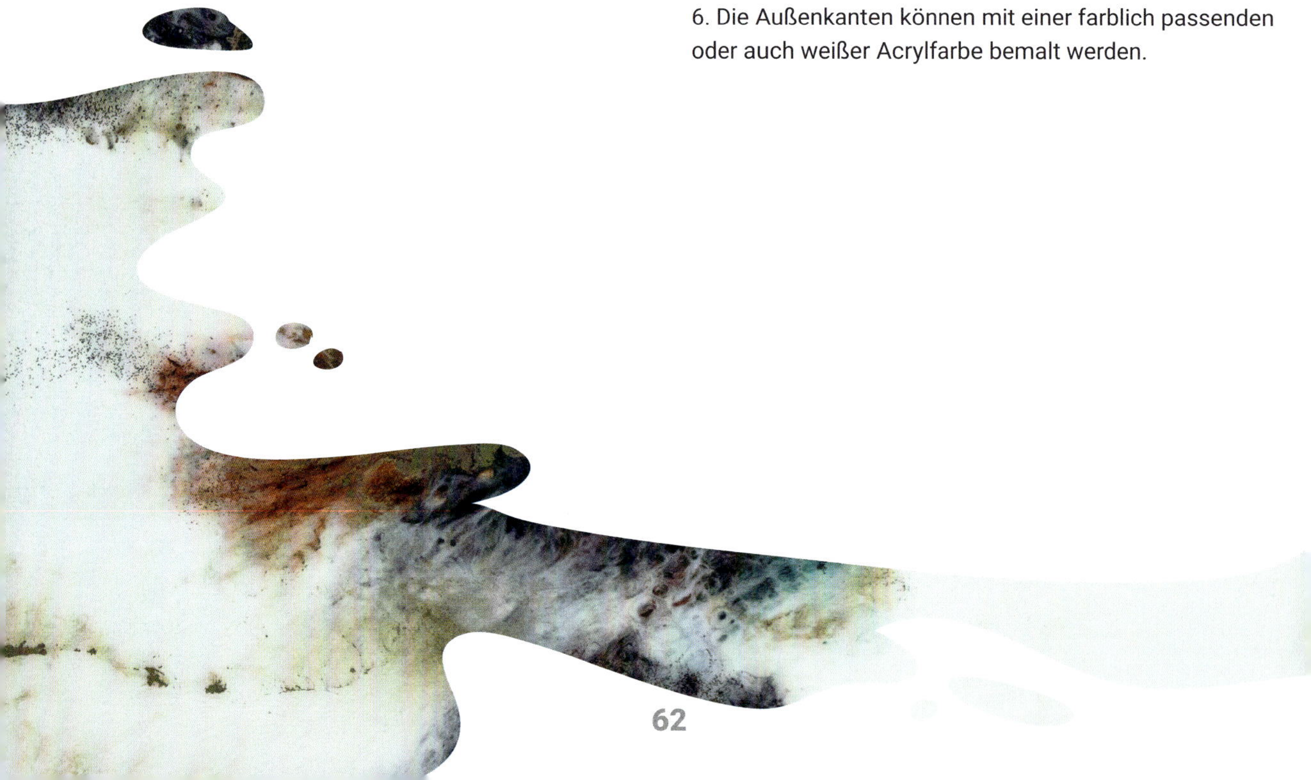

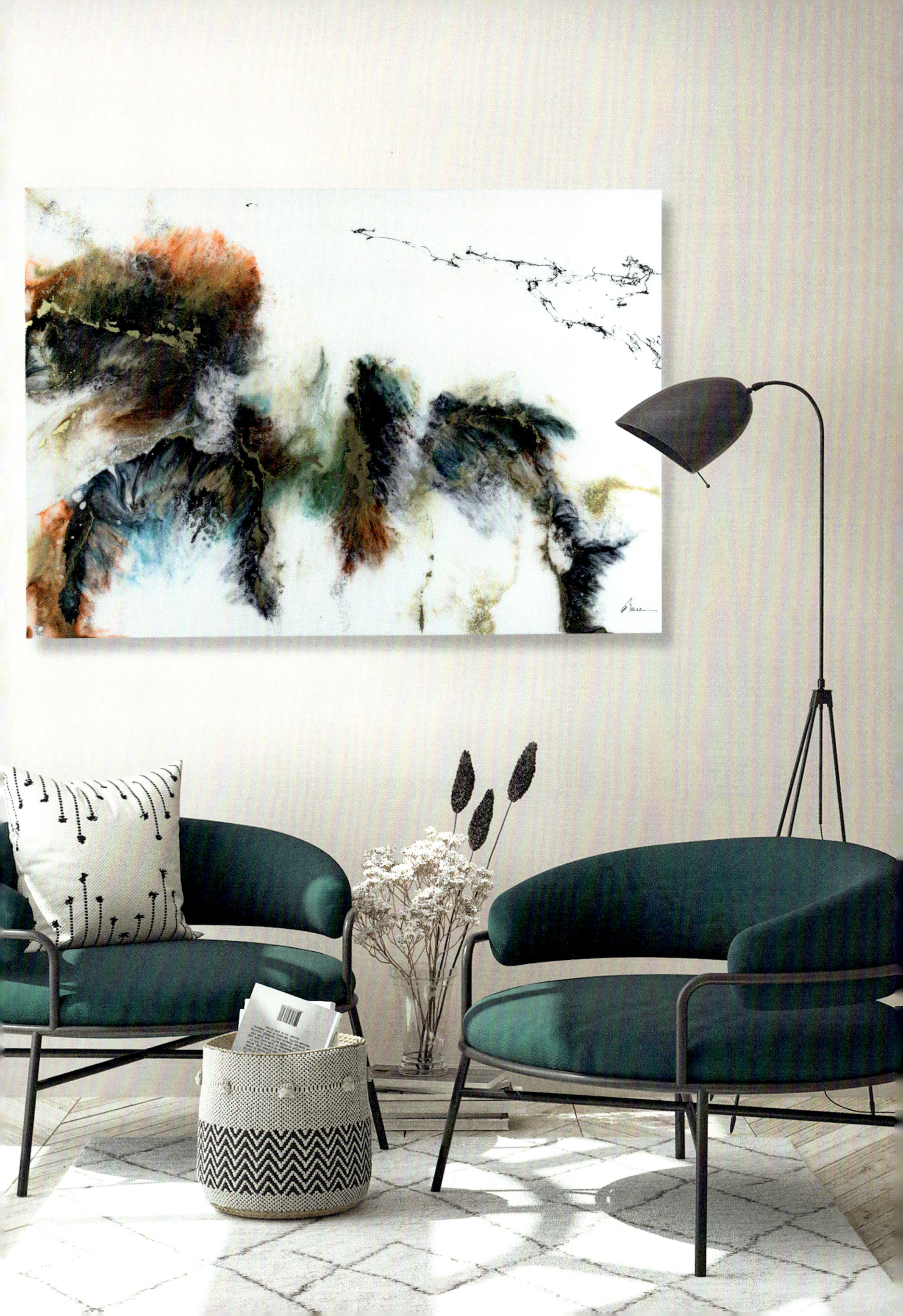

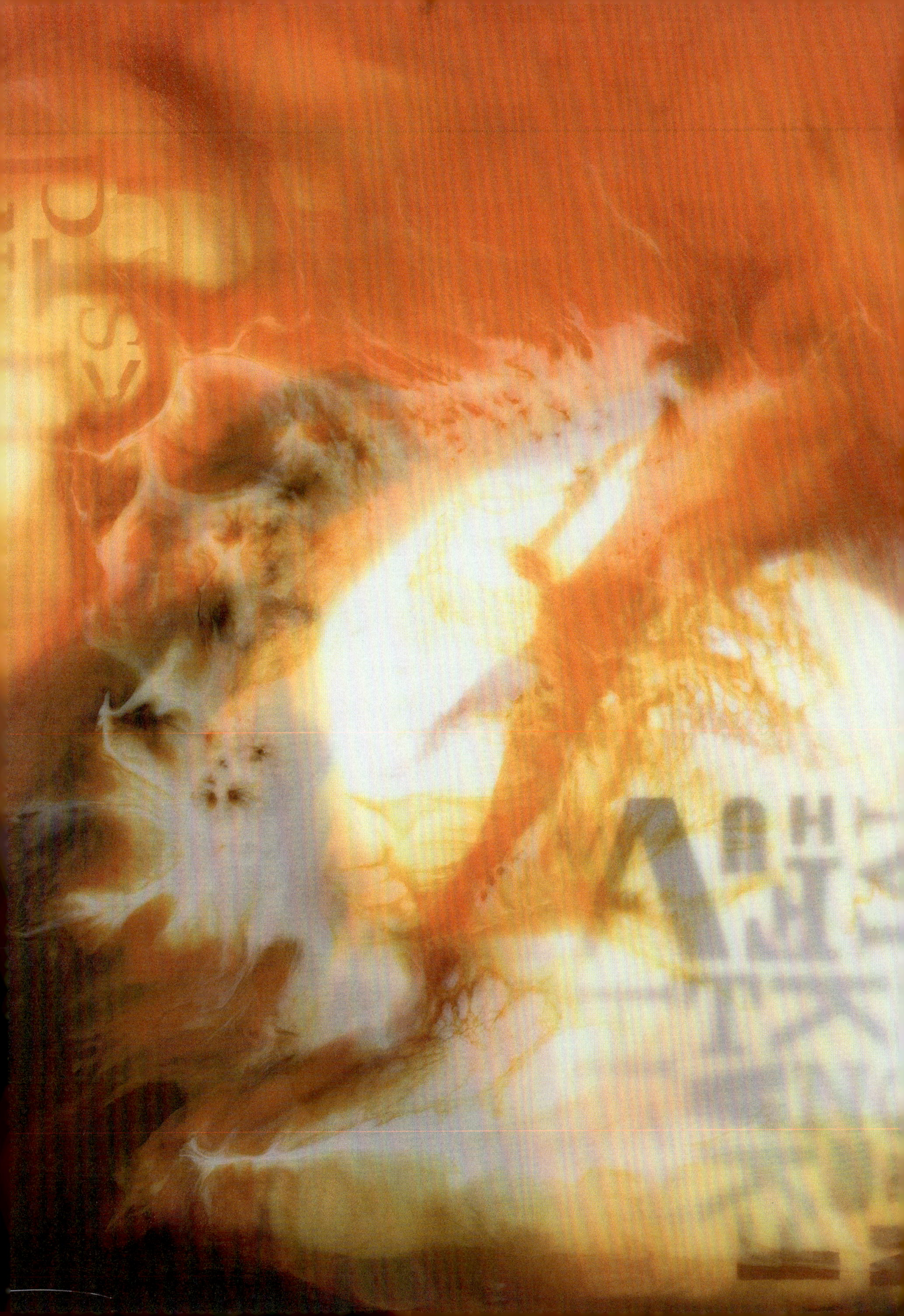

GOOD NEWS

Material:
Gesso-Board 50x50 cm
680 g Resin Pro Deluxe (400 g Harz (A), 280 g (B)
Schablonen mit Zahlen oder Buchstaben
Precision Mask TESA (Klebeband)
Farbsprays in Siena und Orange
Resi Tint MAX Orange
Resi Tint MAX Titanum White
Resi Tint MAX Boston Brown
Acrylfarbe in Braun für Außenränder

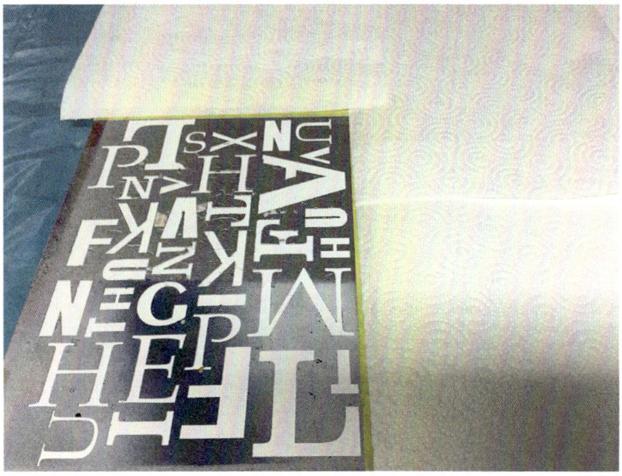

1. Gewünschte Schablonen auf den Malgrund legen, fixieren und den Rest der Malfläche mit Küchenkrepp oder Zeitungspapier abdecken. Mit Farbspray in Siena besprühen. An beliebiger Stelle in Orange wiederholen.

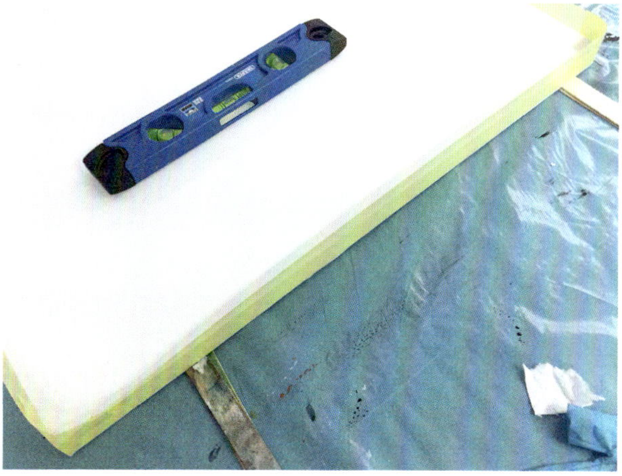

2. Die seitlichen Kanten erhöht mit Klebeband abkleben und mit einer Wasserwaage kontrollieren, ob der Malgrund gerade liegt. 400 g Harz (A) mit 280 g Härter (B) gründlich ca. 3 Minuten mischen. Das fertig gemischte Resin in verschiedene Becher füllen und jeweils in Orange und Braun mischen. Diese beiden Farben nacheinander auf die Flächen zwischen den aufgesprühten Buchstaben gießen. Mit einem Spachtel bis an den äußeren Rand, d.h. bis an das Klebeband verziehen. Mit dem Heißluftföhn etwas erhitzen.

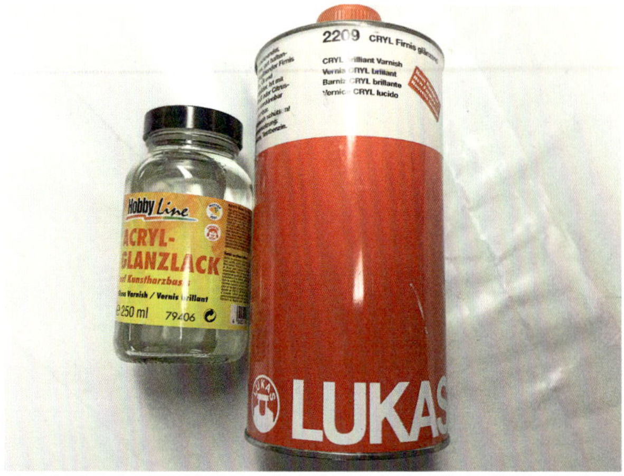

3. In den leeren Orange-Becher klares Resin füllen und umrühren. Die restlichen Orange-Pigmente reichen aus, um einen sehr transparenten Gelb-Ton zu erhalten. Diese transparente Farbe auf die aufgesprühten Buchstaben gießen. Wenig Weiß in einem Becher mit Resin mischen. Auch diese Farbe sollte transparent bleiben. An einigen wenigen Stellen aufgießen und mit der Heißluftpistole in die anderen Farben verblasen. Mit einem Spachtel können die Farben noch sanft und ohne Druck ineinander verzogen werden.

4. Das Klebeband nach 3–4 Stunden vorsichtig abziehen und die Außenkanten mit brauner Acrylfarbe bemalen.

TIPP

Bemalt man die Außenkanten des Bildes mit Acrylfarbe, wirken diese im Vergleich zur Resin-Oberfläche sehr matt. Dies kann einen besonderen Kontrast erzeugen. Wer das nicht möchte, kann die Ränder noch mit Glanzlack bestreichen (z.B. Lukas 2209 Cryl Firnis hochglänzend oder Acryl-Glanzlack von Kreul).

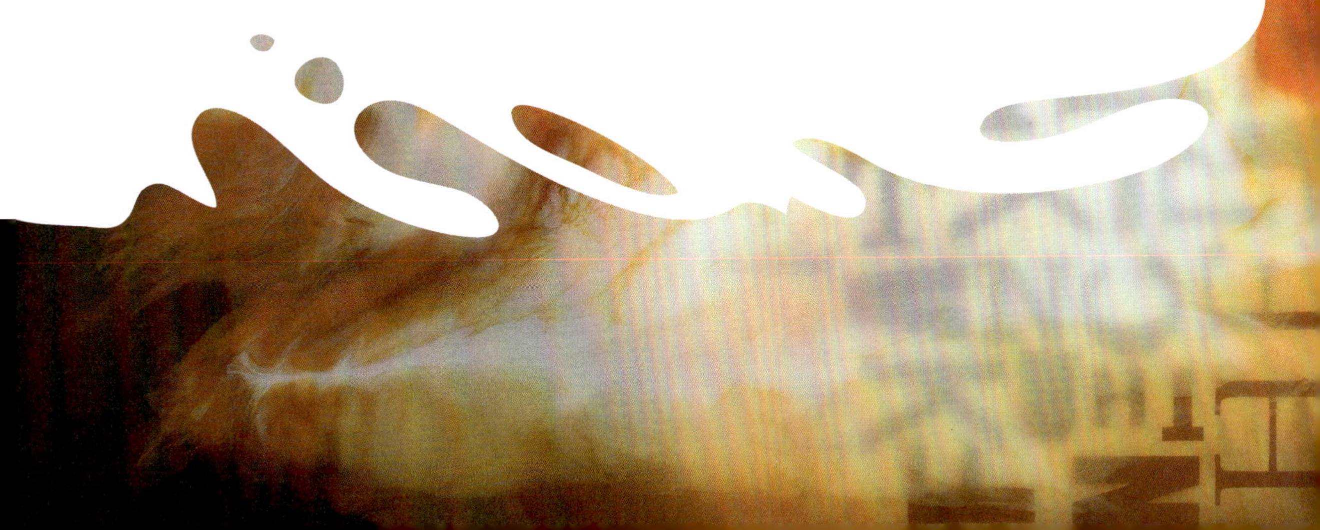

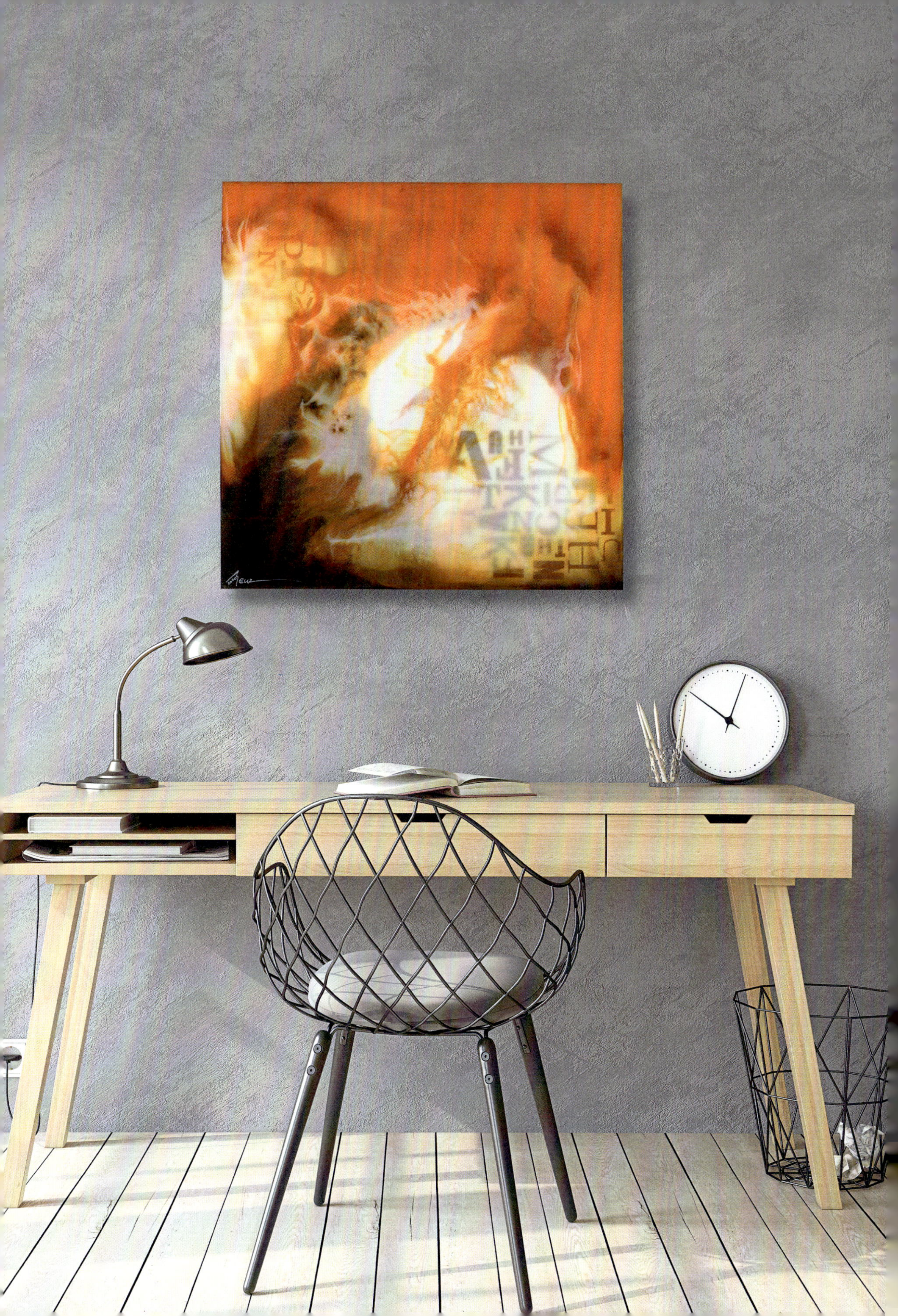

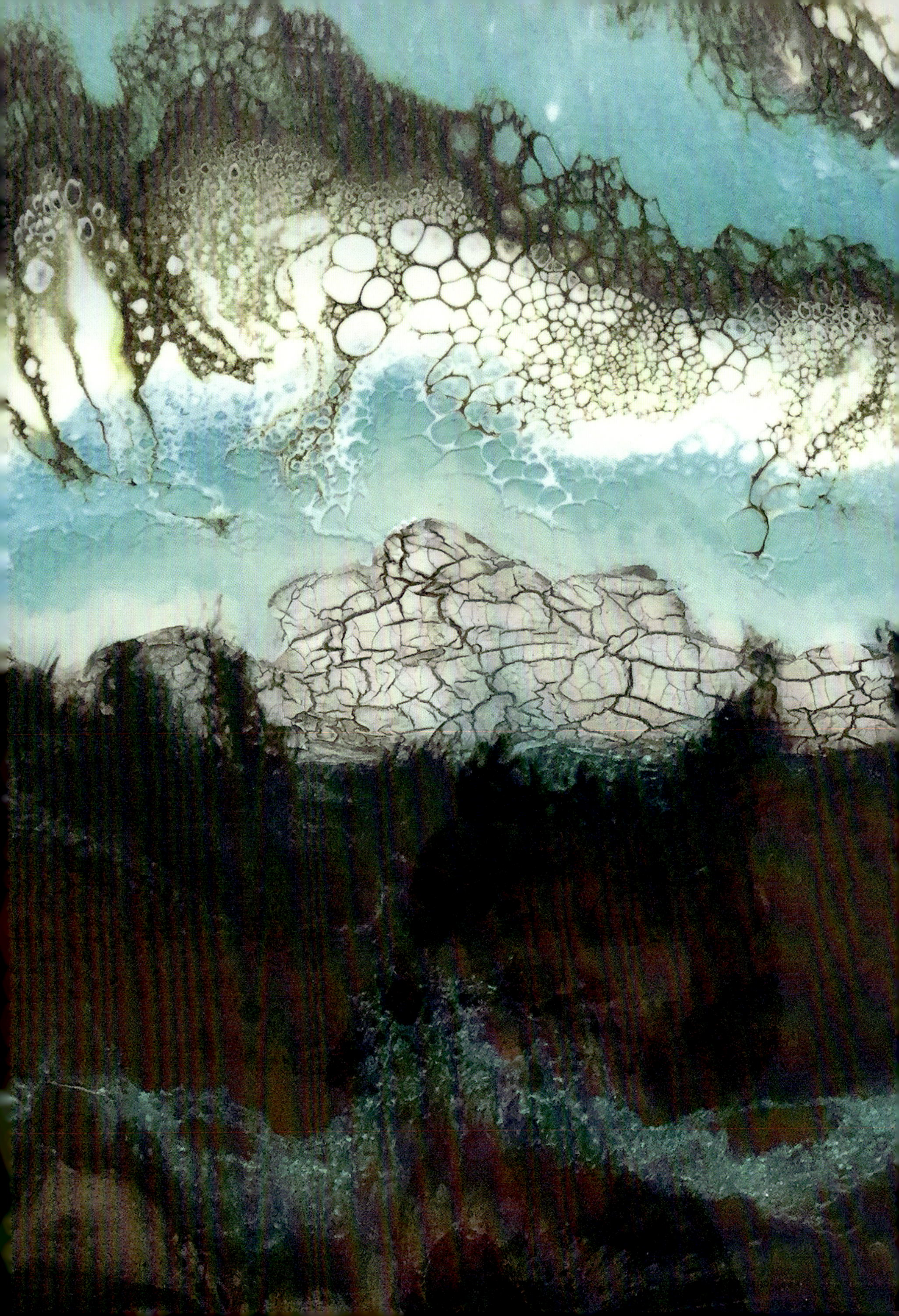

HIDE

Material:
Holzmalgrund (60 x 60 cm)
Gesso in Weiß
Schaumstoffwalze oder breiter weicher Pinsel
Precision Mask TESA (Klebeband)
Abstandshalter
Krakelurpaste (im Künstler- oder Bastelbedarf)
Spachtel
Airbrushfarbe, Tusche oder verdünnte Acrylfarbe in Sepia oder Dunkelbraun
Acrylfarbe in Umbra natur und Altweiß (z.B. Lascaux)
1105 g Resin Pro Deluxe: 650 g Harz (A), 455 g Härter (B)
Resi-Tint MAX Boston Brown, Blackout und Titanum White
Pigmentpulver in Türkis
Heißluftpistole
Silikonspray

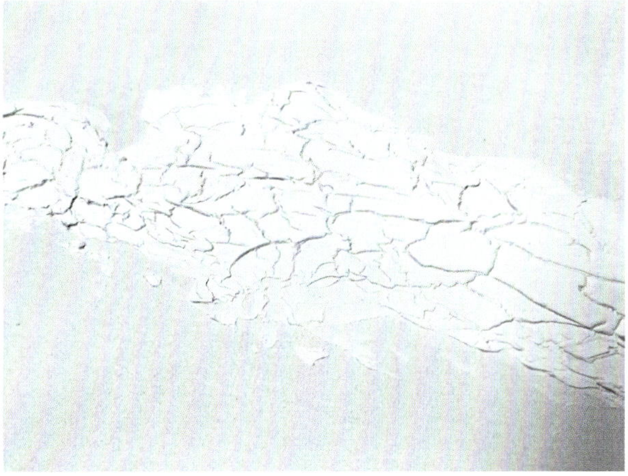

1. Den Malgrund und die Außenkanten mit Schaumstoffwalze oder Pinsel mit weißem Gesso grundieren. Nach dem Trocknen die unteren und seitlichen Außenkanten sorgfältig abkleben. Auf Abstandshalter legen und die Waagerechte kontrollieren. Mit einem Spachtel Krakelurpaste entnehmen und relativ dick an gewünschter Stelle auftragen. Danach die Oberfläche der Paste mit dem Spachtel glatt streichen. Während des Trocknens erzeugt die Paste Risse. Dies kann mit einem Föhn noch beschleunigt und intensiviert werden.

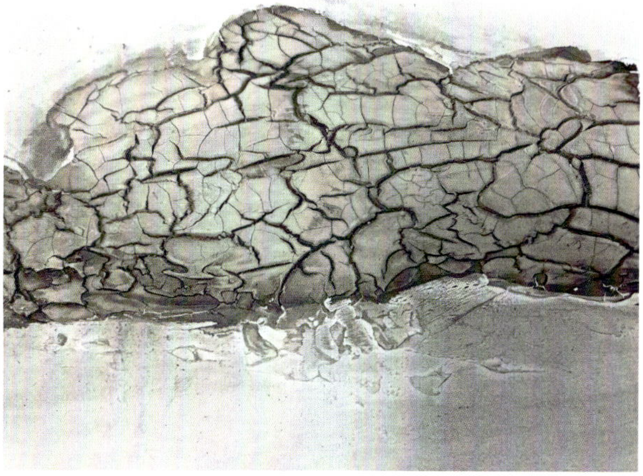

2. Nachdem der Pastenauftrag getrocknet ist und die Oberfläche Risse zeigt, die Airbrushfarbe in Sepia mit einem Pinsel aufstreichen und in die Risse drücken. Die Oberfläche mit einem feuchten Lappen wieder abwischen. Die Risse sollten sich nun dunkel zeigen, die Oberfläche ist leicht getönt. Sie können statt Airbrushfarben auch Tuschen oder verdünnte Acrylfarbe verwenden.

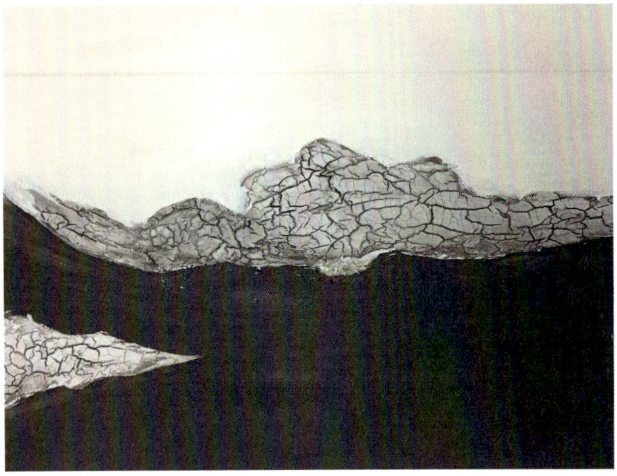

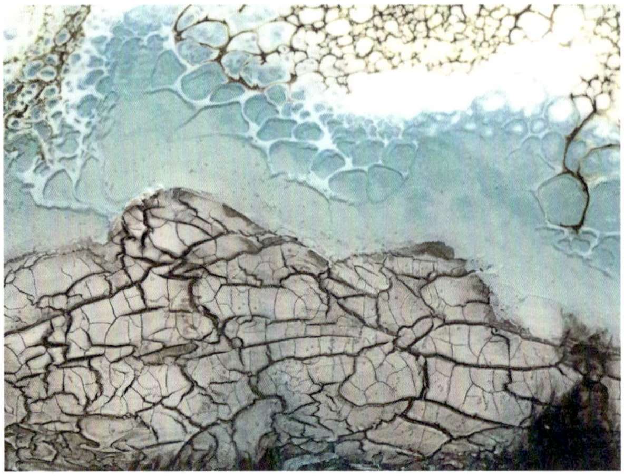

3. Mit Acyrlfarbe in Umbra natur die untere, mit Altweiß die obere Fläche bemalen. Die Farbe kann hierfür etwas mit Wasser verdünnt werden.

4. 650 g Harz (A) mit 455 g Härter (B) 3–4 Minuten mischen und in Becher füllen. Zwei Becher mit Braun färben. Einen der Brauntöne mit wenig Schwarz abtönen. Die untere Partie des Bildes mit Braun und Dunkelbraun begießen. Auf die obere Hälfte abwechselnd Weiß, Türkis und Braun geben. Die vorher angelegte Struktur mit klarem Resin überziehen. Mit der Heißluftpistole die Oberfläche erhitzen und die Farben etwas ineinander verblasen. Mit Silikonspray sparsam einige Akzente setzen.

5. Nach 3–4 Stunden vorsichtig das Klebeband ablösen. Nachdem das Bild durchgehärtet ist, die Oberfläche mit Silikonentferner oder Alkohol reinigen. Der Außenrand kann in farblich passender Acrylfarbe bemalt werden.

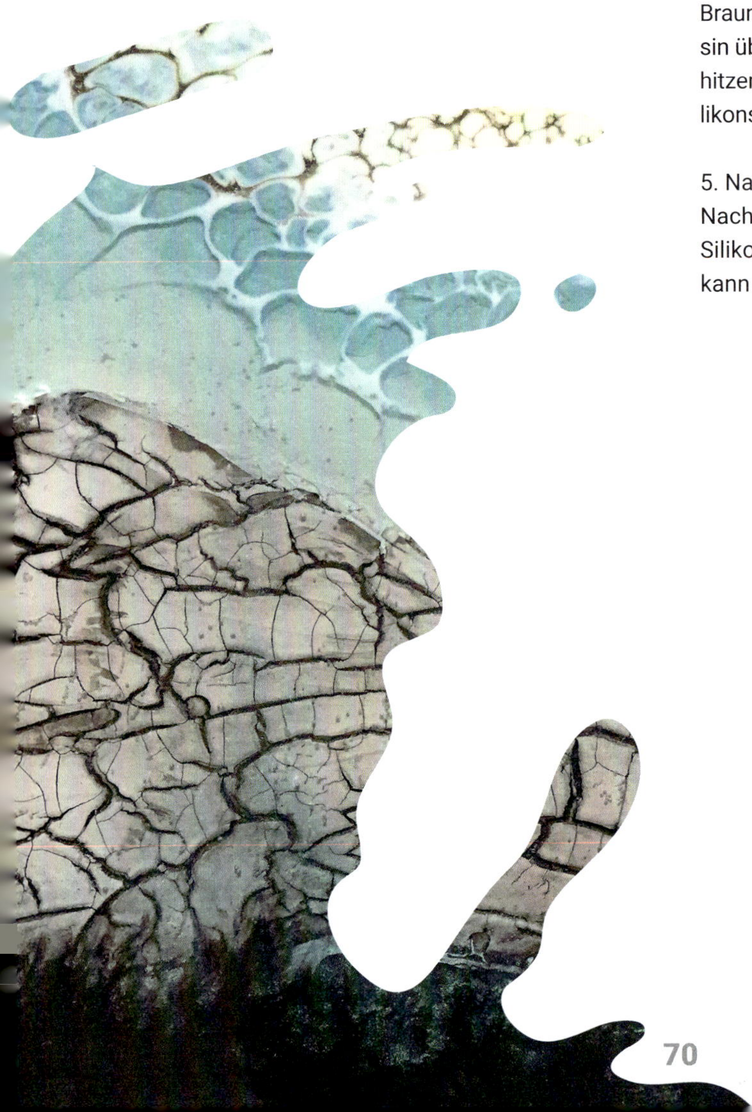

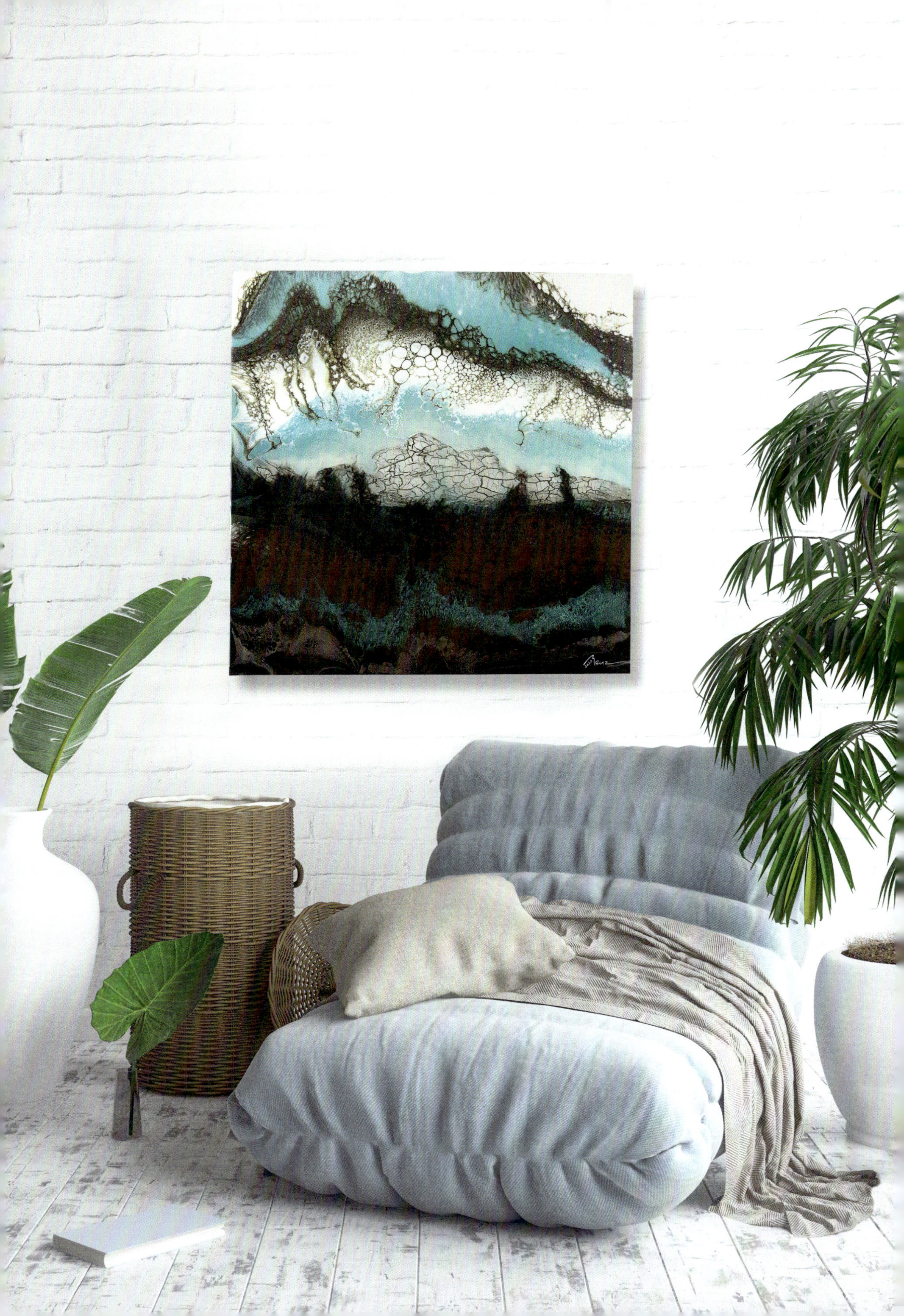

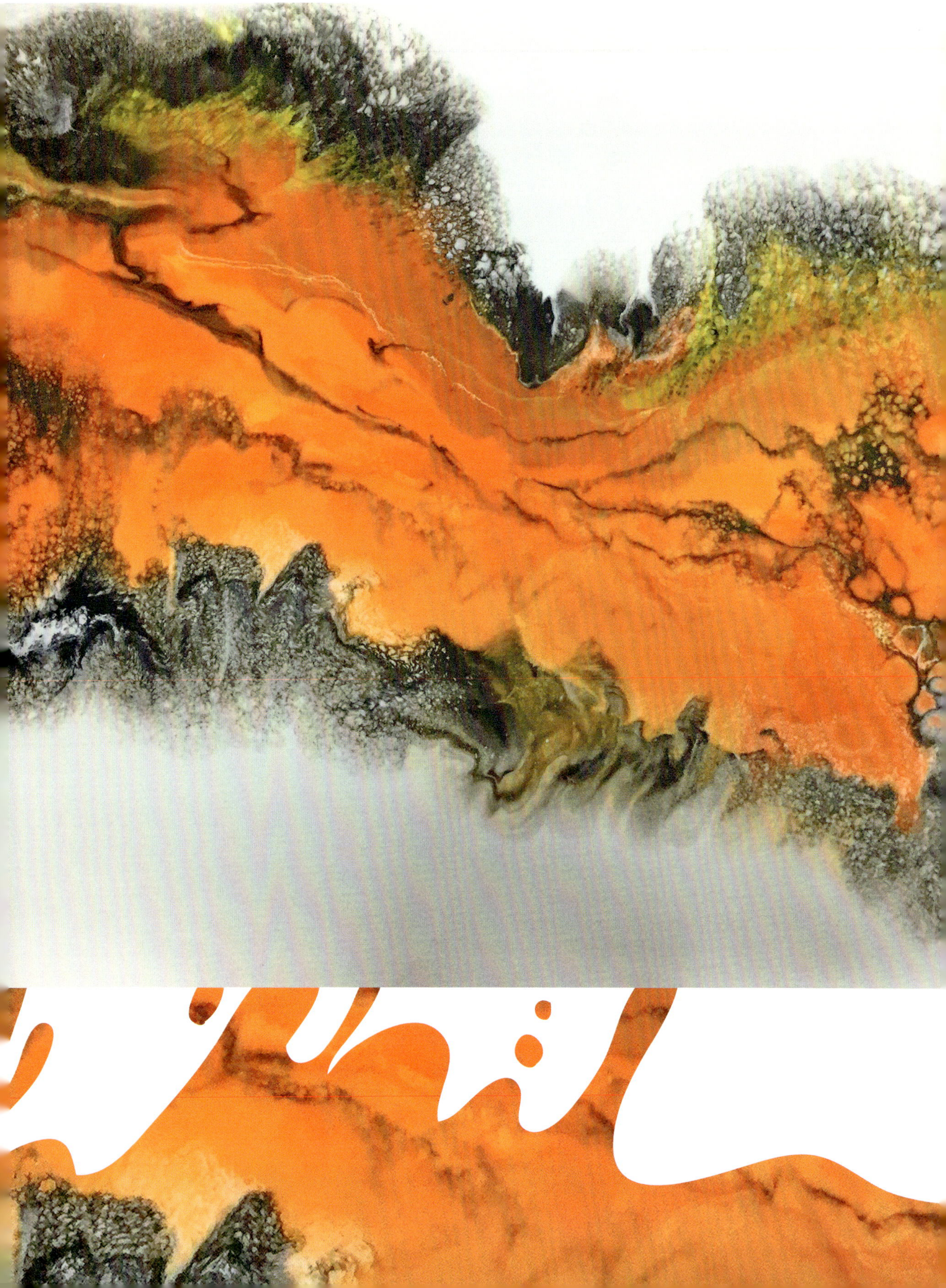

IMPLOSION

Material:
Mixed Media Art Board (80 x 80 cm, z.B. Gerstäcker)
1530 g Resin Pro Deluxe: 900 g Harz (A),
630 g Härter (B)
Resi-Tint MAX Orange, Sunset Yellow, Boston Brown,
Blackout und Titanum White
Spatel
Heißluftpistole
Silikonspray
Acrylfarbe oder Buntlack für den Holzrahmen

Da das Mixed Media Art Board über einen erhöhten Außenrand verfügt, muss hier nicht abgeklebt werden. Außerdem können Sie auch höhere Schichten gießen, ohne dass Resin über den Rand läuft. Je höher die Schicht ist, desto mehr Tiefe erzielt man. Die Malfläche ist bereits grundiert, und der Außenrand aus Holz komplettiert das Bild wie ein schmaler Rahmen.

1. Um für dieses Format Resin anzumischen, benötigen Sie zwei große Mischbecher. Geben Sie in jeden Messbecher je 450 g Harz (A) und 315 g Härter (B). Mischen Sie die beiden Komponenten ca. 5 Minuten abwechselnd. Gießen Sie das Harz in mehrere große Becher. Färben Sie einen Teil des gebrauchsfertigen Harzes in zwei Orangetönen und Gelb ein. Die Intensität bestimmen Sie durch die Zugabe der Farben. Mischen Sie außerdem eine kleine Menge in Braun und Schwarz an. Das Weiß in größere Becher füllen und großzügig auf den unteren und oberen Bildteil aufgießen. Mit einem Spatel oder den Fingern die Farbe bis zum Bildrand verteilen. Die Flächen mit der Heißluftpistole erhitzen, damit die Bläschen platzen.

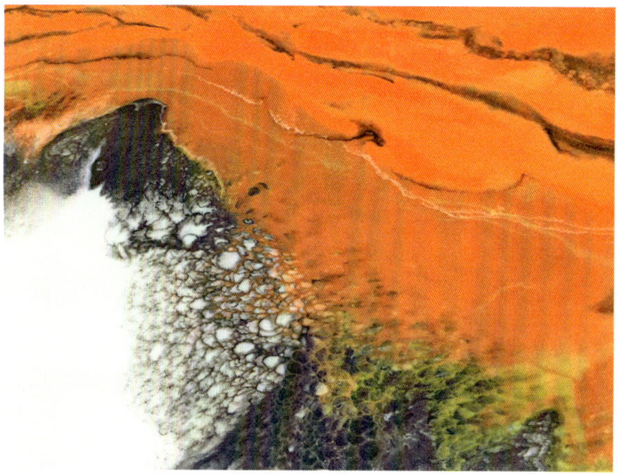

2. Gießen Sie nun diagonal einen breiten Streifen in kräftigem und hellerem Orange auf. An den Rändern etwas Gelb einfließen lassen. Damit sich das Motiv deutlich vom weißen Hintergrund abhebt, ziehen Sie entlang der gelben und orangefarbenen Kontur mit einem Spatel Schwarz und Braun ein. Mit Schwarz und Braun auch einige Akzente im Orange setzen. Mit der Heißluftpistole die dunklen Farben in das Weiß verblasen. Halten Sie dabei das Gerät schräg und flach und schieben Sie die Farben in kurzen gleitenden Bewegungen vor sich her. Überhitzen Sie die Oberfläche nicht, da sich das Resin dann nicht mehr von selbst nivelliert und unschöne Dellen hinterlässt, die den Charakter des Bildes zerstören.

3. Sprühen Sie vorsichtig und sparsam etwas Silikonspray entlang der dunklen Konturen. Damit erzeugen Sie Zellen an den Farbübergängen.

4. Nachdem das Bild durchgehärtet ist, mit Silikonentferner oder Alkohol die Oberfläche vom Silikonfilm entfetten. Abschließend den Holzrahmen mit passender Acrylfarbe oder Buntlack in Weiß, Schwarz oder Orange bemalen.

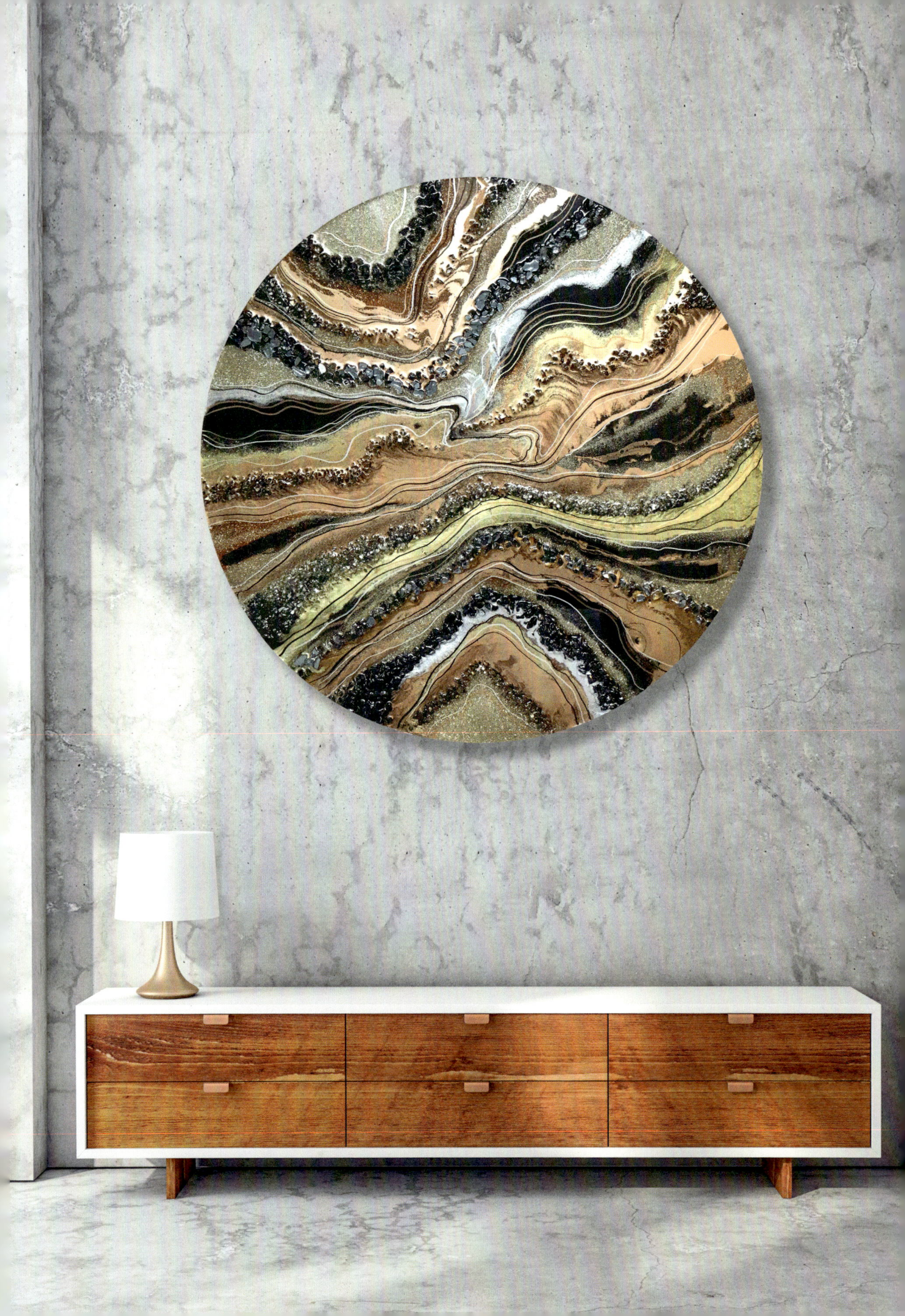

ODYSSEE

Material:
Holzmalgrund (rund, 60 cm Durchmesser)
Gesso in Schwarz
Schaumstoffwalze oder breiter weicher Pinsel
Silikon
Silikonspritze
Kristall-Dekosteine
Precision Mask TESA (Klebeband)
850 g Resin Pro Deluxe: 500 g Harz (A), 350 g Härter (B)
Bronzepulver in Gold, Silber und Kupfer (z.B. Guardi)
Resi-Tint MAX Blackout
Goldflitter
Heißluftpistole
Eddings in Schwarz und Metallic

1. Das Holzboard und die Außenkanten mit einer Schaumstoffwalze oder einem breiten weichen Pinsel mit schwarzem Gesso grundieren. Falls nötig, noch einmal wiederholen.

2. Damit die Dekosteine im Resin nicht nach oben „schwimmen", habe ich diese vorher fixiert. Sie können dazu transparentes Strukturgel aus der Acrylmalerei oder Silikon verwenden. Wegen der schnelleren Trockenzeit bevorzuge ich Silikon. Tragen Sie mit der Silikonspritze eine dicke Linie auf und drücken Sie die Steine in die Masse. Bei diesem Ornament können Sie beliebig viele Linien in unterschiedlichen Formen anordnen. Trocknen lassen und die Außenkante des Holzboards mit dem Klebeband so abkleben, dass ein erhöhter Rand entsteht, der über die Malfläche hinausragt.

3. In einem großen Mischbecher 500 g Harz (A) mit 350 g Härter (B) 3 Minuten langsam anrühren und danach in mehrere kleinere Becher füllen. Mischen Sie Gold- und Silberbronzepulver, Kupfer, Schwarz und Goldflitter in die Becher. Behalten Sie etwas klares Resin zurück und übergießen Sie damit alle Dekosteine.

4. Gießen Sie nun alle vorbereiteten Farben abwechselnd nacheinander entlang der Steine auf. Danach mit der Heißluftpistole nur kurz die Oberfläche erhitzen, damit noch bestehende Bläschen platzen. Nach 3–4 Stunden das Klebeband vorsichtig entfernen.

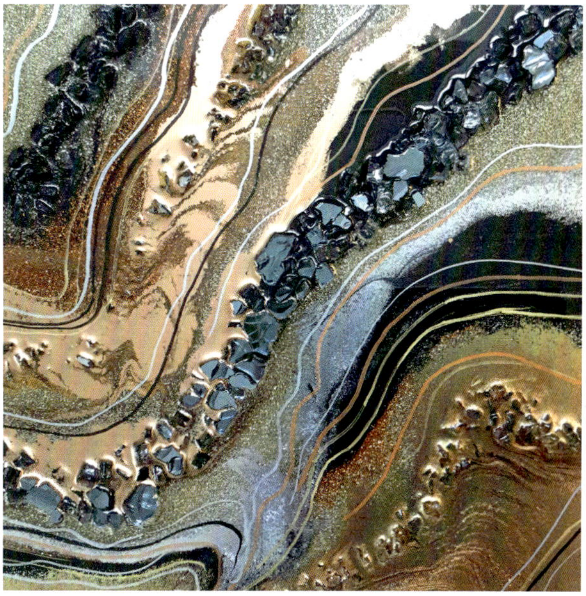

5. Nachdem das Bild durchgehärtet ist, nötigenfalls den Außenrand mit schwarzer Acrylfarbe oder Buntlack bemalen. Mit Edding in Gold, Kupfer, Schwarz und Silber können noch feine Linien eingezogen werden. Folgen Sie dabei den Formen der aufgebrachten Dekosteine.

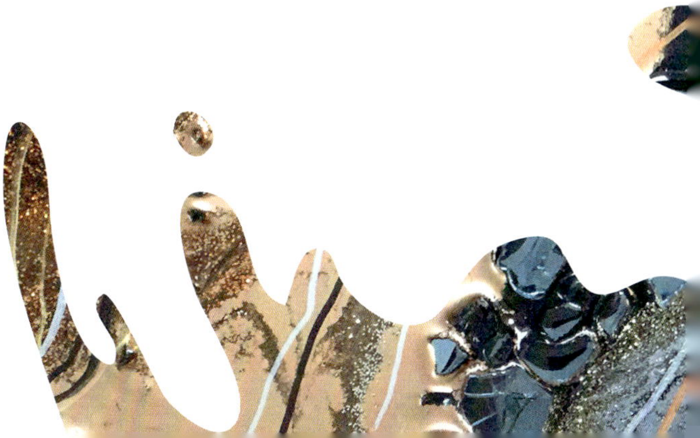

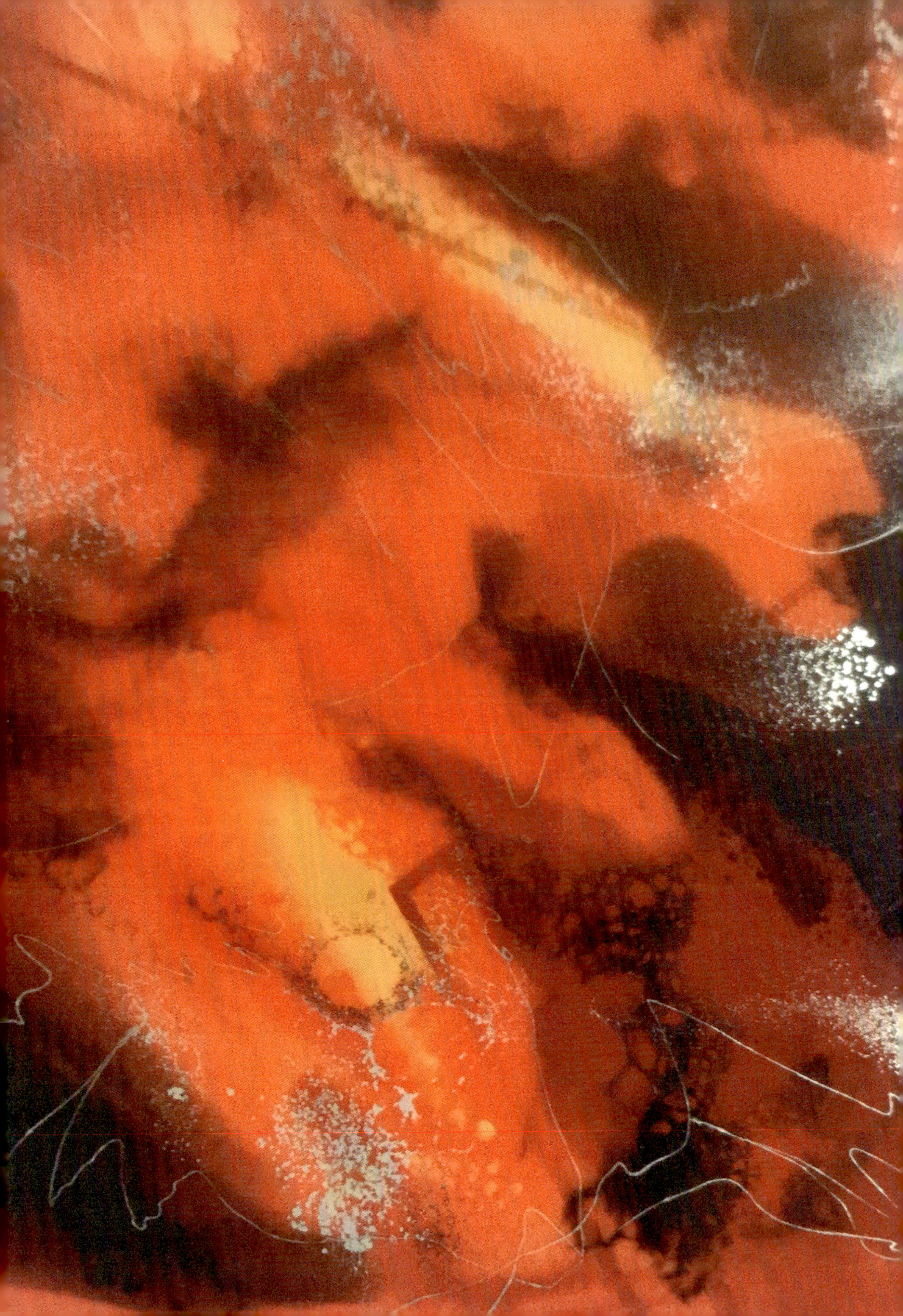

SOLO ROSSO

Material:
Holzmalgrund (60 x 60 cm)
Gesso in Weiß
Schaumstoffwalze oder breiter weicher Pinsel
Precision Mask TESA (Klebeband)
Farbspray in Dunkelrot und Gelb
1275 g Resin Pro Deluxe: 750 g Harz (A), 525 g Härter (B)
Resi-Tint MAX Boston Brown, Blackout und Classic Red
Resi-Tint Flame Orange
Bronzepulver in Gold (z.B. Resin Pro SAHARA)
Heißluftpistole
schwarzer Flitter
Synthetik-Rundpinsel
Silikonspray
Spatel

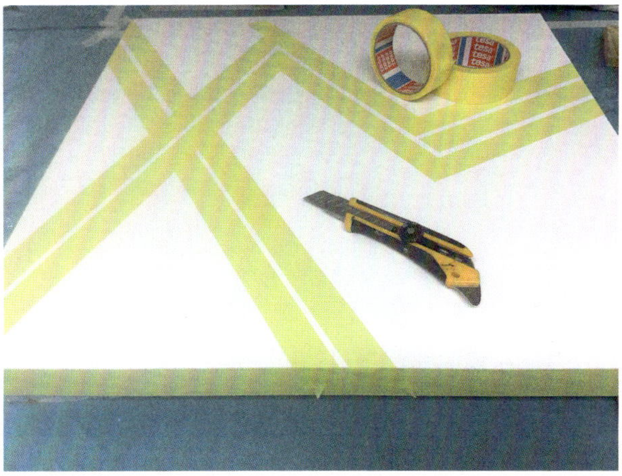

Die Transparenz des Epoxidharzes kann man auch gezielt einsetzen, um mehr Spannung zu erzeugen. Experimentieren Sie mit Schablonen, Klebeband und Farbsprays. Sprayen Sie Buchstaben, Zahlen oder Muster direkt auf den Malträger, bevor Sie gießen.

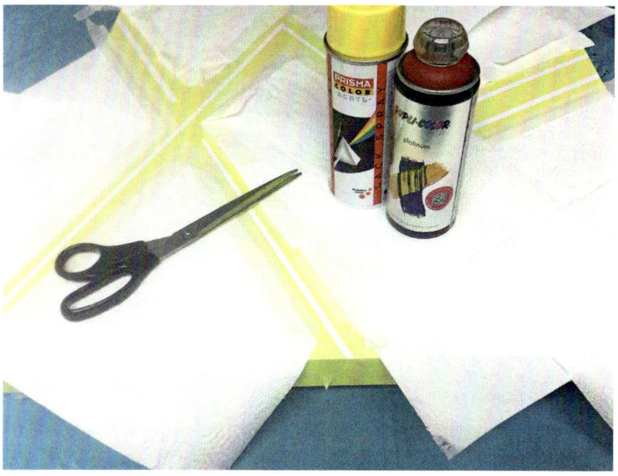

1. Den Holzmalgrund und die Außenkanten mit einer Schaumstoffwalze oder einem Pinsel mit Gesso grundieren. Ist die Maserung noch zu erkennen, diesen Vorgang noch einmal wiederholen. Den Malgrund auf die Malfläche legen und die unteren äußeren Kanten sorgfältig mit Klebeband abkleben. Die Holzplatte wieder wenden und auch die Außenkanten abkleben. Mit Klebeband einige grafische Elemente gestalten und den Rest der Malfläche abdecken.

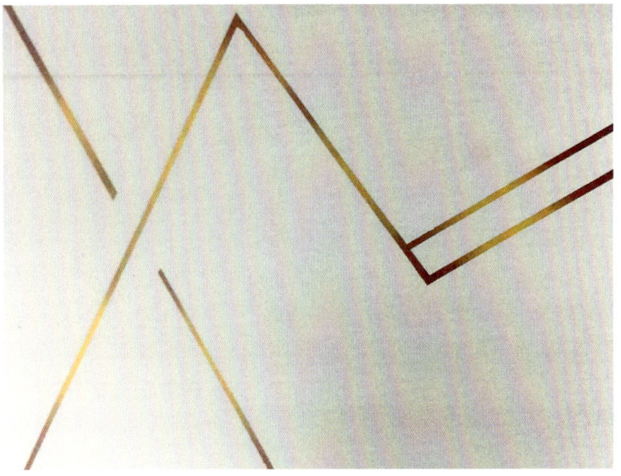

2. Die noch offenen schmalen Linien abwechselnd mit Rot und Gelb besprühen.

3. In zwei großen Mischbechern jeweils 375 g Harz (A) mit 262 g Härter (B) abwechselnd ca. 5–6 Minuten verrühren. In Becher gießen und mit den angegebenen Farben auf S. 77 einfärben. Hierfür das Braun mit etwas Schwarz abdunkeln. Zwei Becher Rot einfärben und das Orange mit Rot abdunkeln. In einen kleinen Becher Resin geben und etwas Goldbronzepulver einrühren.

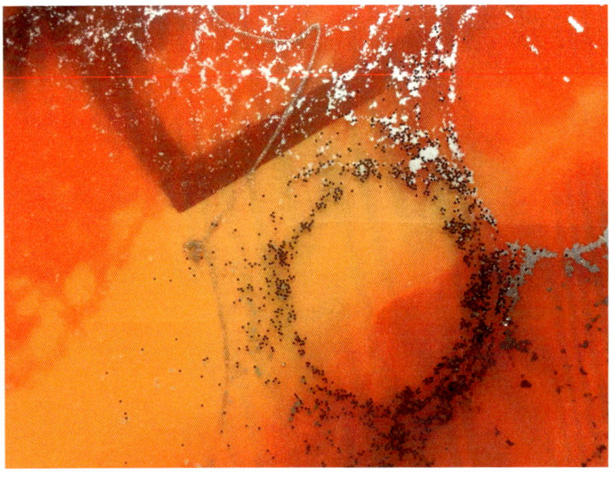

5. Mit einem Synthetik-Rundpinsel etwas schwarzen Flitter aufnehmen und an einigen Stellen aufstäuben. Mit Goldbronzepulver wiederholen. Auf einige Partien ganz sparsam und vorsichtig Silikonspray aufsprühen. Die Oberfläche wieder erhitzen.

4. Das Braun aufgießen und mit der Heißluftpistole erhitzen. Mit den anderen Farben anschließen und diese mit der Heißluftpistole ein wenig ineinander verblasen. Nicht überhitzen!

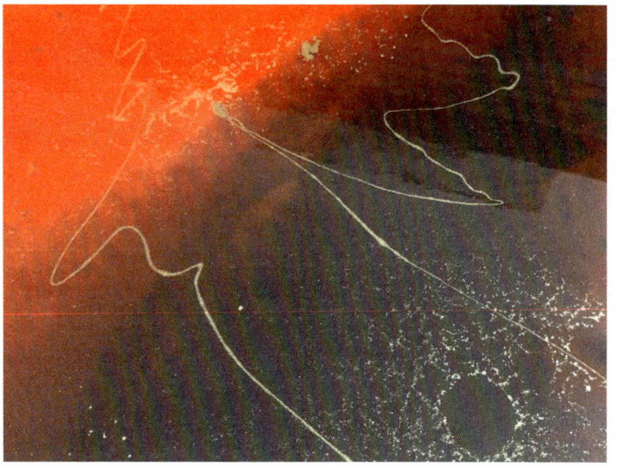

6. Kurz bevor das Resin-Goldbronze-Gemisch zäh wird und ganz abhärtet, mit dem Spatel das Gold entnehmen und willkürlich einige Linien auf das Bild ziehen.

7. Nach 3–4 Stunden das Klebeband vorsichtig ablösen und das Bild trocknen lassen. Ist die Oberfläche durchgehärtet, das Bild mit Silikonreiniger oder Alkohol reinigen. Die Außenkanten mit farblich passender Acryl- oder Lackfarbe bepinseln.

TIPP

Beim Gießen immer darauf achten, dass das Resin wirklich exakt bis an die äußere Bildkante läuft. Notfalls mit dem Spachtel nachkorrigieren.

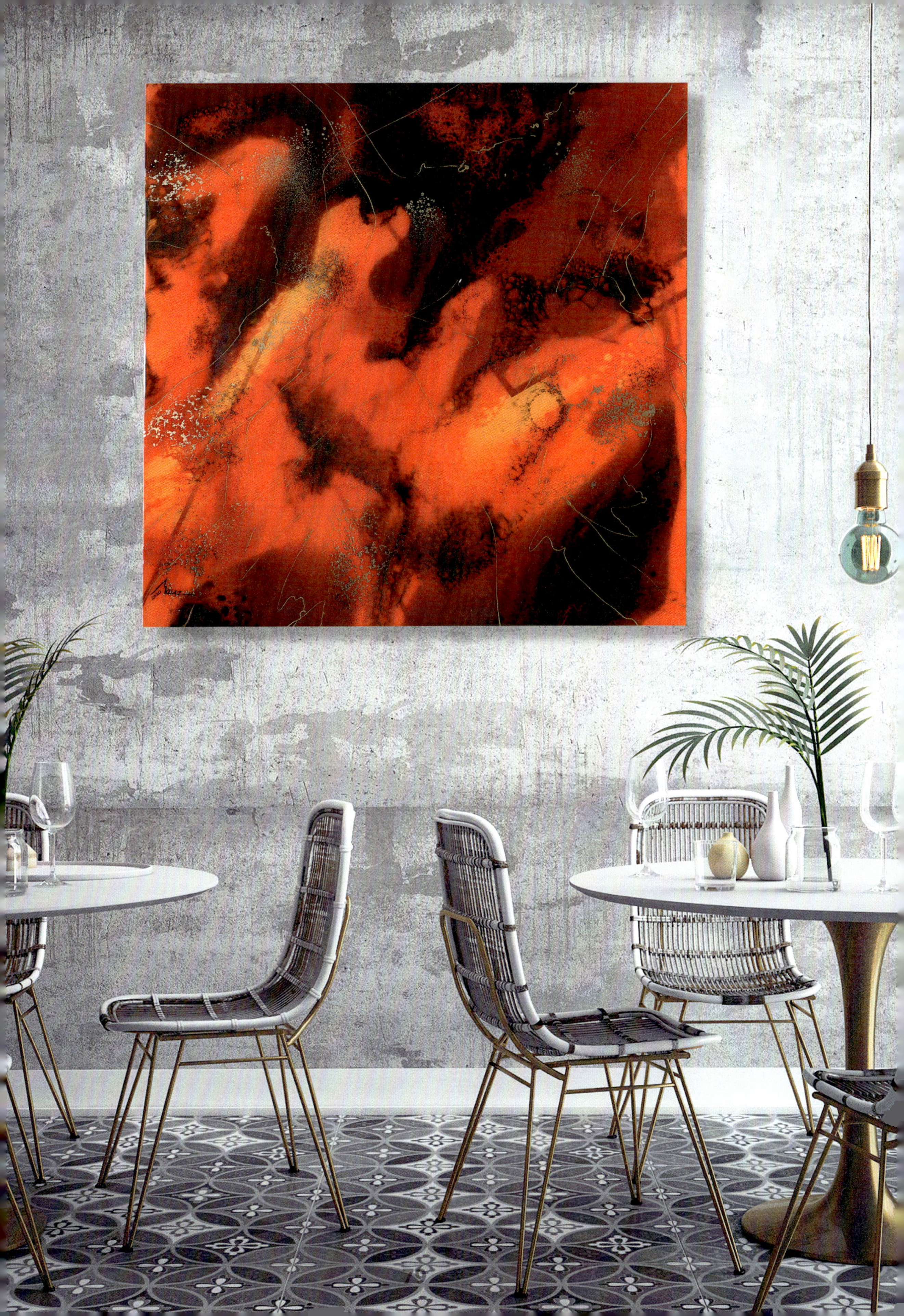

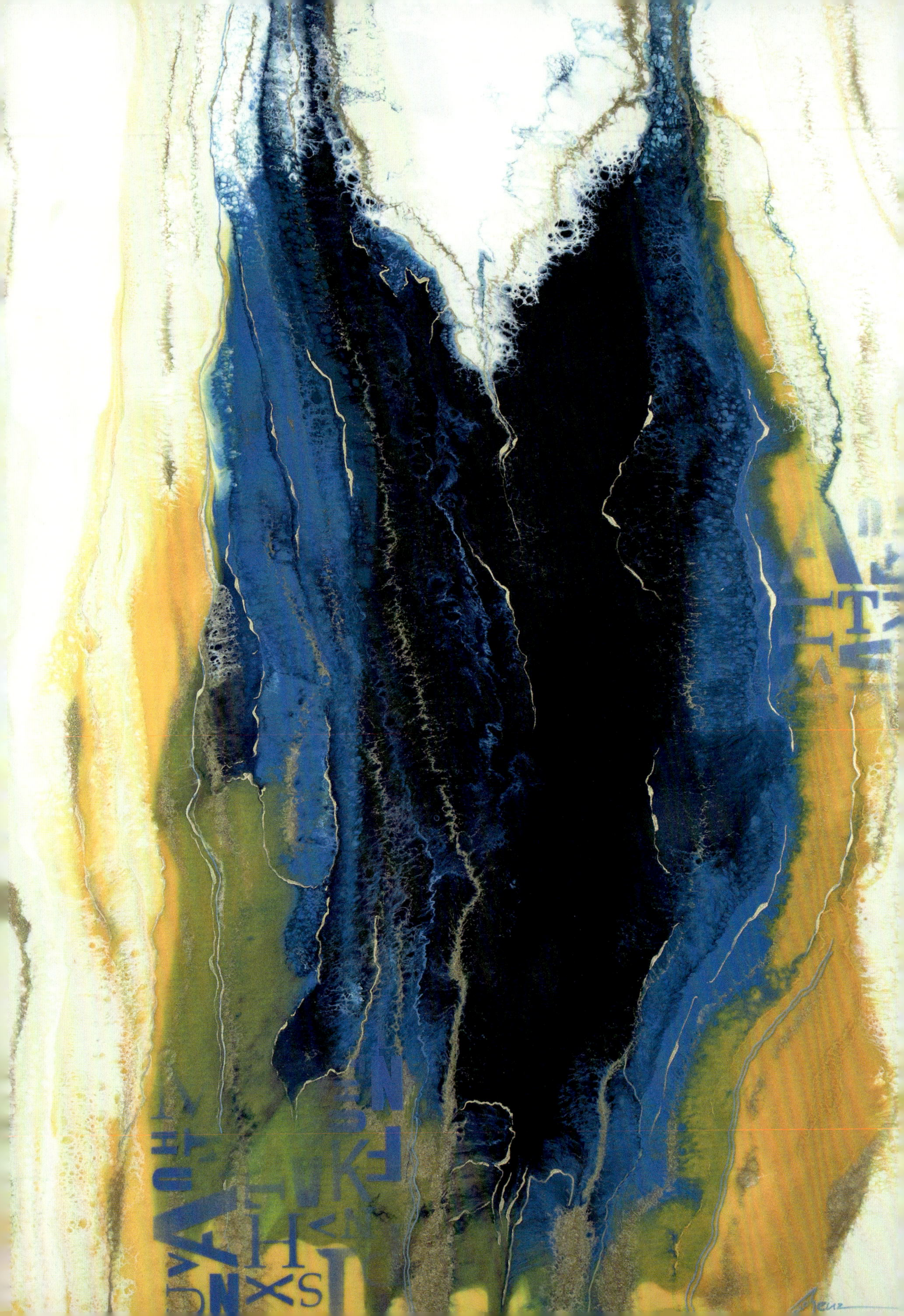

SPURENSUCHE

Material:
Gesso-Malboard (70 x 100 cm)
99,9 %iger Alkohol
Pecision Mask TESA (Klebeband)
Abstandshalter
1700 g Resin Pro Deluxe: 1000 g Harz (A),
700 g Härter (B)
Pigmente in Ultramarin, Türkis hell und dunkel, Petrol,
Weiß und Ocker
Heißluftpistole
Bronzepulver in Gold (z.B. Guardi)
Resi-Blast
Spatel
Silikonspray
Bronzetinktur (z.B. Guardi)
feiner Rundpinsel Gr. 00
Schablonen und farblich passende Farbsprays

Bei diesem Bild habe ich Farbpigmente zum Einfärben verwendet. Da diese von sehr krümeliger unregelmäßiger Konsistenz sind, müssen sie zuerst in einem Becher mit ein wenig Alkohol angelöst werden. Es ist immer ein Experiment, auch mit anderen Materialien zu arbeiten. Sie können selbstverständlich auch Resin-Farben benutzen.

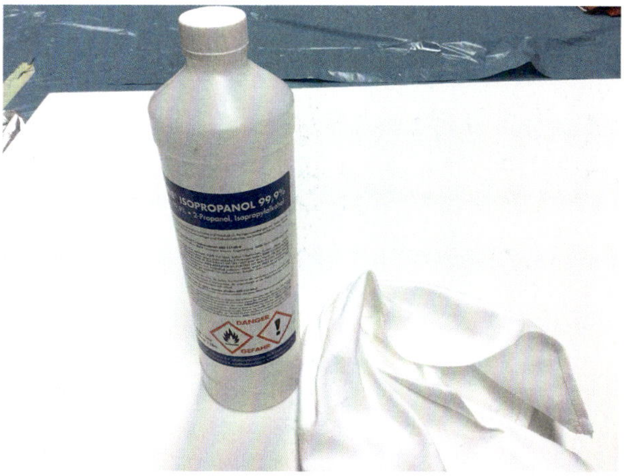

1. Den Malgrund und die Außenkanten mit Alkohol reinigen und entfetten.

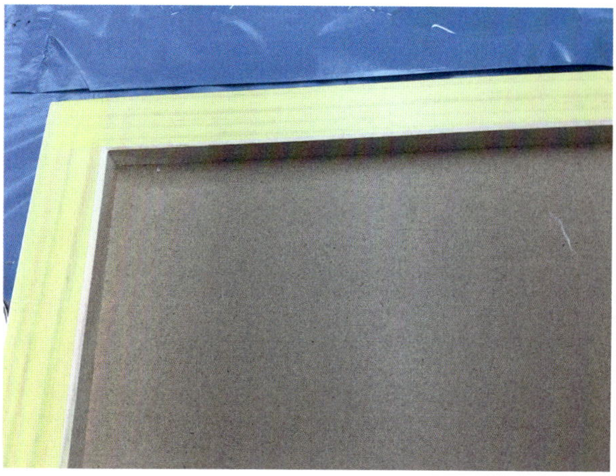

2. Die Unterseite der Platte sorgfältig abkleben und das Board auf Abstandshalter legen. Kontrollieren, ob der Malgrund exakt waagerecht liegt.

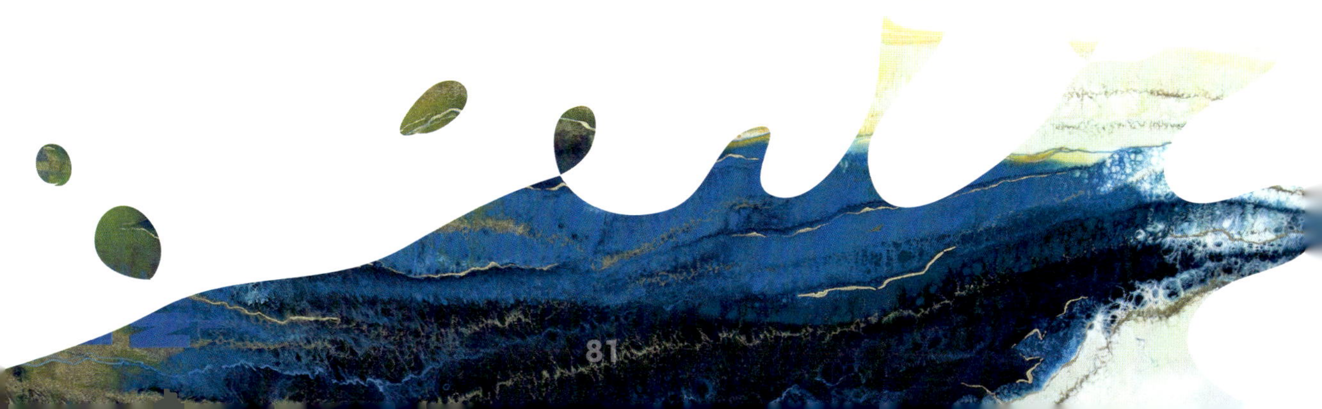

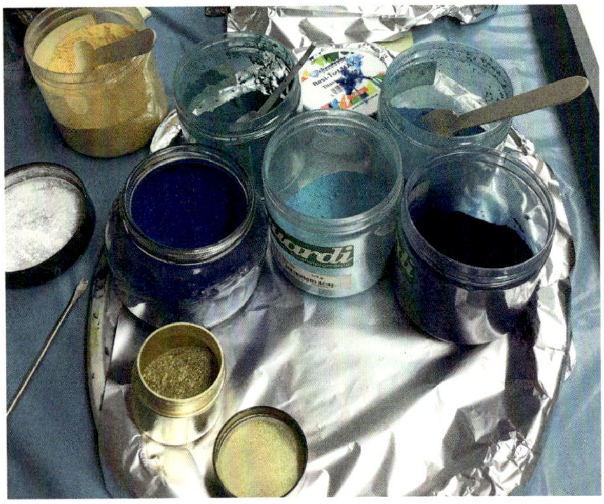

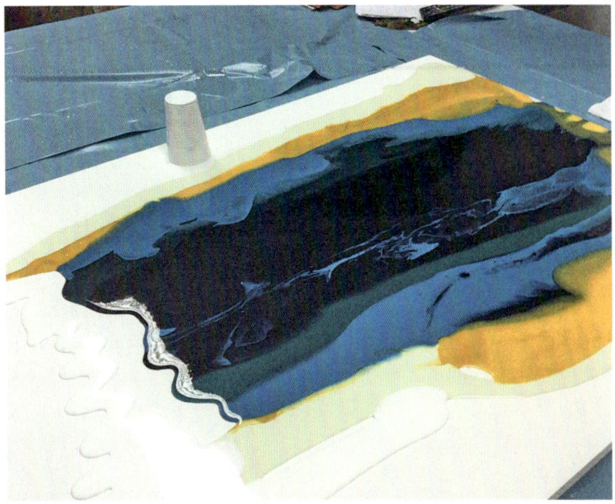

3. Wenn Sie alle Pigmente, die Sie im Bild einsetzen wollen, vorbereitet haben, kann das Resin gemischt werden. Füllen Sie hierfür zwei große Mischbecher mit jeweils 500 g Harz (A) und 350 g Härter (B). Mischen Sie das Harz abwechselnd insgesamt ca. 4 Minuten. Danach in die vorbereiteten Becher füllen und die Farben einrühren.

4. Zügig die dunkle Farbe mittig aufgießen und mit Ocker anschließen. Auch die weiteren Türkistöne auftragen. Mit der Heißluftpistole erhitzen und das Bild leicht hochkant kippen. Beige und Weiß zum Bildrand hin auftragen. Zum Verteilen können auch die behandschuhten Finger zu Hilfe genommen werden.

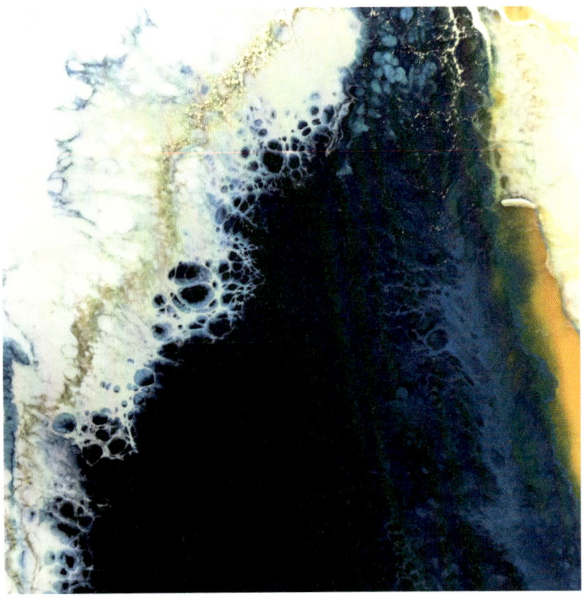

5. Einen Becher zu einem Viertel mit Resin füllen und Goldpulver einrühren, einige Tropfen Resi-Blast hinzufügen und mit einem Spatel Linien einziehen. Wieder erhitzen. Mit Silikonspray sparsam einige Akzente setzen. Mit den Fingern das herablaufende Resin an der Unterkante abstreifen. Dies sollte gelegentlich wiederholt werden, bis das Harz nicht mehr läuft.

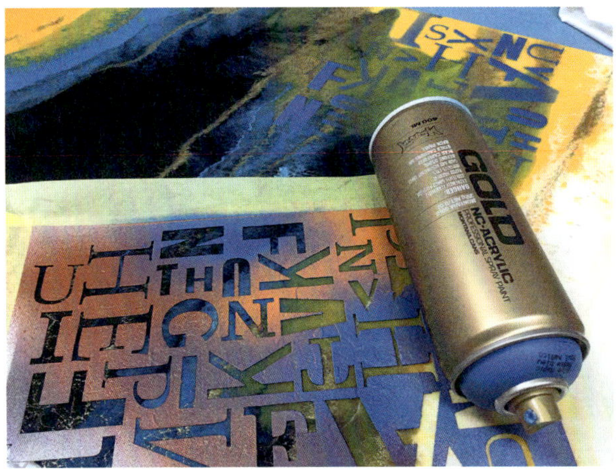

6. Wenn das Resin abgehärtet ist, das Klebeband vorsichtig von der Rückseite der Platte abziehen. Auf Wunsch können mit einem Eddingstift noch Linien eingezogen werden. Mischen Sie in einem Döschen Bronzetinktur mit Bronzepulver in Gold. Mit einem feinen Rundpinsel die flüssige Bronze aufnehmen und ungleichmäßige Linien aufmalen. Dabei der Form des Motivs folgen. Auf Wunsch können auch noch Schablonen (Zahlen, Buchstaben, Muster) aufgelegt und mit Farbsprays besprüht werden. Vor dem Sprühen die restliche Fläche gut abdecken.

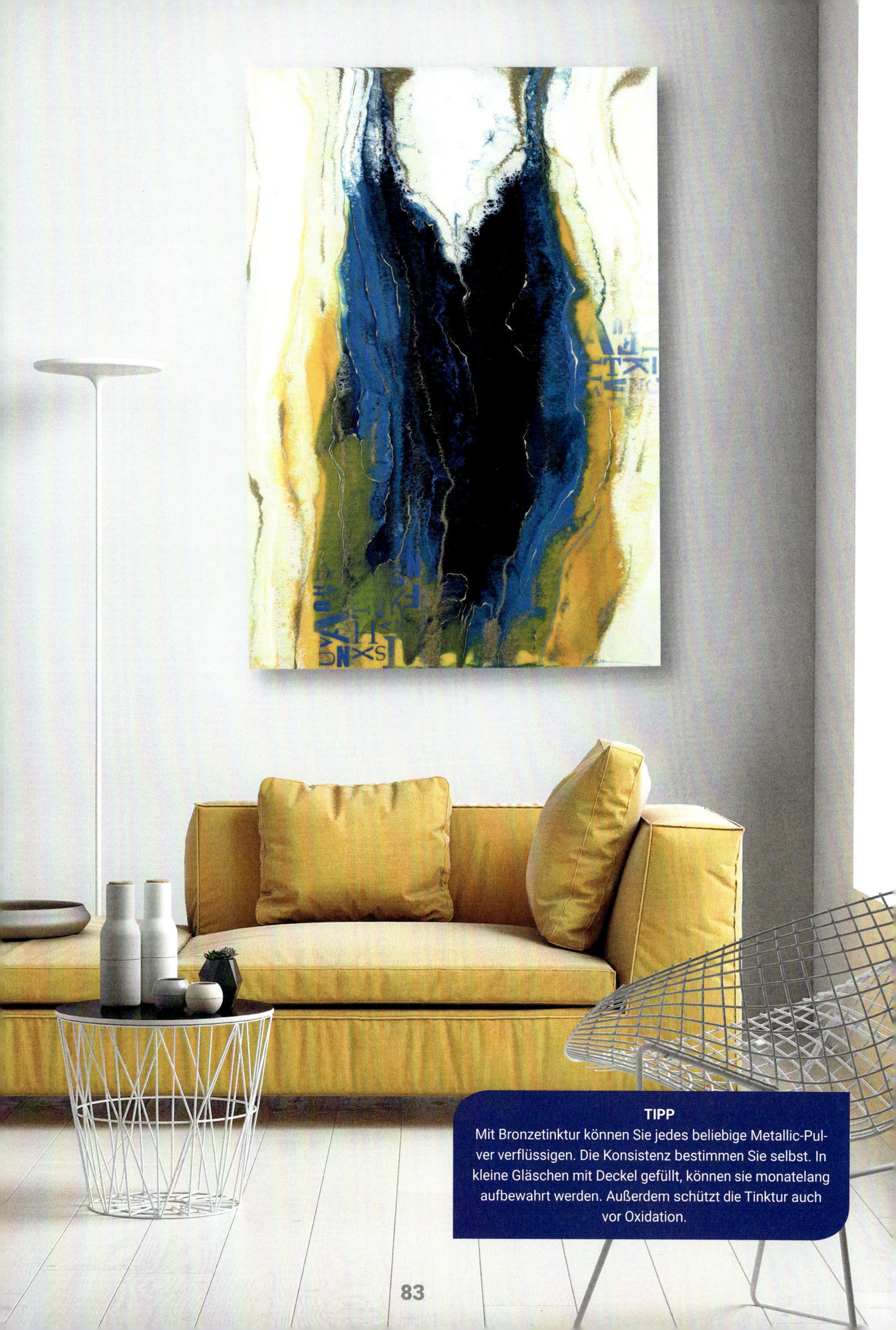

TIPP

Mit Bronzetinktur können Sie jedes beliebige Metallic-Pulver verflüssigen. Die Konsistenz bestimmen Sie selbst. In kleine Gläschen mit Deckel gefüllt, können sie monatelang aufbewahrt werden. Außerdem schützt die Tinktur auch vor Oxidation.

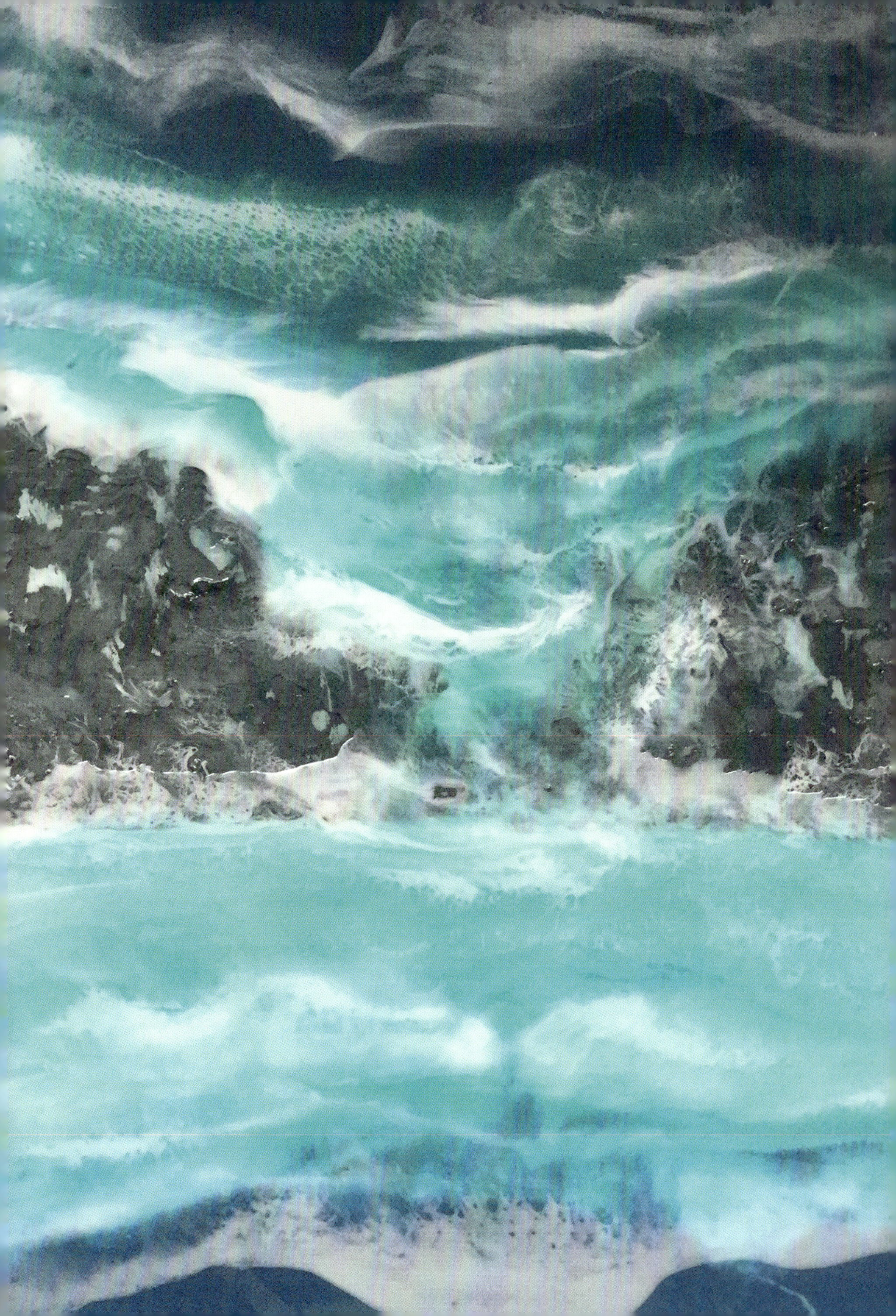

TOBAGO

Material:
Gesso-Board (70 x 100 cm)
Resi-Crete (Ocean Blue)
Acrylbinder oder Acrylemulsion
Precision Mask TESA (Klebeband)
Abstandshalter
2040 g Resin Pro Deluxe: 1200 g Harz (A),
840 g Härter (B)
Resi-Tint Turquoise und Light Grey
Resi-Tint MAX Azure Blue, Blackout und Titanum White
Heißluftpistole
Spachtel
Resi-Blast
Spatel

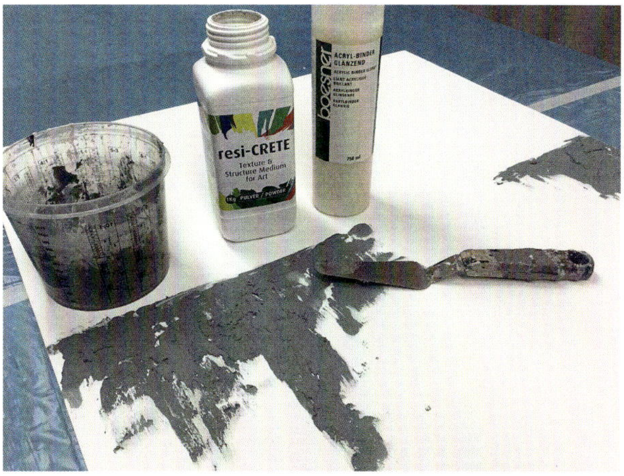

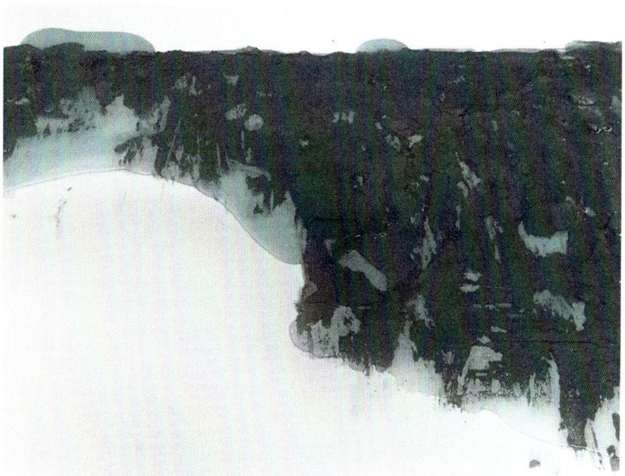

1. Resi Crete in einem Behälter unter Zugabe von Acrylbinder oder Emulsion mit einem Spachtel zu einer sehr zähen Masse verrühren. Die Strukturpaste mit einem Spachtel an beliebigen Stellen aufspachteln. Trocknen lassen. Die Trockenzeit kann mit einem Haarföhn beschleunigt werden.

2. Die Außenkanten des Gesso-Boards bündig mit einem breiten Klebeband abkleben und das überstehende Band nach unten innen drücken. Die Platte auf Abstandshalter legen und die Waagerechte überprüfen.

3. In zwei großen Mischbechern jeweils 600 g Harz (A) mit 420 g Härter (B) abwechselnd 6 Minuten gründlich mischen und in Becher füllen. In einen Becher nur 2–3 Tropfen Türkis geben, die Farbe soll noch transparent sein. Mit dieser Farbe die Strukturen übergießen. Dazwischen auch etwas klares Resin aufgießen. Mit der Heißluftpistole die Oberfläche leicht erwärmen.

4. Das Azurblau mit ganz wenig Schwarz etwas abdunkeln. Das Türkis durch mehr Farbzugabe intensivieren und die Farben nacheinander auftragen. Auch transparentes Türkis kann zwischendurch wieder aufgegossen werden. Variieren Sie die Farben und erhitzen Sie die Oberfläche zwischendurch mäßig mit Heißluft.

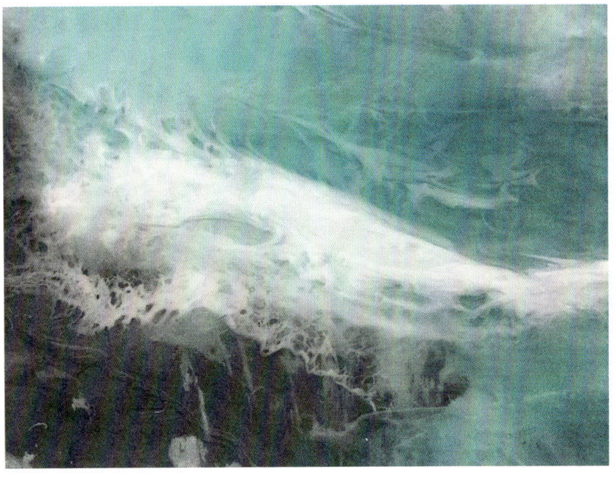

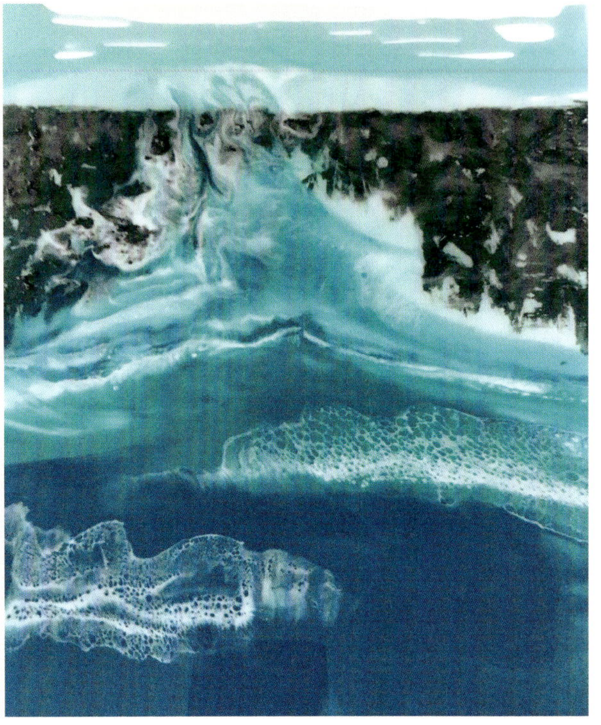

5. Weiß in einen kleinen Becher geben und einige Tropfen Resi-Blast einrühren. Mit einem Spatel entnehmen und damit Akzente setzen. Diese mit Heißluft verblasen. Nach dem Trocknen das Klebeband langsam entfernen.

Dieses Bild hat mich nach dem ersten Resinauftrag nicht zufriedenen gestellt, deshalb habe ich mich am nächsten Tag entschlossen, noch eine Schicht zu gießen. Hierfür das Malboard noch einmal abkleben.

6. Für die zweite Schicht in zwei große Mischbecher jeweils 400 g Harz (A) und 280 g Härter (B) geben, insgesamt 1360 g. Abwechselnd 6 Minuten mischen. Ich habe nur noch Weiß und sehr transparentes Türkis verwendet. Den unteren dunklen Streifen habe ich ausgespart, ebenso den größten Teil der Strukturen. Ansonsten habe ich das Türkis und Weiß abwechselnd aufgetragen, mit einem Spatel etwas verzogen und die Farben mit der Heißluftpistole ineinander verblasen. Nach 2–3 Stunden das Klebeband vorsichtig ablösen und den Außenrand mit farblich passender Acrylfarbe bemalen.

TIPP

Wenn die erste Resin-Schicht beim zweiten Auftrag noch nicht komplett durchgehärtet ist, die Heißluftpistole nur sparsam und sehr flächig einsetzen, da es sonst zu Verklumpungen und Dellen kommen kann. Die einfachste Methode ist, mit der Heißluftpistole mit Abstand fächelnd und großflächig über die Oberfläche zu blasen.

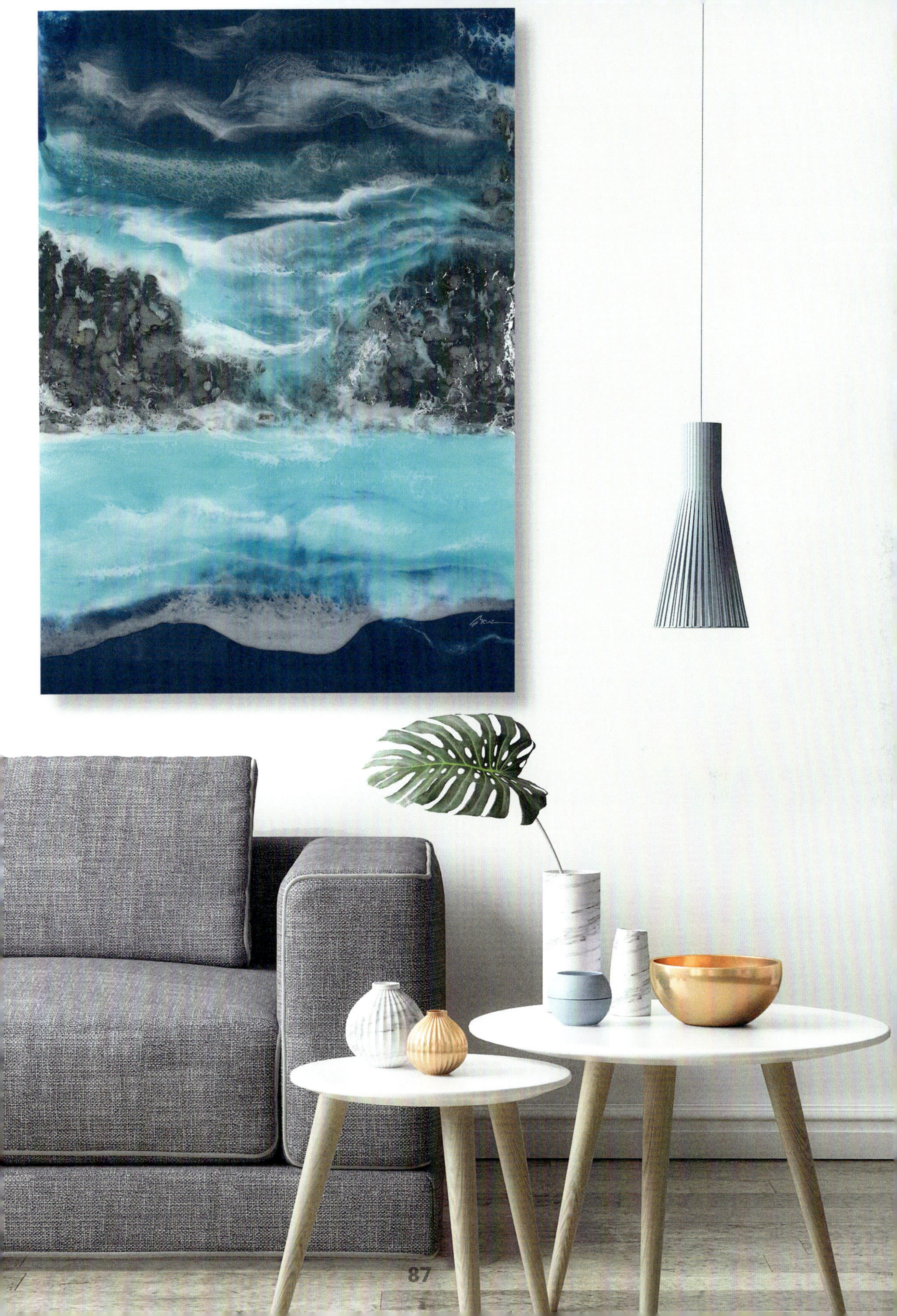

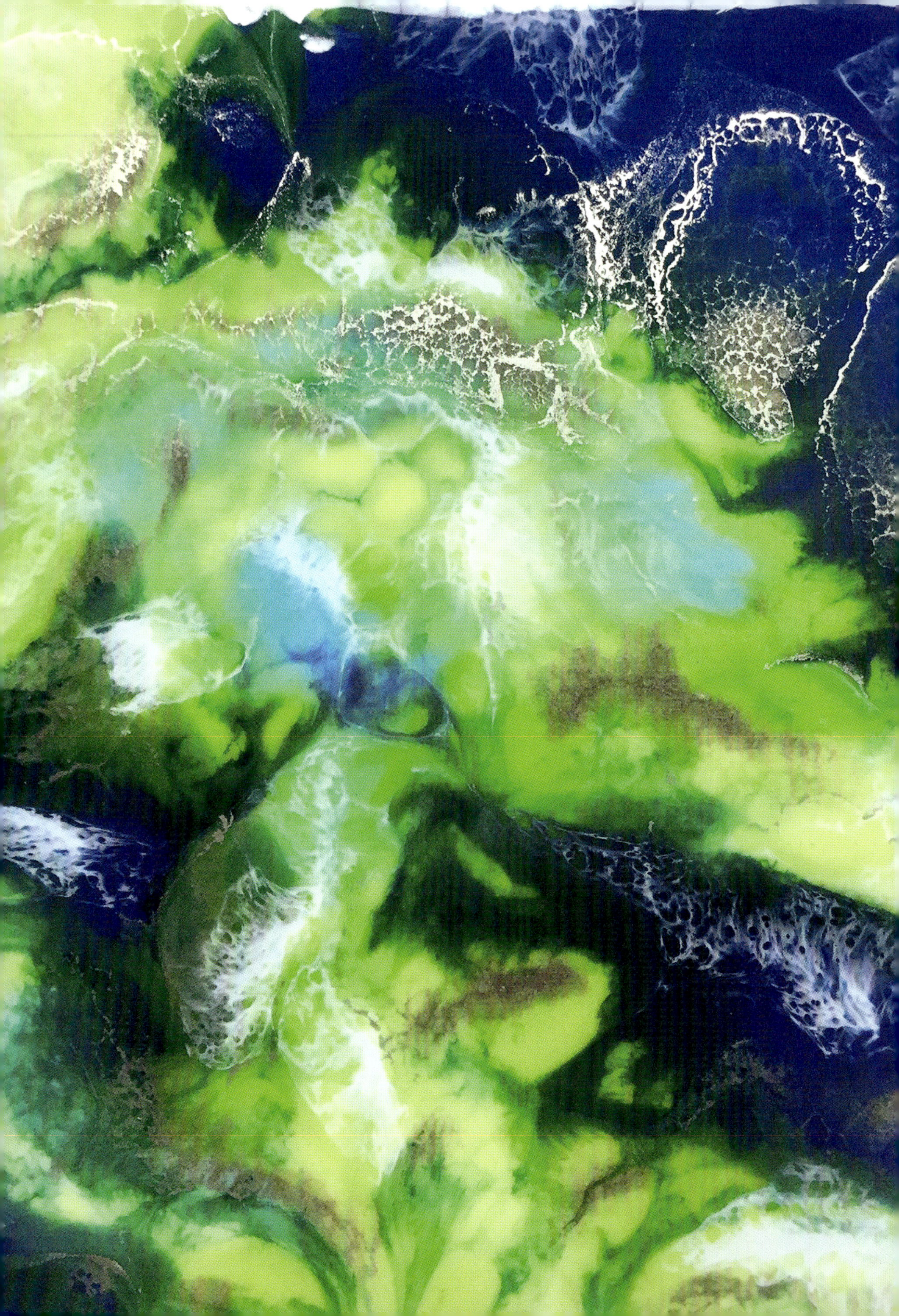

VARIATION

Material:
Holzmalgrund (60 x 60 cm)
Gesso in Weiß
Schaumstoffwalze oder breiter weicher Pinsel
Precision Mask TESA (Klebeband)
Abstandshalter
1020 g Resin Pro Deluxe: 600 g Harz (A),
420 g Härter (B)
Resi-Tint MAX Titanum White, Lemon Yellow, Lime Green, Ultramarin
Resi-Tint Turquoise
Resi-Blast
Goldbronzepulver (z.B. Resin Pro SAHARA)
Heißluftpistole
Spatel

1. Den Malgrund und die Außenkanten mit einer Schaumstoffwalze oder einem Pinsel mit Gesso grundieren. Nach dem Trocknen die Holzplatte auf die Malseite legen und die äußeren unteren Kanten abkleben. Die Seitenkanten in Höhe der Holzplatte ebenfalls exakt abkleben. Die Malplatte auf Abstandshalter legen und kontrollieren, ob die Platte gerade liegt.

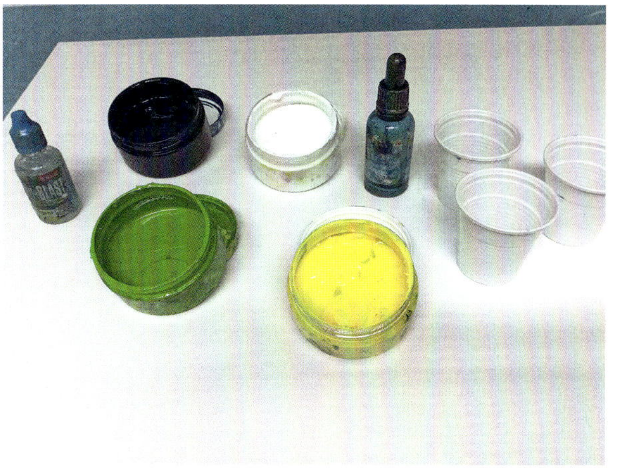

2. 600 g Harz (A) mit 420 g Härter (B) 3–4 Minuten langsam mischen und in Becher füllen. Die oben angegebenen Farben einrühren. Weiß und Gold nur in kleinen Mengen vorbereiten und in jeden dieser Becher 5 Tropfen Resi-Blast mischen.

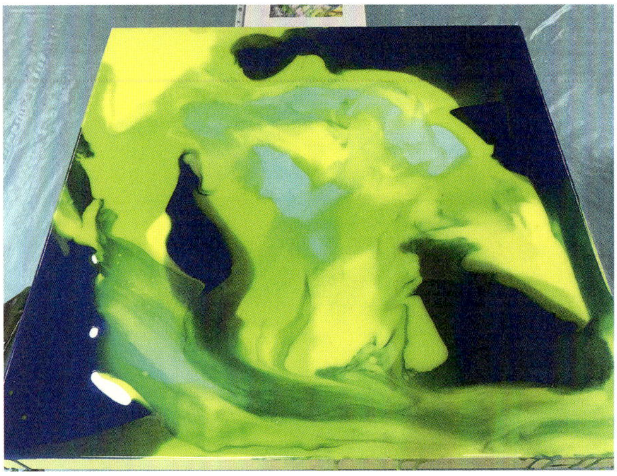

3. Beginnen Sie beim Gießen mit dem dunklen Blau. Danach abwechselnd Grün, Gelb und Türkis aufgießen. Die Oberfläche mit der Heißluftpistole erhitzen und mit einem großen Spatel die Farben ineinander verziehen. Dabei keinen Druck ausüben, sondern nur „darübergleiten“.

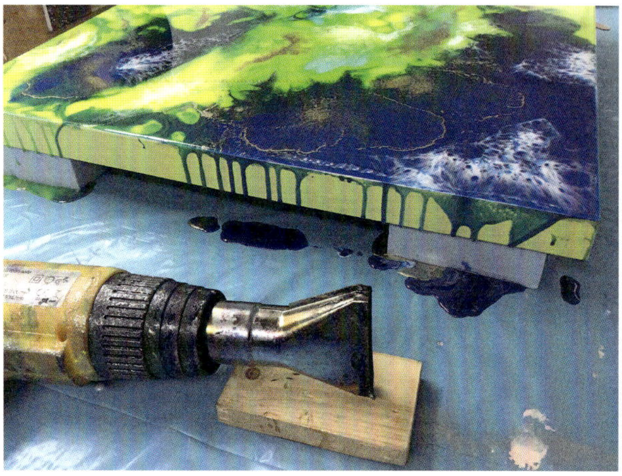

4. Mit einem kleinen Spatel das mit Resi-Blast versetzte Weiß und Gold in Linien auftragen und wieder verblasen. An einigen Stellen Resi-Blast direkt auf die Farben tropfen. Dies zeigt vor allem bei Farbübergängen einen großen Effekt.

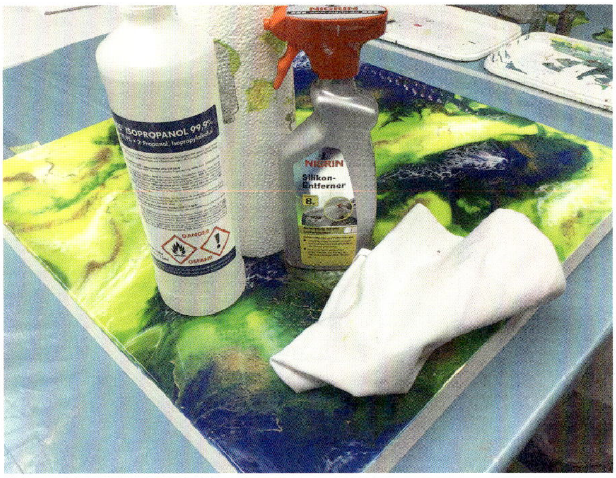

5. Nach 3–4 Stunden die Klebestreifen vorsichtig ablösen. Nachdem das Bild durchgehärtet ist, die Oberfläche gründlich mit Silikonentferner oder Alkohol reinigen und die Außenränder mit passender Acrylfarbe bemalen. Ich habe hierfür ein Kobaltblau gewählt.

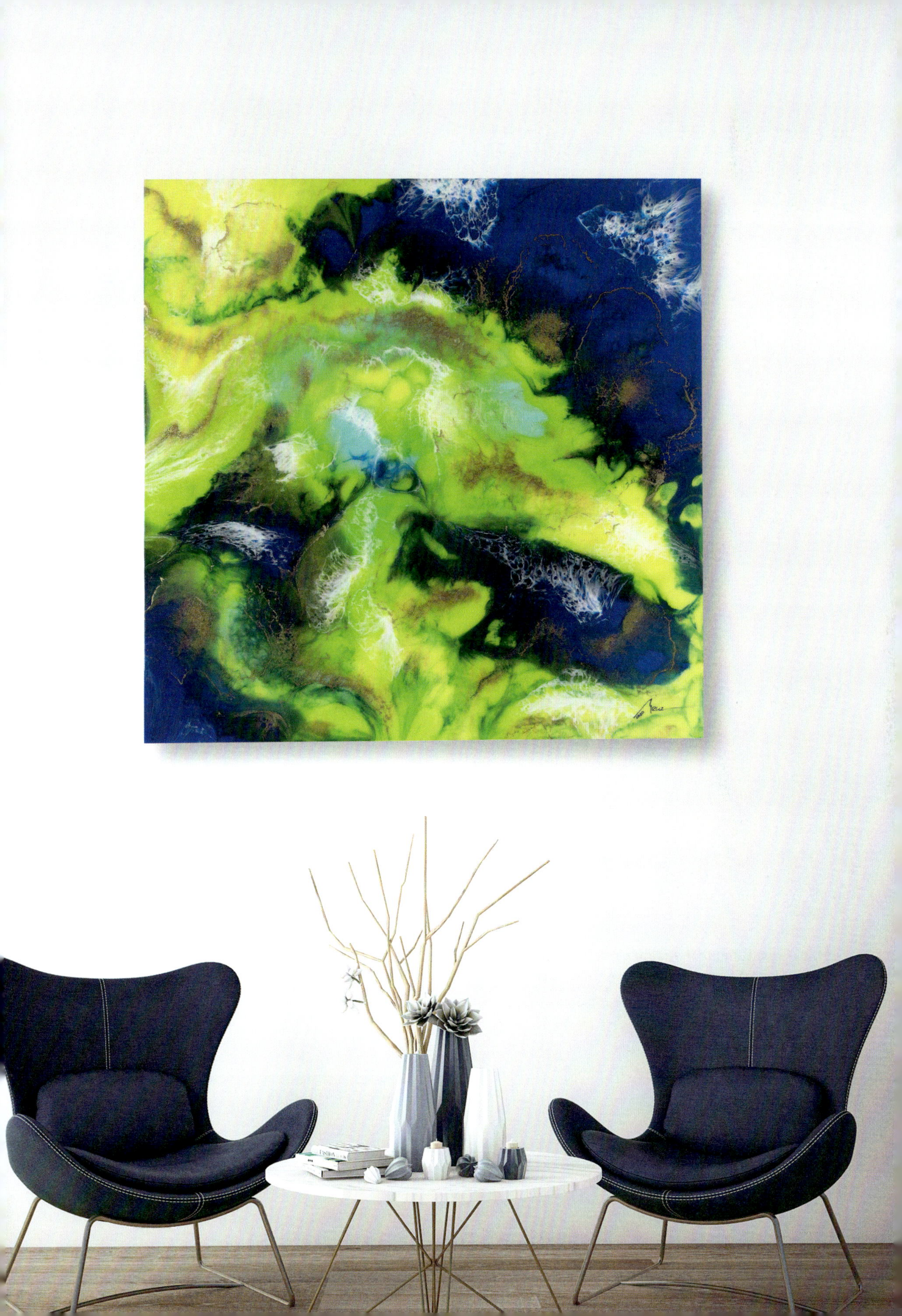

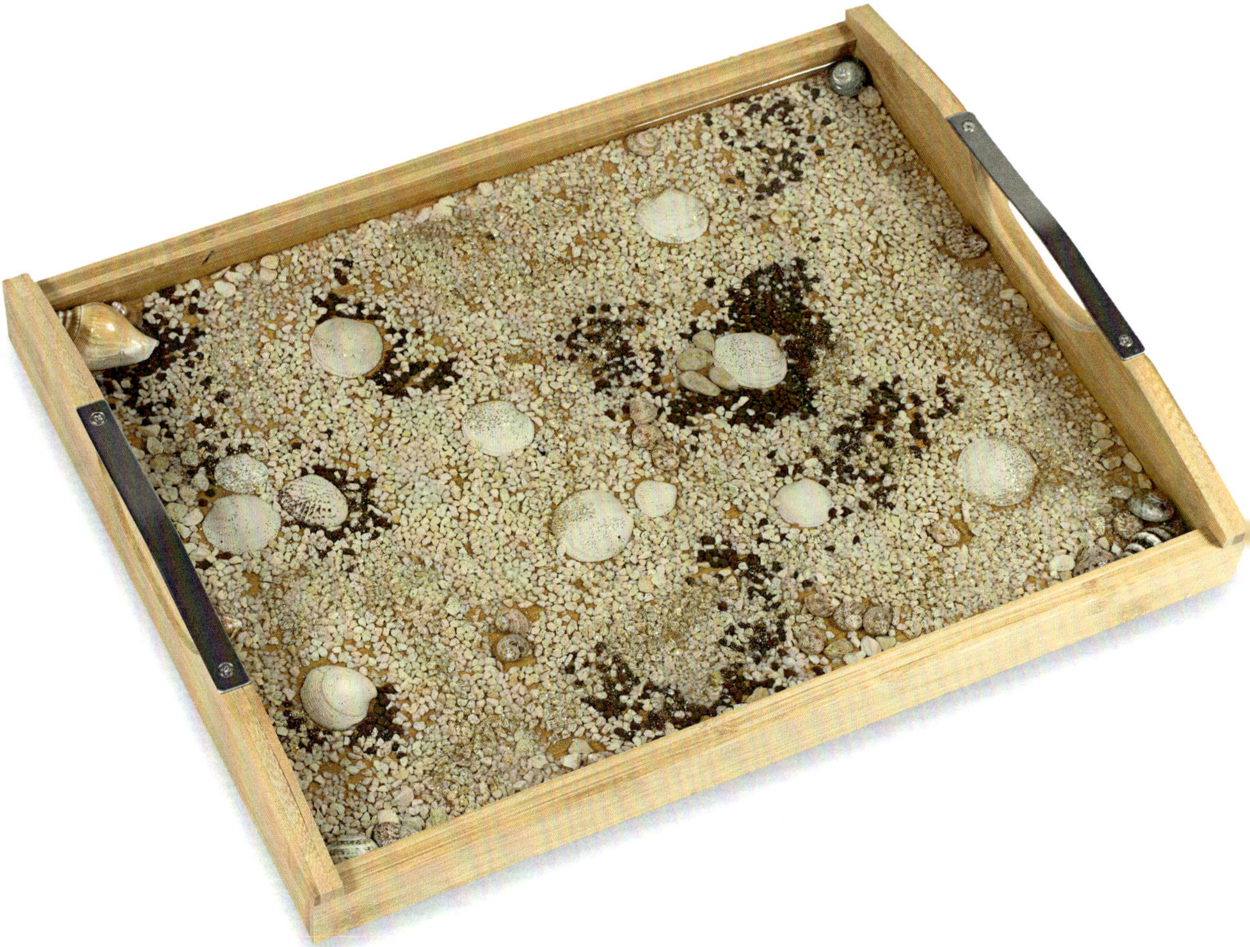

HOLZTABLETT SHELLFISH

Material:
Holztablett (48 x 37 cm, Tablett Newcastle aus Bambus mit Edelstahlgriffen von Amazon)
Precision Mask TESA (Klebeband)
kleine naturfarbene, weiße und braune Dekosteinchen
Muscheln
1360 g Resin Pro Deluxe: 800 g Harz (A), 560 g Härter (B)
Mix aus Gold- und Silberglitter (z.B. Hemwey)
Heißluftpistole

TIPP

Tabletts, in die man Gegenstände eingießt, sind nicht als praktische Helfer gedacht und geeignet. Die dicke Schicht Resin macht das Tablett sehr schwer. Als dekoratives Ablagetablett setzen Sie aber einen sehr wirkungsvollen Akzent in Ihren heimischen vier Wänden.

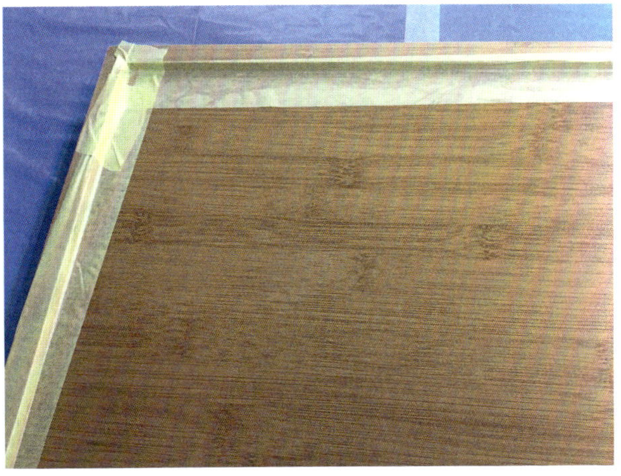

1. Obwohl Holztabletts immer einen sehr soliden Eindruck machen, ist es sinnvoll, diese vor dem Gießen des Resins auf der Rückseite mit einem guten Klebeband abzudichten. Sollte sich doch einmal eine undichte Stelle finden, stoppen Sie dadurch weiteres Auslaufen.

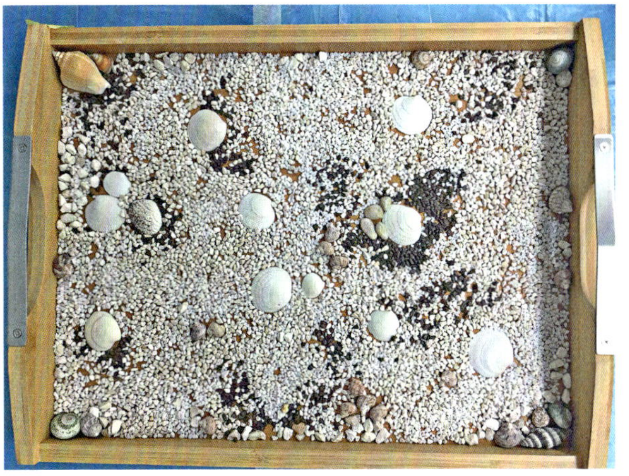

2. Das Tablett auf eine gerade Fläche stellen. Dekosteinchen in verschiedenen Farben aufschütten und gleichmäßig verteilen. Dazwischen einzelne Muscheln anordnen. Achten Sie darauf, möglichst flache Muscheln zu verwenden, denn umso höher die Muscheln, desto höher muss gegossen werden. In den Ecken, wo keine Stellfläche ist, können auch größere Objekte gesetzt werden.

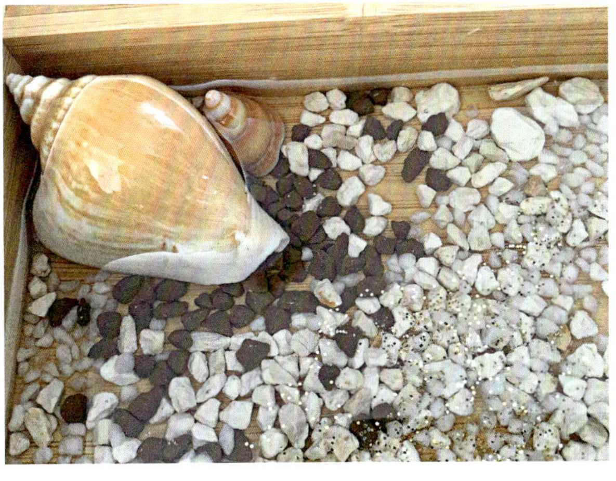

3. In zwei großen Mischbechern jeweils 400 g Harz (A) mit 280 g Härter (B) abwechselnd 6 Minuten gründlich mischen und in Becher füllen. In einen der Becher etwas Gold- und Silberglitter-Mix einrühren. Das klare Resin nach und nach langsam aufgießen und darauf achten, dass das Harz gleichmäßig bis an den Tablettrand läuft. Alle Steine und Muscheln sollten komplett mit Resin überzogen sein. Zwischendurch die Oberfläche nur ganz kurz mit der Heißluftpistole erhitzen. An einigen Partien das Gold-Silber-Gemisch aufgießen und wieder kurz erhitzen, damit die Bläschen platzen.

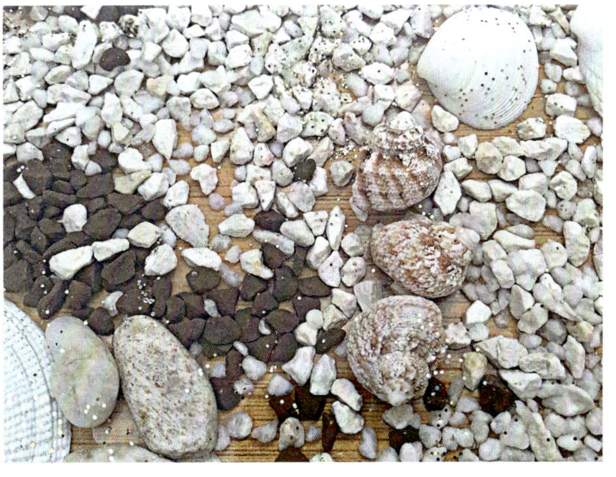

4. Die Oberfläche des Tabletts sollte vollkommen glatt und ohne Unebenheiten sein, damit Gegenstände abgestellt werden können. Sollte das Tablett nicht ganz plan und glatt sein, können Sie am nächsten Tag eine weitere Schicht klares Resin aufgießen. Damit beseitigen Sie nicht nur Unebenheiten, sondern verleihen noch eine besondere Tiefe. Wie viel Sie benötigen, hängt letztlich von der Höhe der Objekte ab, die Sie eingießen.

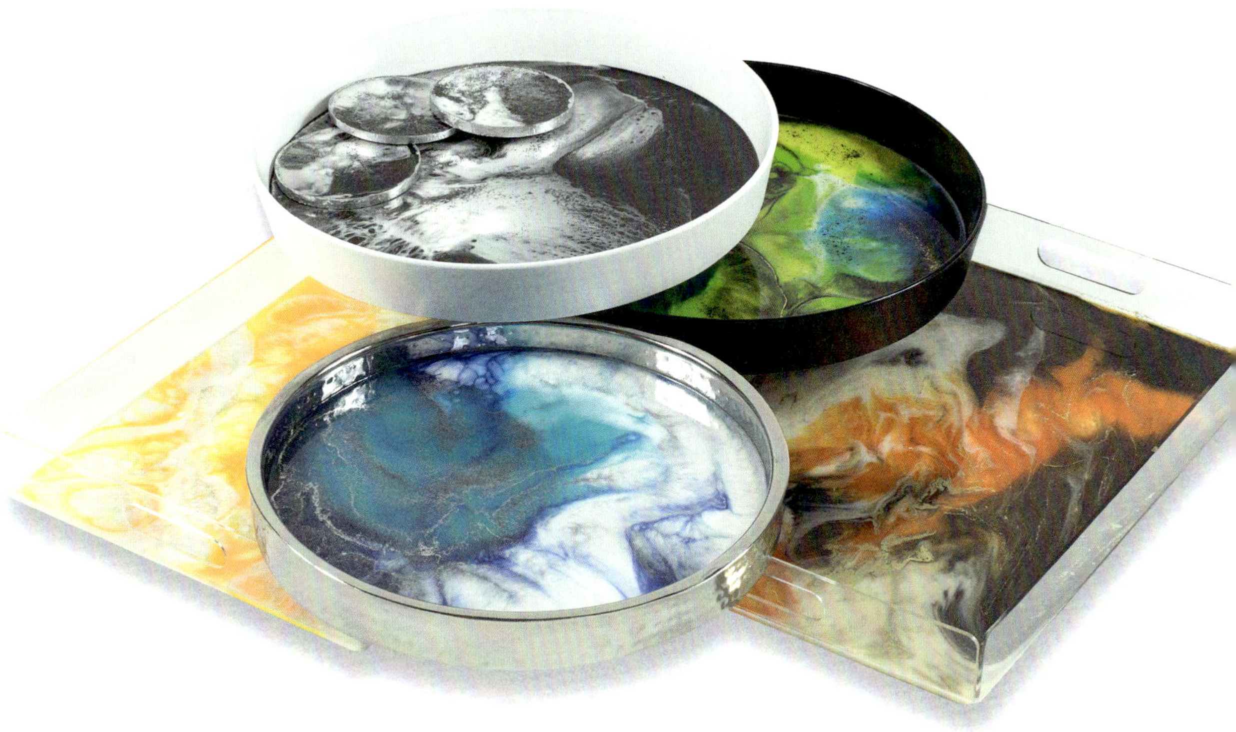

TABLETT BLACK AND WHITE MIT SECHS UNTERSETZERN

Material:
weißes rundes Kunststofftablett (35 cm Durchmesser, Amazon)
6 runde Silikonformen für die Untersetzer
99,9 %iger Alkohol
680 g Resin Pro Deluxe: 400 g Harz (A), 280 g Härter (B)
Resi-Tint MAX Titanum White und Blackout
Bronzepulver in Silber (z.B. Resin Pro SAHARA)
Resi-Blast
Spatel
Rundpinsel
schwarzer und weißer Flitter (z.B. Hemwey)
Silberbronze zum Bemalen der Ränder

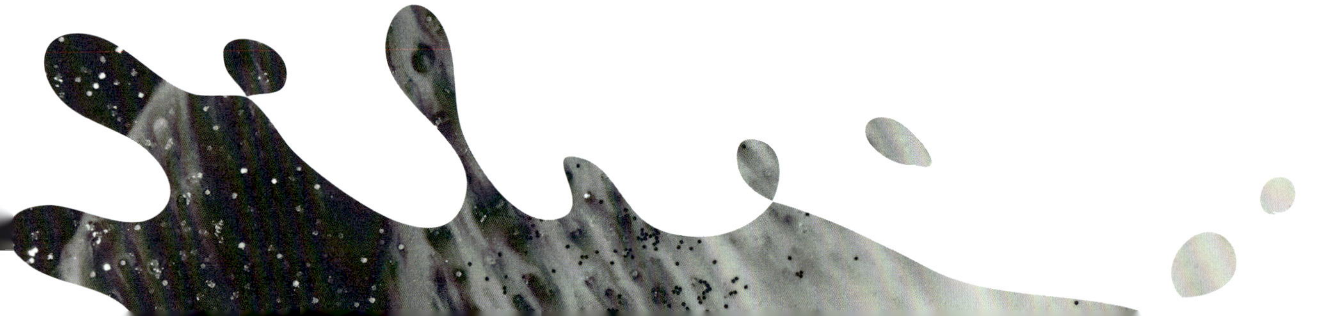

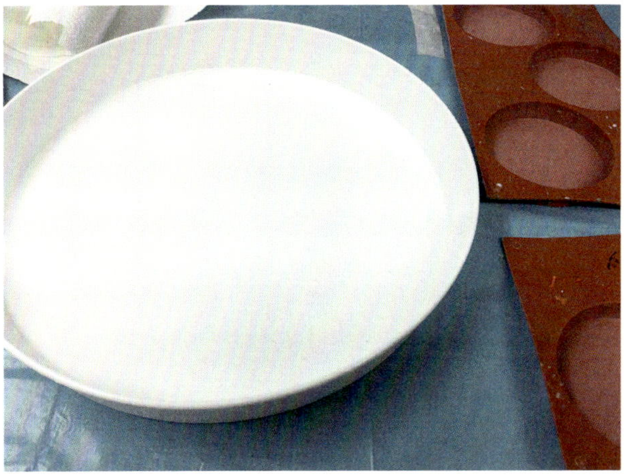

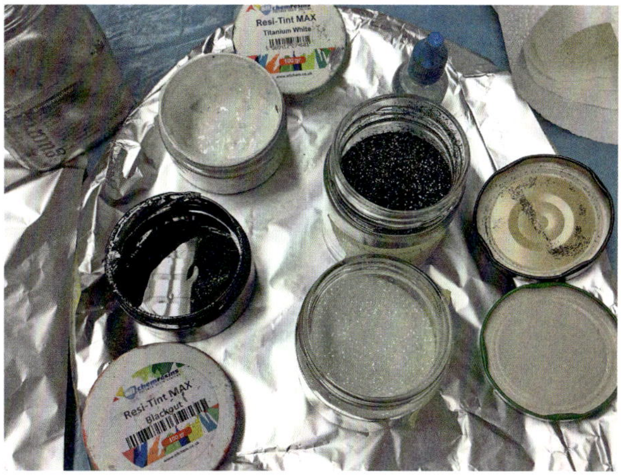

1. Das Tablett mit Alkohol reinigen und auf eine plane Fläche stellen.

2. 450 g Harz (A) mit 315 g (B)-Härter 3–4 Minuten gründlich mischen und in Becher füllen. In die jeweiligen Becher Schwarz und Weiß geben und einrühren. Sehr wenig Resin in einen weiteren Becher gießen und mit etwas Bronzepulver in Silber und Resi-Blast mischen.

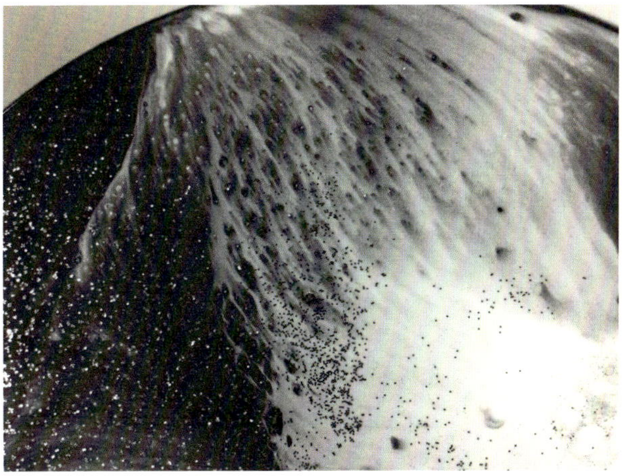

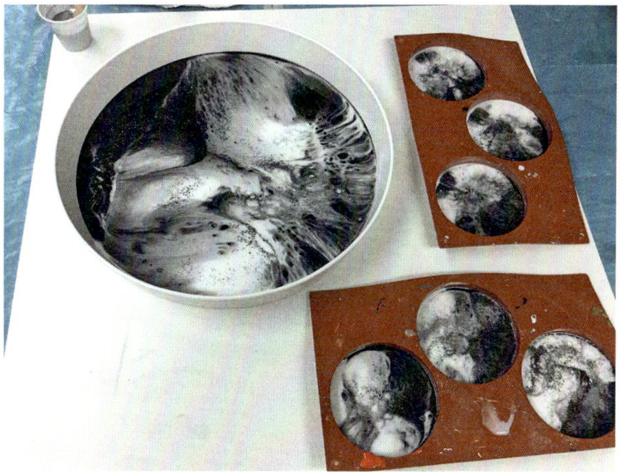

3. Zuerst relativ flächig Schwarz aufgießen, dabei einige Stellen aussparen. In diese das Weiß gießen und mit der Heißluftpistole das Weiß in das Schwarz verblasen. Nötigenfalls noch einmal Weiß oder Schwarz aufgießen. Das mit Resi-Blast versetzte Silber mit einem Spatel aufnehmen und einige feine Linien in die Fläche ziehen und wieder verblasen.

4. Mit einem trockenen Rundpinsel weißen Flitter aufnehmen und auf die schwarze Fläche aufstäuben. Mit schwarzem Flitter in den hellen Partien wiederholen.

5. Mit den Untersetzern genauso verfahren. Nach dem Durchhärten können die Außenränder der Untersetzer noch mit Silberbronze bemalt werden.

TIPP
Die Heißluftpistole darf bei Silikonformen nur sehr kontrolliert zum Einsatz kommen, da sich sonst das Material verformen kann. Am besten ist es, mit kurzen flüchtigen Bewegungen darüber zu streichen.

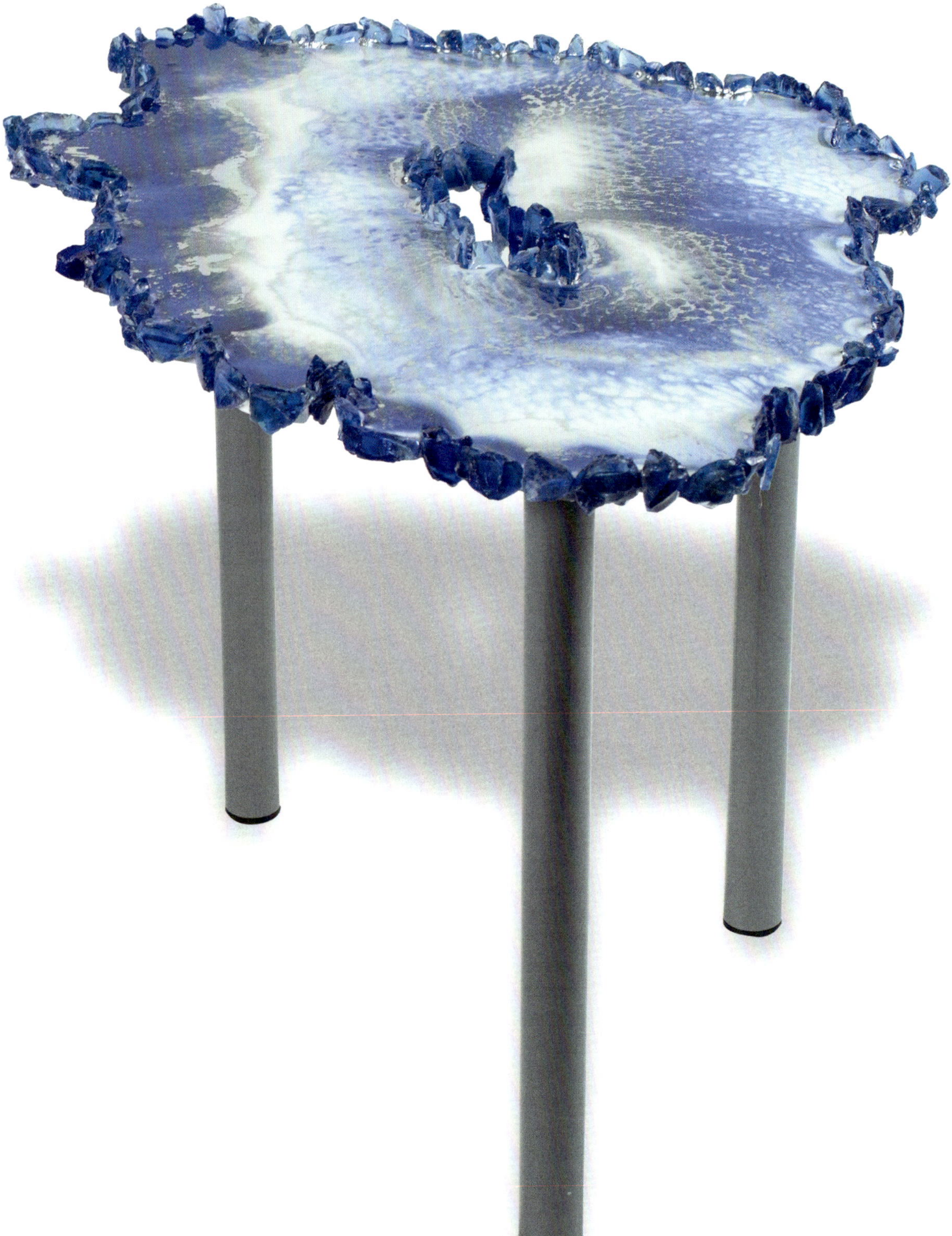

BEISTELLTISCH COELESTIN MIT ZWEI UNTERSETZERN

Material:
Geode-Tischplatte (ca. 40 x 60 cm, von Resin Pro, bereits zugeschnitten und geschliffen)
2 runde Silikonformen für Untersetzer
Gesso in Weiß
Schaumstoffwalze und schmaler Flachpinsel
Precision Mask TESA (Klebeband)
Heißklebepistole
blaues Bruchglas oder Dekosteine
Abstandshalter
680 g Resin Pro Deluxe: 400 g Harz (A), 280 g Härter (B)
Metallic-Pigmente in Blau und Perlmutt (Resin Pro)
Resi-Tint MAX Titanum White
Bronzepulver in Silber (z.B. Resin Pro SAHARA)
weiße Glitzerpigmente (z.B. Hemwey)
Silberbronze für die Ränder der Untersetzer
Acrylfirnis zum Sprühen in glänzend
3 Tischbeine (Pop Möbelfüße, online bei Regalraum)

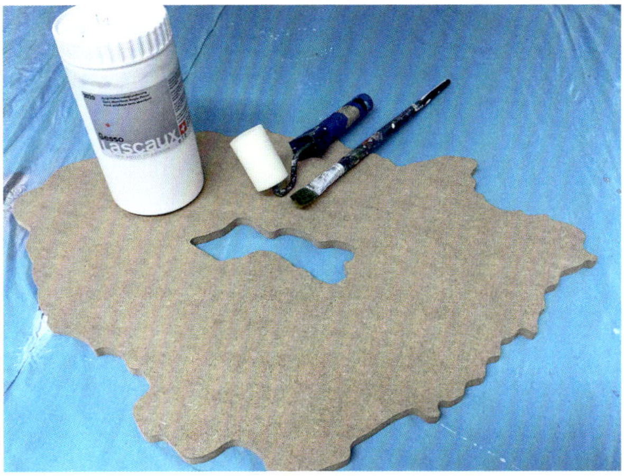

1. Die Tischplatte auf Vorder- und Rückseite mit einer Schaumstoffwalze und weißem Gesso grundieren. Die Innen- und Außenkanten mit einem Flachpinsel bestreichen. Nach dem Trocknen den Vorgang wiederholen.

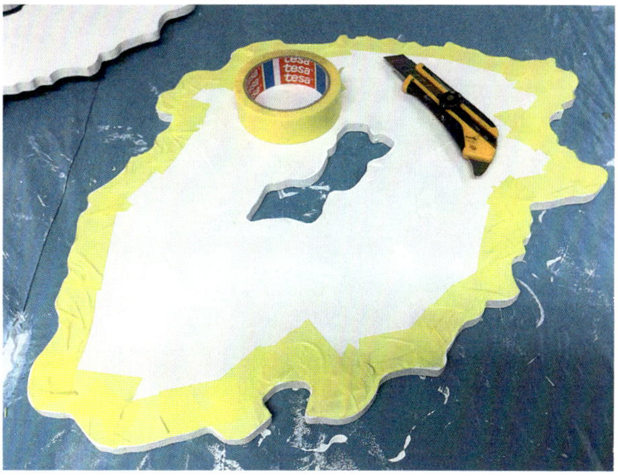

2. Die Unterseite entlang der Konturen, so gut es geht, mit Klebeband abkleben. Dies ist etwas mühsam, lohnt sich aber, denn wenn sich Nasen bilden, können diese später mit dem Klebeband abgezogen werden. Sie können das Band aber auch bündig mit der Malfläche abkleben und nach unten überstehen lassen, damit später das Resin abtropfen kann.

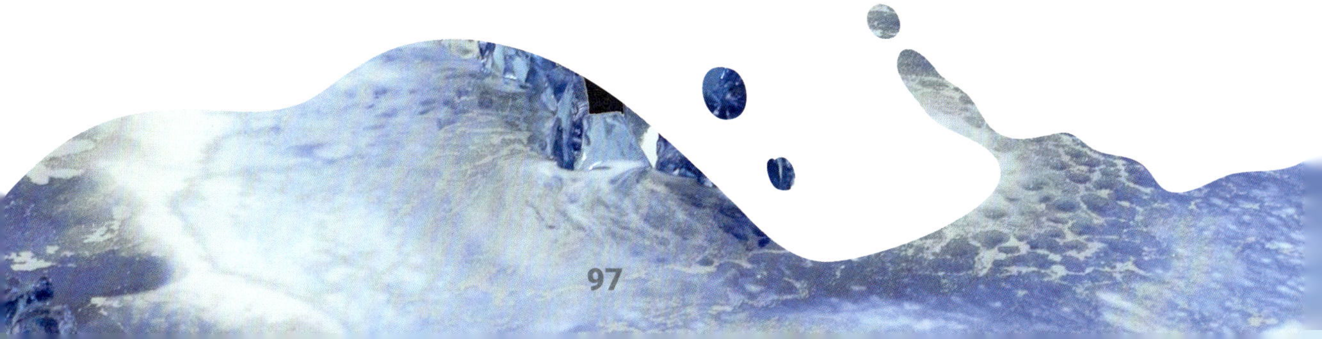

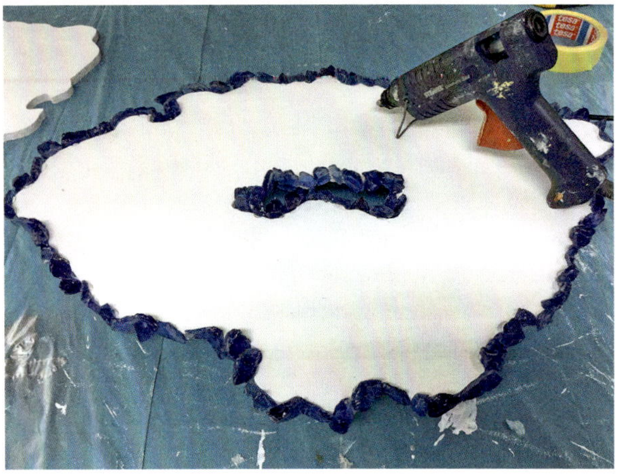

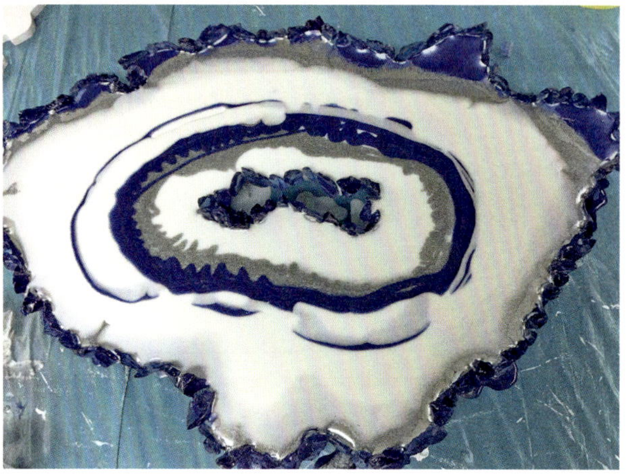

3. Heißklebepistole erhitzen und Dekosteine oder Bruchglas an der Innen- und Außenkante befestigen. Die Tischplatte auf Abstandshalter legen und die Waagerechte überprüfen.

4. 400 g Harz (A) mit 280 g (B) Härter 3 Minuten gründlich mischen und in Becher füllen. Jeweils mit blauen und perlmuttfarbenen Metallic-Pigmenten, weißer Resin-Farbe und silbernem Bronzepulver einfärben. Die Farben nacheinander, der Geode-Form entsprechend, aufgießen.

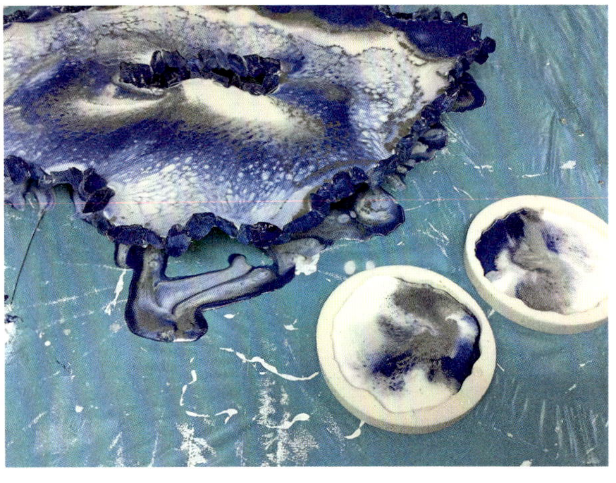

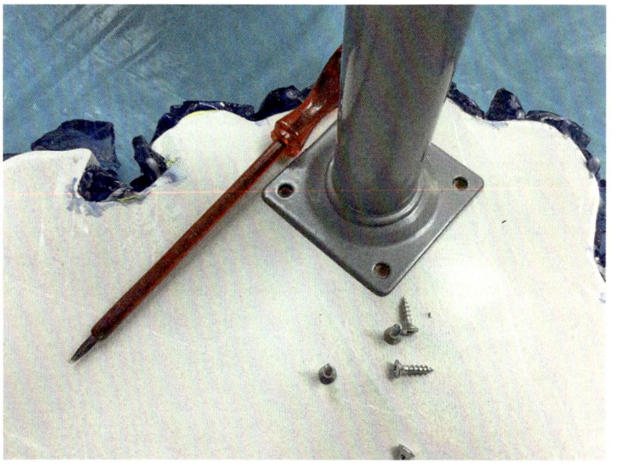

5. Mit der Heißluftpistole verblasen. Auf Wunsch können noch weiße Glitzerpartikel aufgestäubt werden. Mit den Untersetzern genauso verfahren.

6. Nachdem das Resin durchgehärtet ist, können die Maloberfläche und die Steine noch mit Acrylfirnis glänzend besprüht werden. Dies schützt vor UV-Strahlung und bringt die Steine zum Glänzen.

7. Tischbeine gibt es in zahlreichen Ausführungen. Diese werden einfach an die Unterseite der Tischplatte geschraubt. Ich habe eine günstige Variante gewählt: Pop Möbelfüße vom Online-Anbieter Regalraum.

TIPP

Die Basis-Tischplatten sind bei Resin Pro erhältlich. Sie sind bereits zugeschnitten und abgeschliffen und zudem sehr preisgünstig. Sie können diese sowohl als Bilder als auch als Tischplatten verwenden.

Beistelltisch Aventurin

Der grüne Beistelltisch wurde auf dieselbe Art angefertigt! Die Steine hierfür nur auf der Innenseite befestigen und mit einer Mischung aus klarem Resin und etwas weißem Glitzerpulver übergießen.

Um das Resin einzufärben, habe ich Metallic-Pigmente in Grün und Perlmutt (Resin Pro Sahara) beigemischt und abwechselnd aufgegossen. Auf die fertige, noch nasse Fläche wird mit einem Pinsel noch etwas Silberpuder aufgestäubt, die Außen- und Innenkanten mit Silberbronze bemalen. Mit einem silberfarbenen Edding können noch Linien eingezogen werden, die die Form des Tischchens noch zusätzlich verstärken.

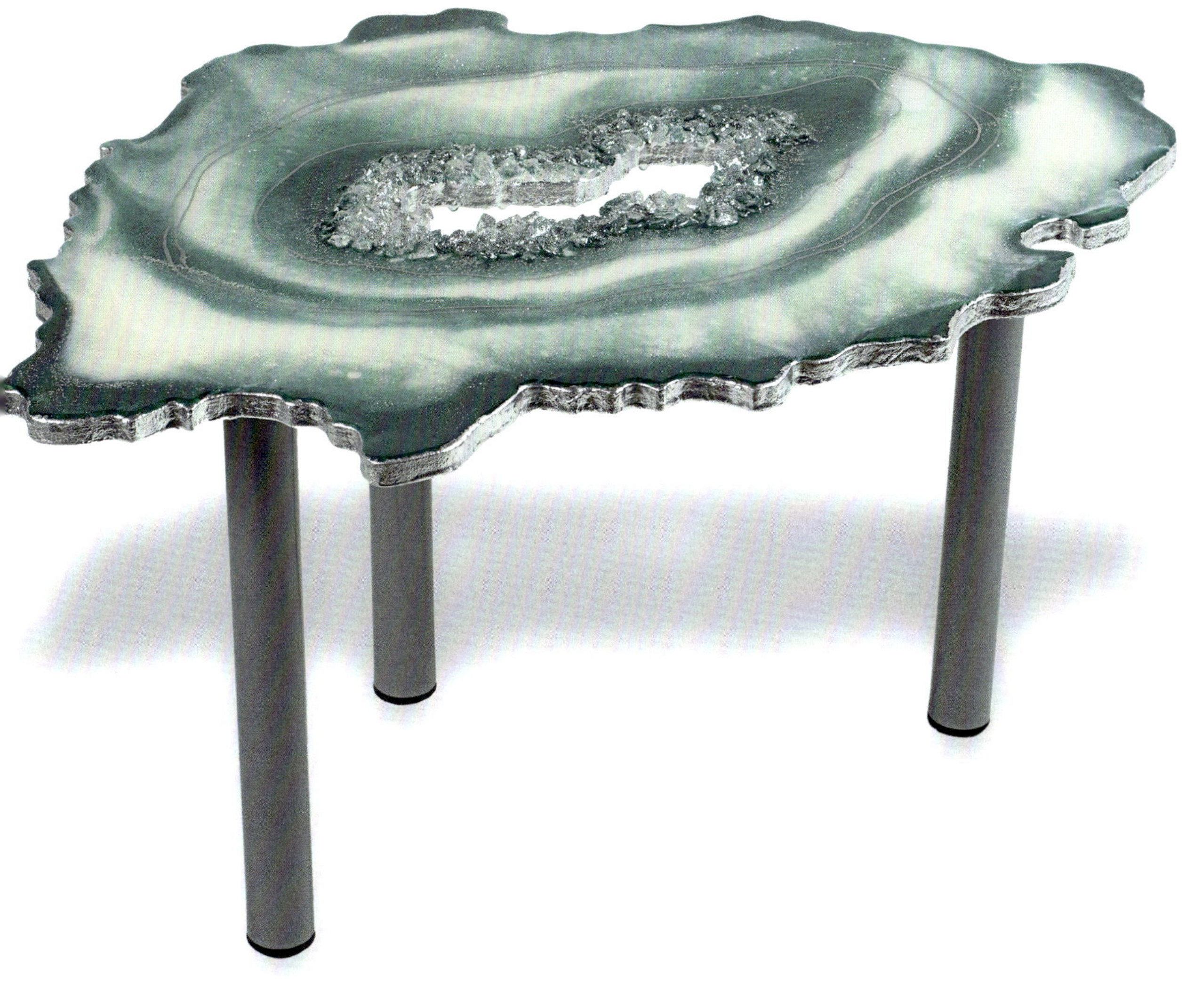

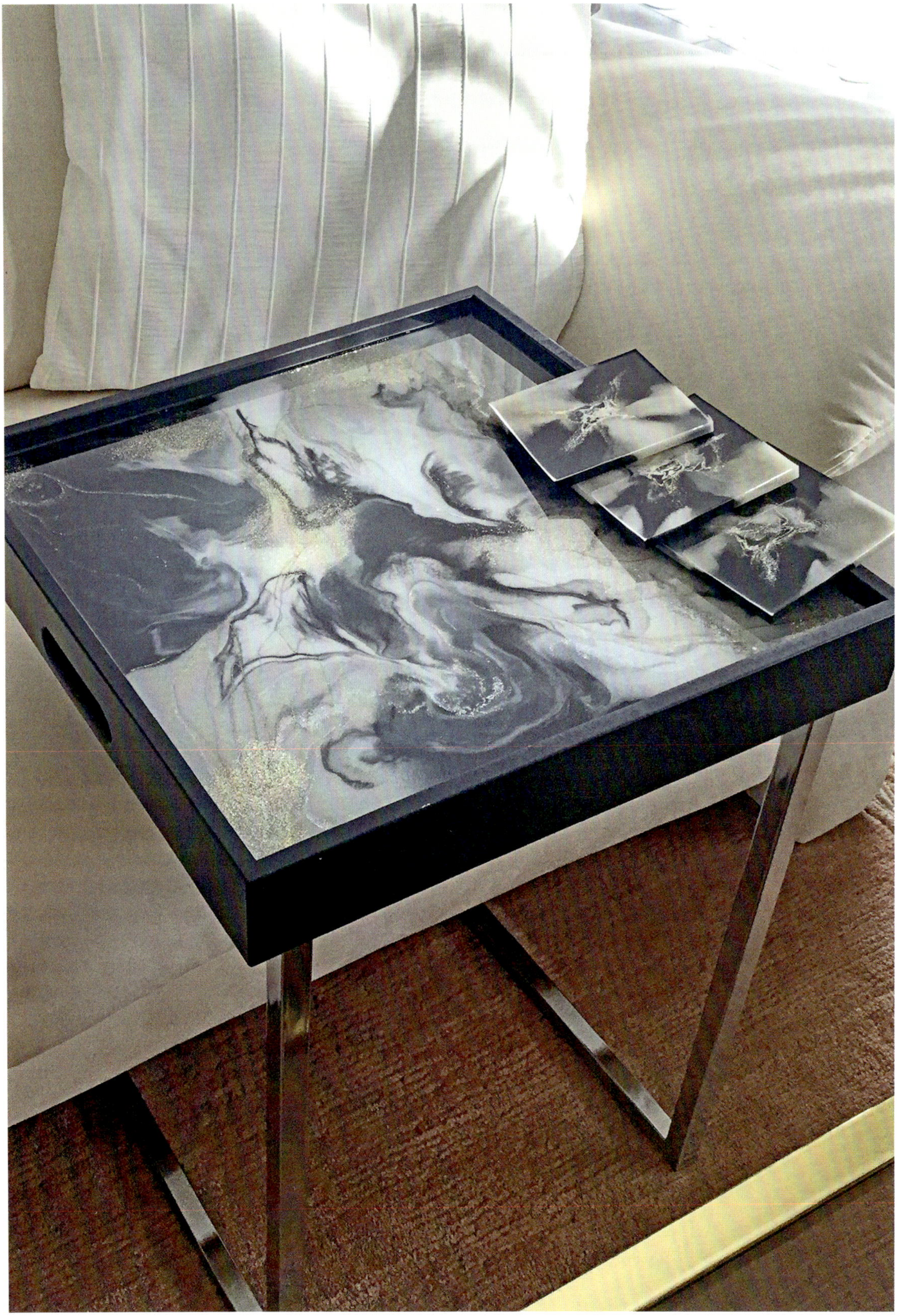

BEISTELLTISCH MARBLE SCHWARZ MIT DREI UNTERSETZERN

Material:
Beistelltisch mit abnehmbarem Tablett
(z.B. Invicta Interior)
3 quadratische Silikonformen für Untersetzer
680 g Resin Pro Deluxe: 400 g Harz (A), 280 g Härter (B)
Resi-Tint MAX Titanum White und Blackout
Acrylfarbe in Altweiß
Heißluftpistole
Bronzepulver in Gold und Silber (z.B. Resi-Tint)
Spatel

Das abgebildete Beistelltischchen verfügt über ein abnehmbares Tablett aus schwarz lackiertem Holz und rastet auf dem Tischgestell ein. Da die Griffe sehr tief eingesetzt sind und das Resin bei höherer Schichtstärke dort auslaufen würde, habe ich das Tablett kurzer Hand umgedreht.

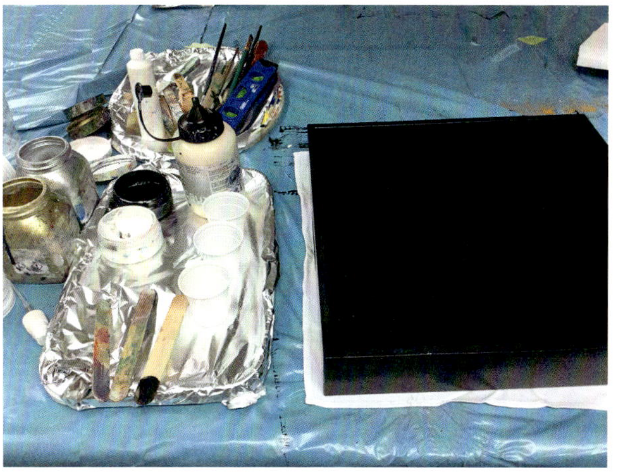

1. Tablett und Silikonformen für die Untersetzer sorgfältig mit Alkohol reinigen. 400 g Harz (A) mit 280 g Härter (B) 3 Minuten langsam mischen. 3 Becher mit Resin füllen und diese in Beige, Weiß und Schwarz einfärben. Zwei Becher zu einem Viertel mit Resin füllen und jeweils eine Messerspitze Silber- und Goldbronzepulver einrühren.

2. Schwarz und Beige an beliebigen Stellen aufgießen und mit der Heißluftpistole erhitzen, damit die Bläschen platzen. Weiß dazwischengießen und in die aufgetragenen Farben verblasen. Mit einem kleinen Spatel die Farben sorgfältig bis an die Ränder streichen. Gold mit einem Spatel aufnehmen und einige Linien einziehen. Mit Silber wiederholen und nochmals kurz erwärmen.

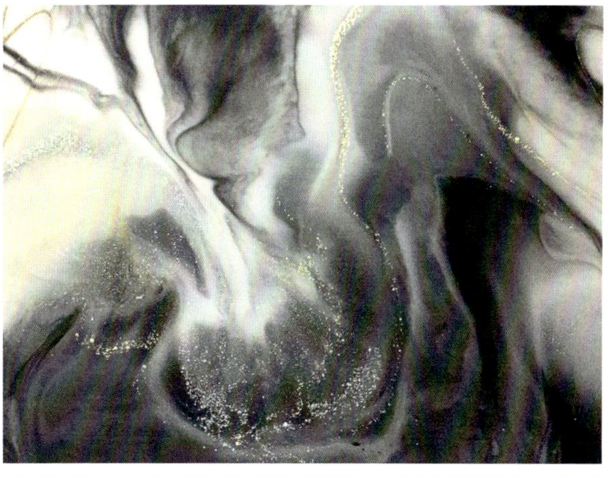

3. Mit dem Rest des Resins die quadratischen Silikonformen füllen.Wenn es Ihnen gefällt, können Sie die Außenkanten der Untersetzer nach dem Durchhärten auch in Schwarz, Weiß, Gold oder Silber bemalen.

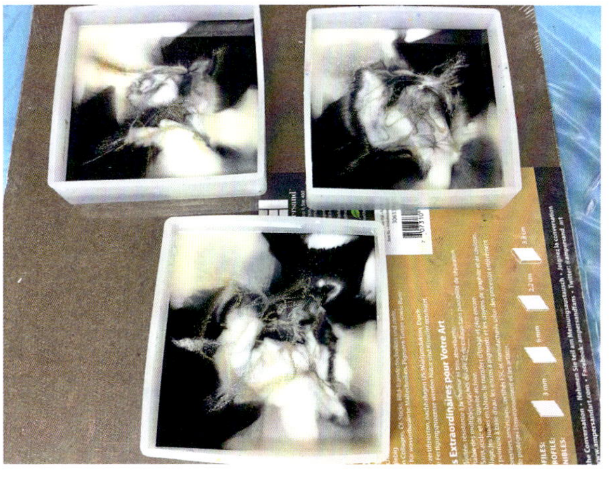

TIPP
Mehr Tiefe erreichen Sie, wenn Sie noch eine weitere klare Schicht Harz aufgießen!

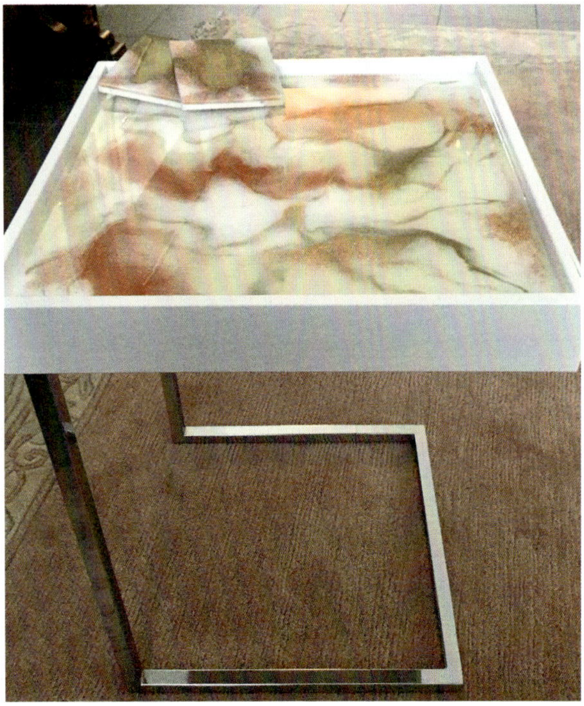

Beistelltisch Marble Weiß

Bei dem identischen Beistelltischchen mit abnehmbarem weißen Tablett bin ich genauso vorgegangen. Für die Tönung des Resins habe ich einen Mix aus Acryl- und Resinfarbe und Bronzetinte verwendet:

- Resi MAX Tint Titanum White
- Acrylfarbe in Altweiß (Lascaux)
- Acrylics-Ink in Bronze (z.B. Liquitex)

Nach dem Aufgießen werden die Farben sanft mit einem Spachtel ineinander verzogen und mit einer Heißluftpistole leicht ineinander verblasen. Nach 6–8 Stunden habe ich eine weitere Schicht klares Resin aufgegossen, das stellenweise mit etwas Bronze-Flitter versetzt war.

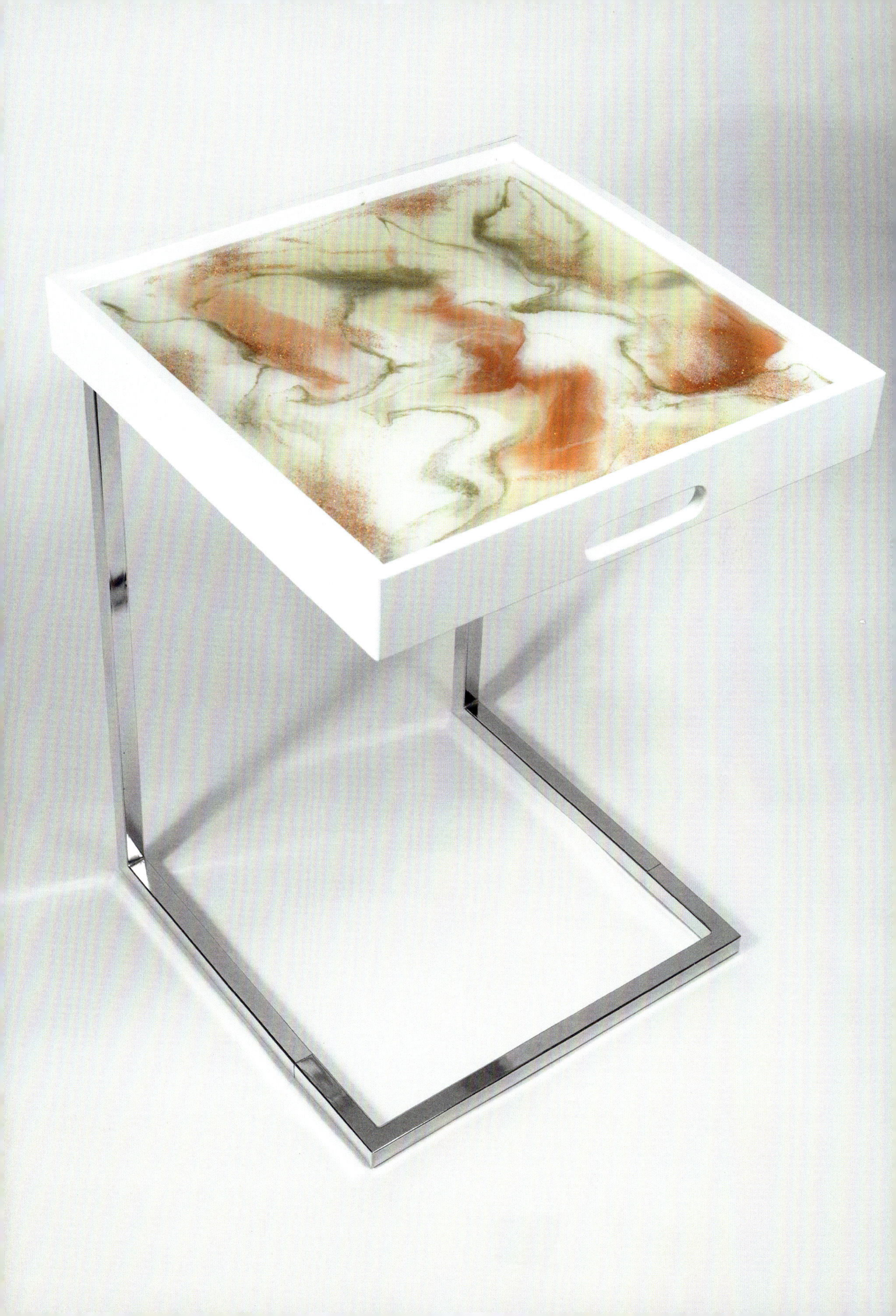

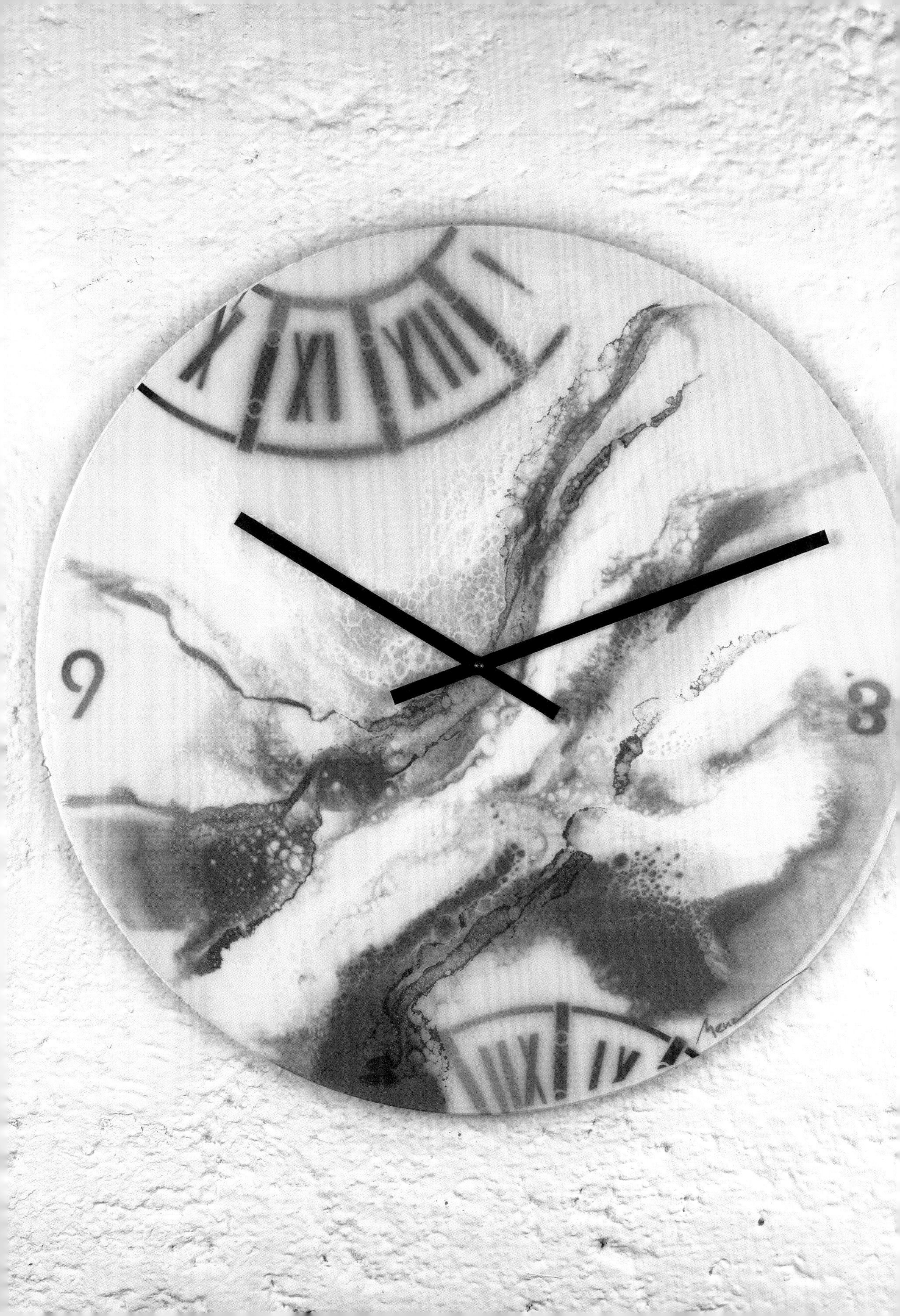

OROLOGIO MARMO

Material:
Holzmalgrund (rund, 60 cm Durchmesser)
Gesso in Weiß
Schaumstoffwalze oder breiter weicher Pinsel
Precision Mask TESA (spezielles Klebeband)
Schablonen
Farbspray in Mittelgrau und Anthrazit
Abstandshalter
935 g Resi Pro Deluxe: 550 g Harz (A), 385 g Härter (B)
Resi-Tint MAX Titanum White und Blackout
Heißluftpistole
Spachtel
Resi-Blast
Bronzepulver in Silber (z.B Guardi)
Spatel
Uhrwerk und Zeiger
(z.B. www.Uhrmacherwerkzeuge.com)

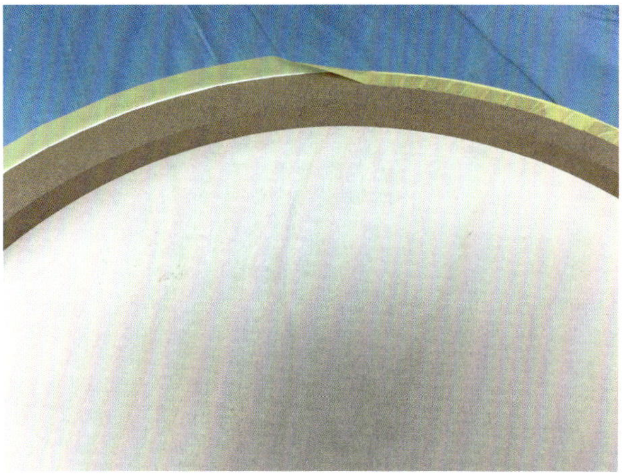

1. Mit Schaumstoffwalze oder Pinsel die Malplatte und den Außenrand mit Gesso grundieren. Den Malgrund umdrehen und die untere äußere Kante so abkleben, dass ein Teil davon hochsteht und einen erhöhten Rand ergibt. Das hochstehende Klebeband nach innen andrücken. So können später Farbnasen mit dem Klebeband abgezogen werden.

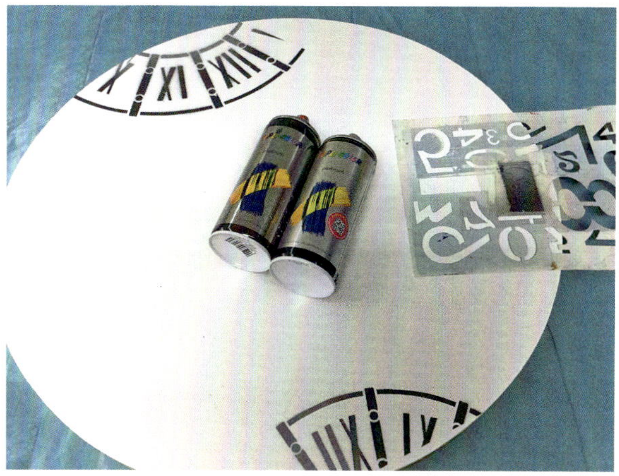

2. Die Schablonen an beliebiger Stelle festkleben und die restliche Fläche gut abdecken. Abwechselnd mit hellem und dunklem Grau besprühen. Trocknen lassen. Die Malplatte auf Abstandshalter legen und prüfen, ob diese waagerecht liegt.

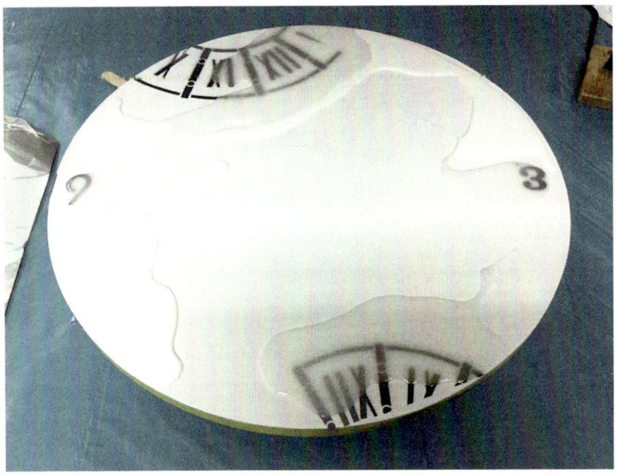

3. 550 g Harz (A) mit 385 g Härter (B) 3–4 Minuten gründlich mischen und in Becher füllen. Einen Becher mit Weiß sehr deckend einfärben. In einen weiteren nur wenig Weiß geben, damit die Farbe transparent bleibt. Grau mischen, indem Sie dem Weiß etwas Schwarz beifügen. Die Farbe Blackout ist sehr intensiv, deshalb immer nur extrem wenig dazugeben. Das transparente Weiß über die aufgesprühten Partien gießen und mit der Heißluftpistole erhitzen und verblasen.

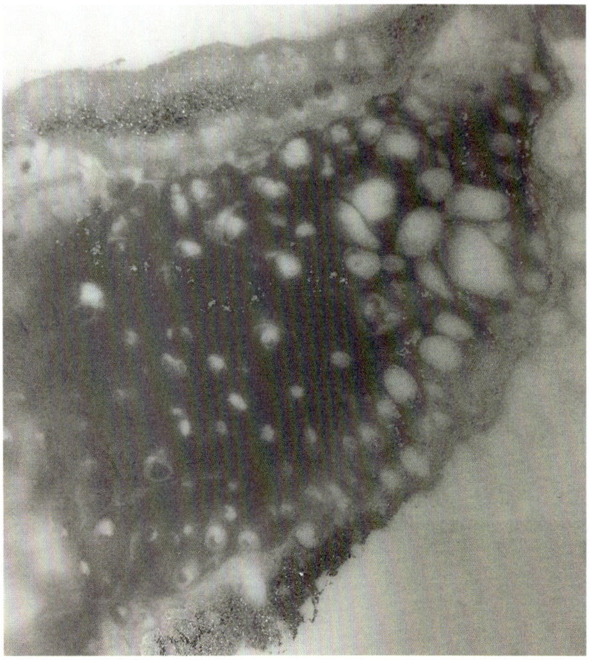

4. Mit deckendem Weiß und Hellgrau anschließen. Ohne Druck mit einem Spachtel die Farben ineinander verziehen und wieder erhitzen.

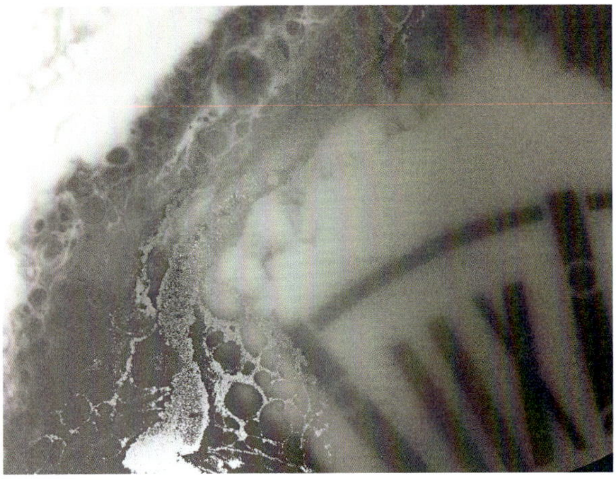

5. Ganz wenig Resin in einen kleinen Becher geben und mit Bronzepulver in Silber und Resi-Blast vermengen. Mit einem Spatel entnehmen und einige feine Linien über die Malfläche ziehen. Mit der Heißluftpistole etwas ineinander verblasen.

6. Nach 3–4 Stunden das Klebeband vorsichtig ablösen und die Oberfläche durchhärten lassen. Den Außenrand mit weißer oder grauer Acrylfarbe bemalen.

7. Nach dem Trocknen exakt die Mitte der Fläche berechnen und anzeichnen. Mit einem Akkubohrer ein Loch bohren und Quarz-Uhrwerk auf der Rückseite und Zeiger auf der Vorderseite befestigen. Batterie einlegen – und fertig ist die Uhr! Halten Sie sich dabei an die Anleitungen der Hersteller. Ich habe ein Quarz-Uhrwerk und Zeiger der Fa. Uhrmacherwerkzeuge aus Augsburg verwendet (www.uhrmacherwerkzeuge.com).

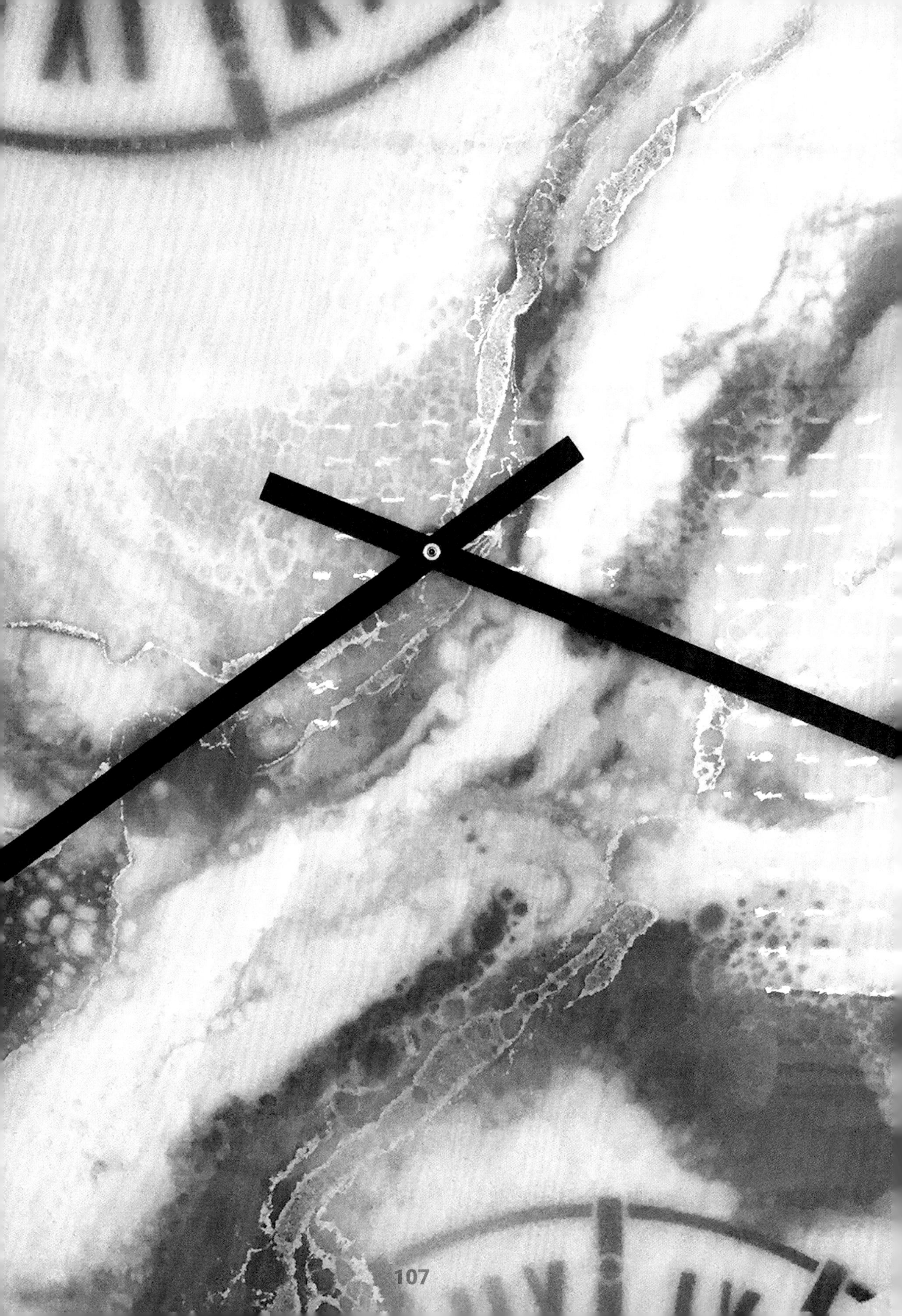

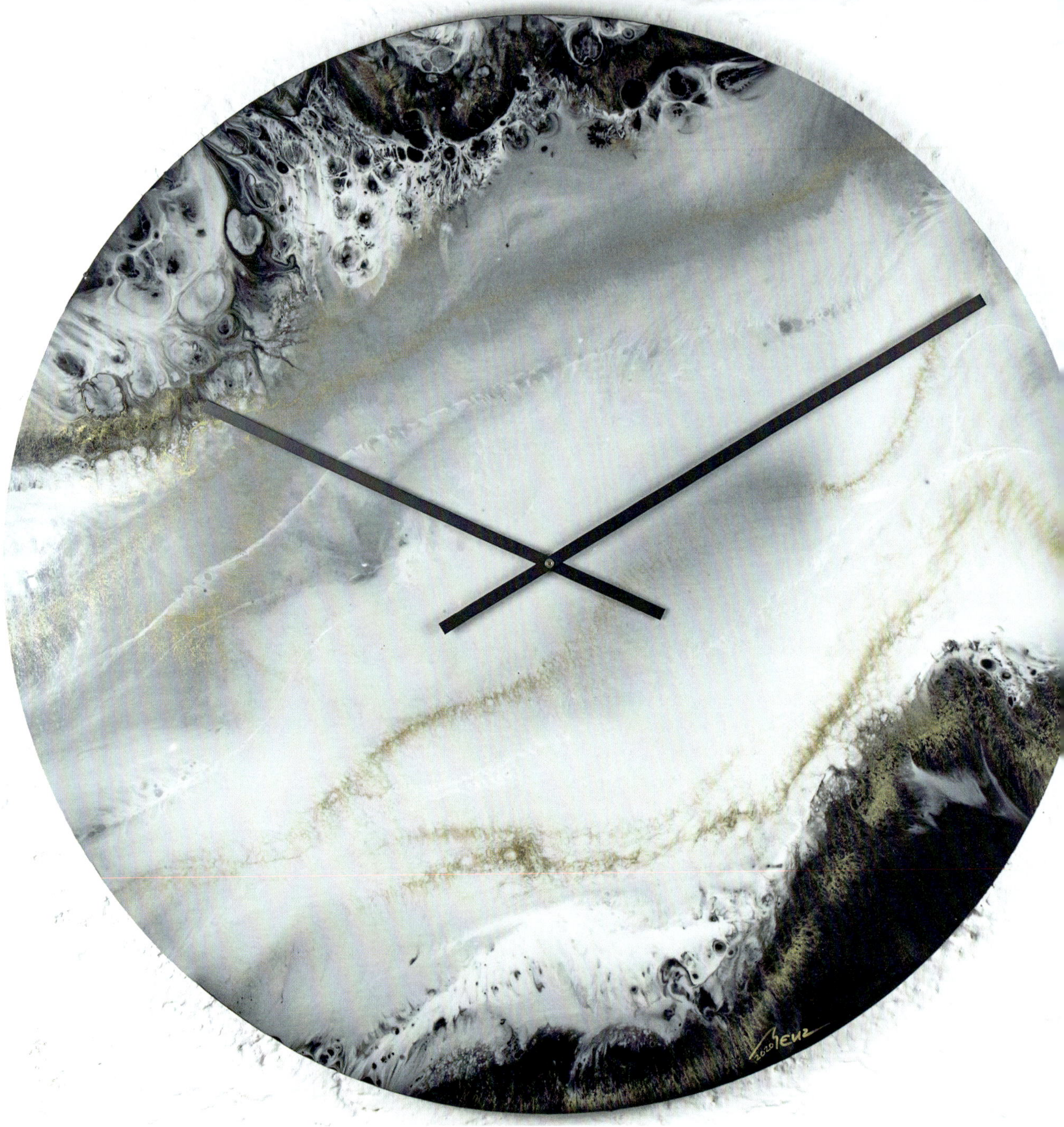

UHR DAY AND NIGHT

Material:
Holzmalgrund (rund, 75 cm Durchmesser)
Gesso in Schwarz
Schaumstoffwalze oder breiter weicher Pinsel
Precision Mask TESA (Klebeband)
Abstandshalter
1700 g Resin Pro Deluxe: 1000 g Harz (A), 700 g Härter (B)
Resi-Tint MAX Blackout und Titanum White
Bronzepulver in Gold (z.B. Guardi)
Resi-Blast
Spachtel
Heißluftpistole
Spatel
Quarzuhrwerk und Zeiger (z.B. www.Uhrmacherwerkzeuge.com)

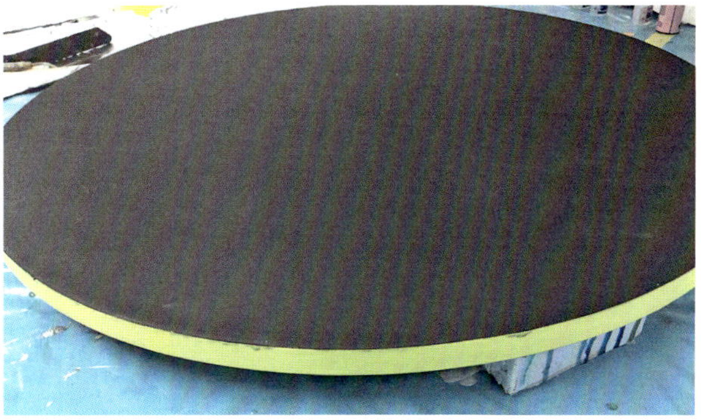

Für diese Uhr habe ich ein altes Resin-Bild verwendet, das nicht mehr meinen Vorstellungen entsprach. Wenn Sie ein Schleifgerät besitzen, können Sie die trockene Resin-Schicht abschleifen. Dies ist eine sehr staubige Angelegenheit und sollte nur mit Gesichtsmaske oder im Freien durchgeführt werden. Ich habe die glänzende Resin-Schicht lediglich zweimal mit schwarzem Gesso bestrichen. Allerdings müssen Sie durch den zweimaligen Resin-Auftrag ein höheres Gewicht berücksichtigen.

1. Nachdem Sie den Malgrund schwarz grundiert haben, die äußere Kante bündig mit einer breiten Precision Mask abkleben. Das überstehende Klebeband sollte 1–2 cm nach unten zeigen. Das Band nach unten innen drücken. Auf Abstandshalter legen und die Waagerechte überprüfen.

2. In zwei großen Messbechern jeweils 500 g Harz (A) mit 350 g Härter (B) abwechselnd 5–6 Minuten mischen. In größere Becher einfüllen und jeweils mit Schwarz und Weiß einfärben. In einem kleinen Becher ein wenig Bronzepulver in Gold anrühren und einige Tropfen Resi-Blast dazugeben.

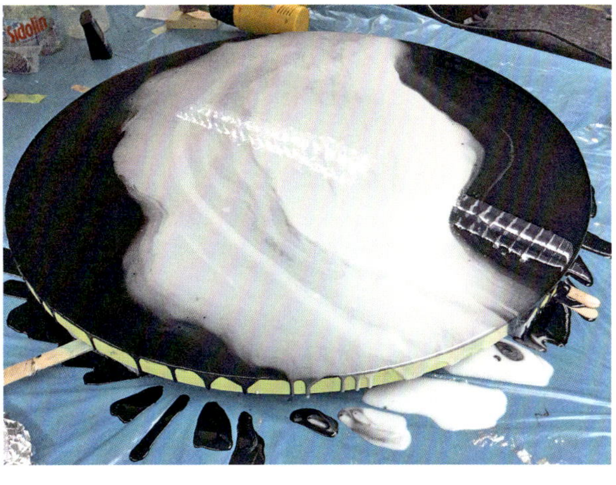

3. Das schwarze Resin flächig aufgießen und in der Mitte mit Weiß anschließen. Mit einem Spachtel die Farben sanft ineinander verziehen. Mit der Heißluftpistole die Oberfläche erhitzen und die Farben etwas ineinander verblasen.

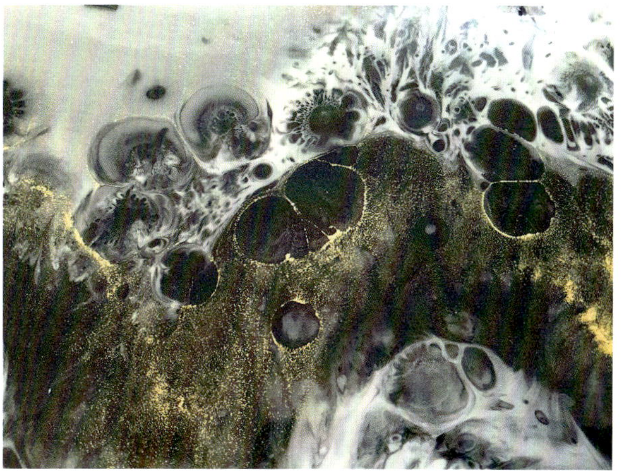

4. Mit einem Spatel das Gold aufnehmen und einige dünne Linien auf die Fläche ziehen. Wieder mit Heißluft verblasen. Mit Resi-Blast einige Akzente in einem Bereich in die Farbübergänge setzen. Hierfür Resi-Blast direkt aus dem Fläschchen auf die Malfläche tropfen. Abschließend noch einmal mit Heißluft die restlichen Bläschen zum Platzen bringen.

5. Nach 3–4 Stunden das Klebeband vorsichtig ablösen. Nach dem Abhärten die Oberfläche gründlich mit Silikonentferner oder Alkohol reinigen. Den Außenrand zweimal mit schwarzer Acrylfarbe bemalen.

6. Die exakte Mitte berechnen und anzeichnen. Mit einem Akkubohrer oder Bohrer mittig ein Loch bohren und das Quarzuhrwerk auf der Rückseite und die Zeiger auf der Vorderseite befestigen. Halten Sie sich bei der Montage an die Anleitung des jeweiligen Herstellers.

TIPP

Da das gehärtete Harz nicht splittert, können Sie das benötigte Loch von der Vorderseite bohren. So lässt sich die exakte Mitte besser festlegen, da auf der Rückseite meist ein verstärkter Rand ist, der das Abmessen schwierig macht.

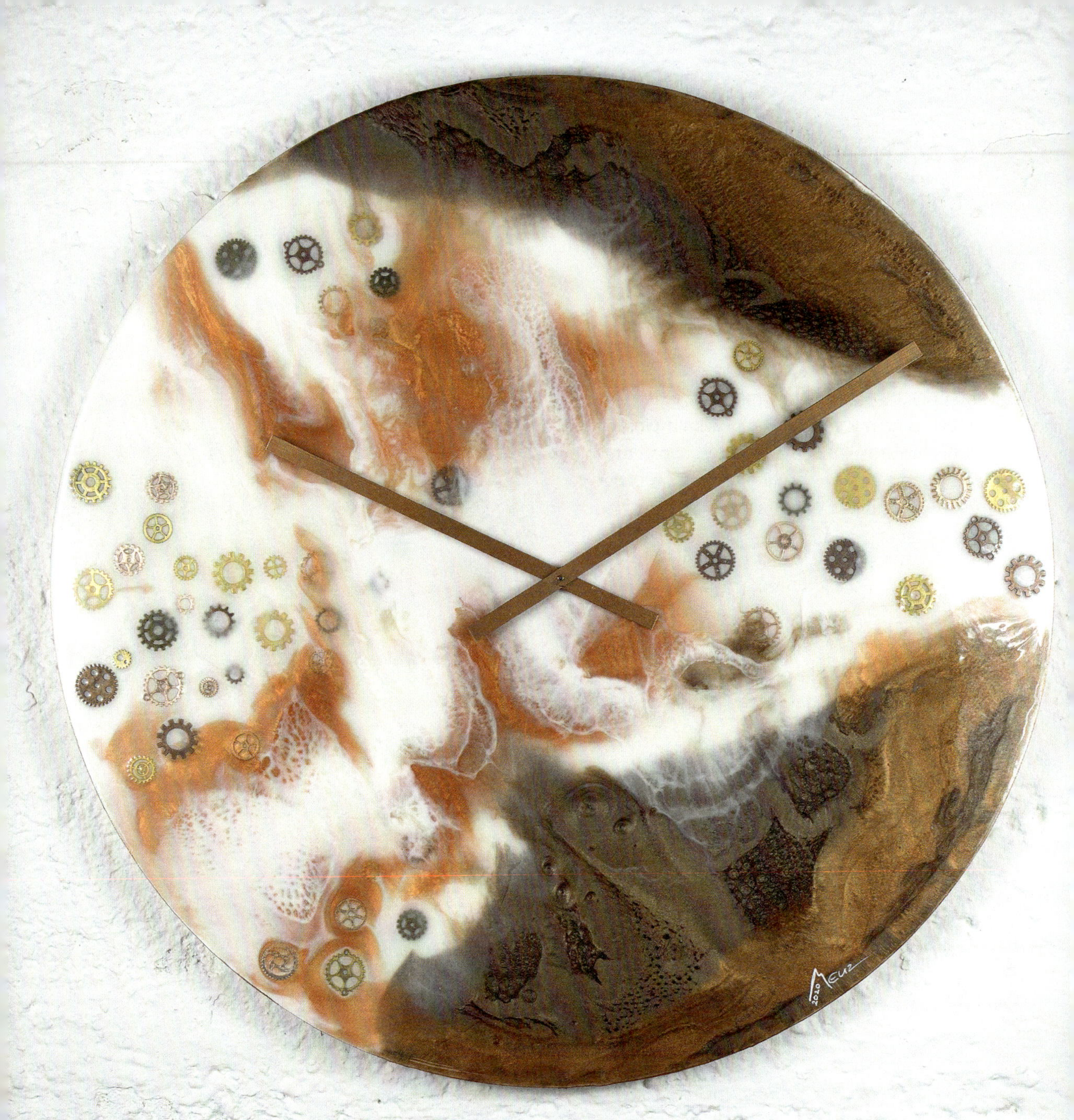

UHR MODERN TIMES

Material:

Holzmalgrund (rund, Durchmesser 60 cm)
Gesso in Weiß
Schaumstoffwalze oder breiter weicher Pinsel
Precision Mask TESA (Klebeband)
Abstandshalter
Zahnräder (Amazon z.B. Fa. DAHI)
935 g Resin Pro Deluxe: 550 g Harz (A), 385 g Härter (B)
Perlmuttpigmente (z.B. Resin Pro SAHARA)
Resi-Metal Copper Rush
Resi-Tint MAX Titanum White
Bronzepigmente (z.B. Resin Pro SAHARA)
Heißluftpistole
Spachtel
Quarzuhrwerk und Zeiger
(z.B. www.Uhrmacherwerkzeuge.com)

1. Die Holzplatte mit Schaumstoffwalze oder Pinsel mit weißem Gesso grundieren. Falls notwendig, Vorgang noch einmal wiederholen. Die Außenkanten mit breitem Klebeband bündig abkleben und das überstehende Klebeband nach unten innen andrücken. Auf Abstandshalter legen und die Waagerechte überprüfen.

2. Die Zahnräder in gewünschter Formation auflegen.

3. In einem großen Mischbecher 550 g Harz (A) mit 385 g Härter (B) 3–4 Minuten gut mischen. Einen Becher mit Resin füllen und nur einen Hauch Perlmuttpigment einrühren. Diese Farbe sollte unbedingt transparent bleiben. Das restliche Resin in Becher füllen und mit den angegebenen Farben einfärben.

4. Das transparente, wenig eingefärbte Resin über die Zahnräder gießen. Mit der Heißluftpistole die Oberfläche leicht erhitzen. Metallic-Copper am Rand aufgießen und mit den anderen Farben anschließen. Mit der Heißluftpistole leicht ineinander verblasen. Auf Wunsch können die Farben mit einem Spachtel zart ineinander verzogen werden.

5. Nach 3–4 Stunden das Klebeband vorsichtig ablösen. Nachdem das Resin durchgehärtet ist, den Außenrand mit Acrylfarbe in Kupfer bemalen.

6. Die Bildmitte exakt berechnen und anzeichnen. Mit einem Akkubohrer oder Bohrer ein Loch bohren. Quarzuhrwerk von der Rückseite mit der Zentralmutter auf der Vorderseite verschrauben und Zeiger anbringen. Batterie einlegen. Halten Sie sich dabei immer an die Anleitungen des Herstellers.

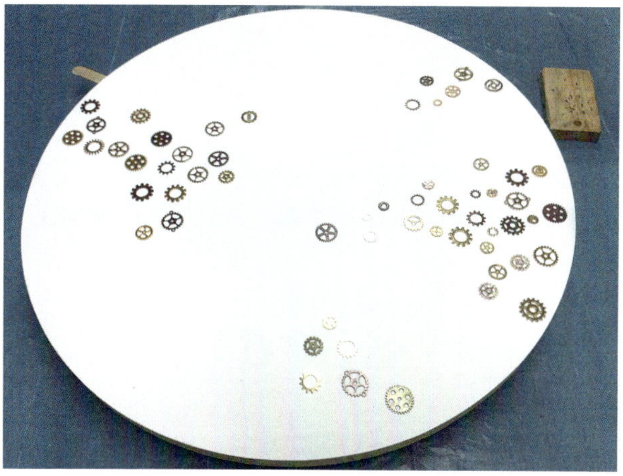

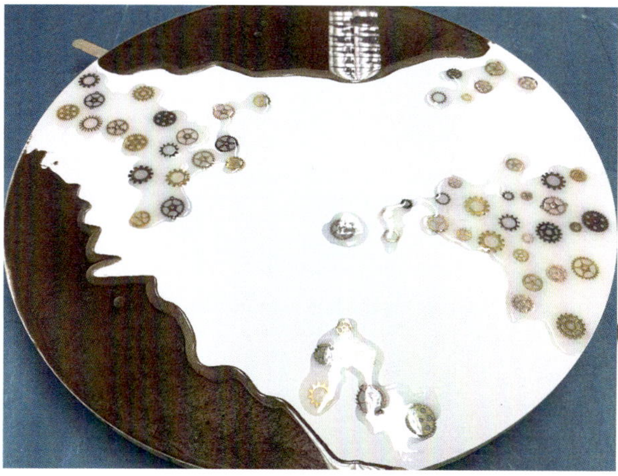

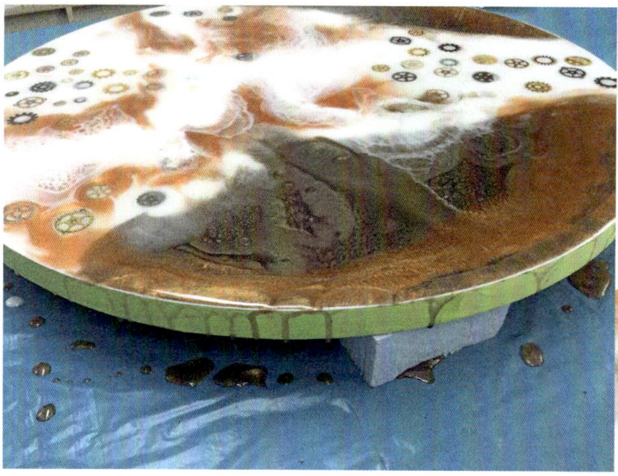

IMPRESSUM

Design & Realisation: Nicole Menz
Fotos & Styling: Stellan Gottschalk, alle anderen Fotos von der Autorin, Mockups: Shutterstock
Produktmanagement: Claudia Hohdorf
Lektorat: Beate Martin
Korrektorat: Constanze Lüdicke
Umschlaggestaltung: Leeloo Molnár
Satz: Florian Geyer
Repro: LUDWIG:media
Herstellung: Stephanie Schlemmer
Printed in Slovakia by Neografia

★★★★★

Sind Sie mit diesem Titel zufrieden? Dann würden wir uns über Ihre Weiterempfehlung freuen. Erzählen Sie es im Freundeskreis, berichten Sie Ihrem Buchhändler oder bewerten Sie beim Onlinekauf. Und wenn Sie Kritik, Korrekturen, Aktualisierungen haben, freuen wir uns über Ihre Nachricht an:
Christian Verlag, Postfach 40 02 09,
D-80702 München oder per E-Mail an
lektorat@verlagshaus.de.

Unser komplettes Programm finden Sie unter

www.christophorus-verlag.de

Ein besonderer Dank gilt den Firmen, die die Autorin zu diesem Buch mit Material unterstützt haben:
RESIN PRO (www.resinpro.eu)
Stefanie Etter (www.stefanieetter.de)
Paintersisters (www.paintersisters-neuss.de)
Uhrmacherwerkzeuge (www.uhrmacherwerkzeuge.com)
Invicta Interior (www.invicta-interior.com)
Boesner (www.boesner.com)
Gerstaecker (www.gerstaecker.de)

Die Deutsche Nationalbibliothek verzeichnet diese Publikation in der Deutschen Nationalbibliografie; detaillierte bibliografische Daten sind im Internet über http://dnb.d-nb.de abrufbar.

ISBN 978-3-86230-421-9

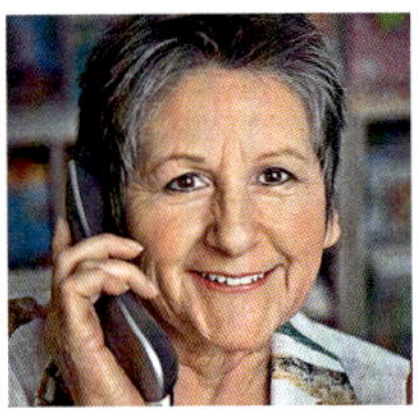

Kreativ-Service

Sie haben Fragen zu den Büchern und Materialien? Frau Erika Noll ist für Sie da und berät Sie rund um alle Kreativthemen. Rufen Sie an! Wir interessieren uns auch für Ihre eigenen Ideen und Anregungen. Sie erreichen Frau Noll per E-Mail: mail@kreativ-service.info oder Tel.: +49 (0) 50 52 / 91 18 58

Besuchen Sie uns im Internet: www.christophorus-verlag.de